德国联邦法院典型判例研究丛书

德国联邦最高法院典型判例研究

专利法篇

ZHAO Xiaopeng | 赵晓鹏◎著

法律出版社
LAW PRESS·CHINA

丛书学术委员会

总　序

方小敏*　邵建东**

进入新世纪，随着我国立法工作的不断推进和法律体系的基本形成，加强和完善法律实施对于法治国家建设的重要意义与日俱增。为此，我们希望发挥南京大学－哥廷根大学中德法学研究所多年来在德国法领域的学术积累和人才培养优势，除了把德国的法律、法学专业论文、法学专著翻译引入中国，也很有必要将德国法律实施的情况介绍给中国法律人。裁判文书作为司法活动的重要载体，直接展示司法过程，体现司法结果，阐明法律事实的认定和法律适用的逻辑，是法律实施的重要呈现。中国和德国同属大陆法系国家，德国最高法院的裁判活动对中国的司法实践应当具有更强的亲和性。①而在我国当前深化司法改革的背景下，法院的裁判

* 方小敏，女，江苏无锡人，德国哥廷根大学法学博士，南京大学法学院暨中德法学研究所教授。

** 邵建东，男，江苏常熟人，德国哥廷根大学法学博士，南京大学法学院暨中德法学研究所教授。

① 参见苏力：《道路通向城市——转型中国的法治》，法律出版社2004年版，第219~221页。

文书在体现司法核心价值、推进司法公开、树立司法权威、提升司法公信力方面扮演着特别重要的角色。为此,2004年南京大学中德法学研究所成立15周年之际正式启动的"德国联邦法院典型判例研究丛书",在今天具有了更大的价值和意义。

我们设想的是一个覆盖法学全领域的、系统的翻译和研究项目。为了尽快有效地展开工作,判例研究丛书第一批五卷《民法总则》、《合同法》、《侵权法》、《物权法》和《公司法》主要由南京大学中德法学研究所成员担纲,集中对德国联邦最高法院(Bundesgerichtshof, BGH,又译为"联邦普通法院")的民商事判例进行介绍和研究,由南京大学出版社出版。2011年,我们开始在全国范围内约请作者承担"德国联邦法院典型判例研究丛书"第二批项目。第二批项目扩展至包括联邦宪法法院(Bundesverfassungsgericht, BVerfG)、联邦最高法院、联邦行政法院(Bundesverwaltungsgericht, BVerwG)、联邦财税法院(Bundesfinanzhof, BFH)、联邦劳动法院(Bundesarbeitsgericht, BAG)和联邦社会法院(Bundessozialgericht, BSG)在内的所有联邦法院的典型判例研究。这是一个开放性的研究项目,目前已经展开研究工作的有十多卷书,涉及宪法、劳动法、国际私法、民事诉讼法、破产法、家事法、竞争法等法域,后续还会有行政法、刑法、知识产权法等重要法域的项目研究成果不断跟进。

丛书通过将德国联邦法院系统的典型判例全文翻译,原样呈现德国法律实施的真实情况;并通过对这些判例主要从法律史、法体系和法比较角度进行分析和评价,对判例的实体意义和风格精神进行系统的概括和研究。每本单独成卷的判例研究作品以某一法域如"国际私法",或某一法域的重要部分如"宪法——基本权利"为主题,选取该领域经典判例为研究对象,展现法律解释和适用的理念、技术和方法,反映司法判例在法律生长中的影响和作用,同时构织出实在法的精要图像。每卷书都致力于使读者既能对相关法域的法律体系、核心制度、法治思想及其形成发展作深入了解和思考,又能对法律解释、适用和发展的理论和实践有具体而系统的认识和理解,是实定法和方法论研究的有机统一。

德国联邦法院系统承担着保障德国自由、民主、联邦制和法治国家基本政体的政治任务，保障和监督法律的实施和公民自由权利的实现，维护德国司法和法制的统一。联邦法院系统通过对法律的解释和适用履行上述使命，并承担着“发展法律”的重要任务。即联邦法院通过法律解释、法律补充（又称制定法内的法律续造，praeterlegem）和法的发现（又称制定法外的法律续造，extremlegem）创造性地解释和适用法律，填补现行法律中的缺漏，在个案中保障当事人的权利并尽力达致社会正义。虽然传统上德国联邦法院法官的主要任务是适用法律，即根据现行法规定对具体案件作出恰当的判决，而“发展法律”即“造法”则属于立法机关的工作范围，但由于社会经济生活变化日新月异，“无法可依”现象出现得越发频繁，今天联邦法院系统的法官造法（Rechtsfortbildung，Richterrecht）已不再是“偶然”的现象。德国联邦法院审理的案件的特殊性、法官的专业性和独立性、裁判结果的终局性效力等因素，决定了法官认知法律、解释法律、补充法律和发现法律的权威性，因而裁判结果的妥当性也能够获得民众的普遍认同。所以，尽管从理论上来说，除联邦宪法法院以外的其他德国联邦法院的判决仅对于其裁判的个案具有拘束力，但是在实际上，这些判决往往超越相关个案，对于类似案件以及未来相关案件的判决都具有某种事实上的拘束力。联邦法院裁判引起的这种广泛的影响力，是有利于推动法的发展的。一项为联邦法院长期采纳从而相对固定的判例，往往会逐渐演变成习惯法，或者通过修法纳入成文法范围，成为德国现行法律的有机组成部分。联邦法院的经典判例由此对整个德国法制的建设和发展具有重大意义。

我们也能够通过对联邦法院典型判例的研读来领略其风格和精神。德国联邦法院判例最显著的风格是强调以“理”服人，这个理即是包含在法律规范、法律制度、法律原则和法的理念中的理性和规律。德国司法裁判重视裁判理由的说明（Begründung，又译为“法的证立”），即对法学判断经由逻辑严谨的涵摄推理步骤进行充分而完整的论证。

裁判的生命在于说理和论证。联邦法院的说理是翔实、周全、缜密又不失紧凑的。值得注意的是，联邦法院的审判庭在阐述自己立场和观点的过程中，既援引本审判庭以及本系统各级法院其他审判庭以往的相关判例，也经常引用其他联邦法院的相关判例。这种参引论证的好处在于，人们能够对有关司法机关就某类案件的裁判状况一目了然，并体认除法教义体系和法律方法之外，一以贯之的论证（过程）理性即解决问题的理性对法律的统一理解和适用的决定性影响。正是统一论证理性使我们达致"法"。[②] 此外，审判庭还大量援引现当代学术著作中的代表性观点。"从根本上，在潘德克吞法学的熏陶下培养出来的实务家们，由于对教授们怀着最大的敬意，较之判例，更热衷于频繁引用学说"。[③] 联邦法院法官都是某一法域训练有素的法学家，他们撰写的判决书建立在深厚的法学理论基础之上，具有极高的体系性、抽象性和理论性，其内容可以与学术论文相媲美。

通过对德国联邦法院典型判例的关注，我们还可以对"以法律规范作为处理问题的核心"[④]的法教义学产生直接、生动、全面而准确的认识。一方面了解，德国法官确定法律、理解法律和运用法律的方法和技术；另一方面也体认，德国的法律早已不再是一个自在自为的封闭系统，坚持法教义学传统的同时，德国司法裁判并不排斥对社科知识与价值判断的运用。[⑤]

丛书各卷作者多是留学德国、对德国法及其相关领域有全面了解和深入研究的优秀的德国法学博士，或是多年从事德国法研究、成果丰硕的青年才俊。他们本着完善法治、实现公平正义的信念和理想，付出精力和心力，把艰深难懂的德国联邦法院裁判文书翻译和介绍给中国读者。他们是默默耕耘的理想主义者，在用自己的付出建设一个法治

---

② Josef Esser, Grundsatz und Norm in der richterlichen Fortbildung des Privatrechts, J. C. B. Mohr, 2., unveraenderte Aufl., 1964, S. 14ff.; Helmult Coing, Grundzüge der Rechtsphilosophie, 2. Aufl., 1969, S. 89 ff.

③ ［日］大木雅夫：《比较法》，范愉译，朱景文校，法律出版社1999年版，第279、280页。

④ RalfDreier, Recht-Moral-Ideologie, Studien zur Rechtstheorie, 1981, S. 72f.

⑤ Manfred Rehbinder, Rechtssoziologie, C. H. Beck, 8. Aufl., 2014, S. 15f.

中国。在此向他们表示敬意和感谢。丛书得到包括我国最高人民法院、德国联邦宪法法院和联邦最高法院多位资深大法官在内的中德两国著名法学家的关心和指导，为此我们特别成立了丛书学术委员会，为丛书各卷判例的选定和研究工作的顺利开展提供学术支持，并体现中德两国法律人携手合作的权威性和良好文风。丛书出版得到法律出版社朱宁女士、刘文科博士、孙东育女士、王珊女士的大力支持，在此表示诚挚感谢。

由于德国联邦法院的裁判涉及广泛的社会领域和深厚的专业知识，系争案件的事实问题和法律问题往往相当复杂，判决书使用的表达方式也比较晦涩难懂，再加上我们的专业水平和语言水平有限，可以查考的资料也不尽齐全，因此本套丛书中的缺点和舛误之处在所难免，真诚欢迎读者批评指正。

2015 年 10 月 7 日

南京

前 言

本书以当前中国专利和专利法领域的司法难点及热门话题为出发点，对德国联邦最高法院判决或者裁定的专利法相关案例进行了筛选，在遵循尽量保持学科多元这一遴选标准的前提下，最终选取了化学、医药、信息技术、生物技术、电子电器、科学仪器和建筑工程等领域的十个经典案例。

第一章的“展示柜案”一直以来被视为理顺德国专利法与实用新型法两者关系的指导性司法判例。该裁定在实用新型法和专利法的关系上作出了突破性的决定，将两个体系中的创造性判断标准一致化，使专利法中发展出来的诸多创造性判断标准和原则可以直接适用于实用新型法。

第二章的“成型地砖案”是德国联邦最高法院作出的世界知名的经典判决。等同使用情形下的现有技术抗辩这一抗辩形式被冠以“成型地砖抗辩”的名字，获得了在德语区国家的普遍适用。

第三章的“奥氮平案”被称为教科书式的指导案例。联邦最高法院在此案中明确了新颖性判断的标准。该案不仅在化学发明领域而且对德国专利法的整体发展都有重要的意义。该判决的作出也使得德国有关化合物新颖性的判断标准不仅与欧洲专利局上诉委员会的判决实践统一起来，而且与诸多外国法院的司法解释传统达成一致。

第四章的“动态生成文档案”和第五章的“红色羽毛鸽子案”从两个热点领域探讨了可专利性的判断问题。前者在计算机程序之可专利性案件中具有承上启下的作用。此案之后，德国计算机程序可专利性的门槛大大地被降低。后者在生物技术发明的可专利性问题上具有开创性的意义。该裁定承认了对于生物性的自然力和自然现象的符合规律的使用也可以受到专利法的保护。其确立的基本原则甚至获得了整个欧洲乃至世界各国的认可。

第六章的“MP3 播放器进口案”和第七章的“音频信号编码案”从两个不同的角度探讨了专利间接侵权问题，对于间接导致专利侵权之行为的归责原则和住所地在国外的供货商之间接侵权责任进行了详细的法理分析。特别是两个判决都涉及中国的生产企业，所以对于中国企业与德国商业交往中的知识产权合规问题有非常典型的指导意义。

第八章的“共同成本份额案”改变了德国几十年来延续下来的知识产权侵权损害赔偿计算传统，重构了专利侵权损害赔偿数额的计算规则。该判决的作出在当时直接导致了专利侵权诉讼案件如潮水般涌向法院，在这些诉讼中权利人都期待通过新的计算规则获得前所未有的更高额赔偿。

第九章的“橙皮书标准案”是标准必要专利领域最重要的判决之一。该判决以最高法院司法解释的形式将标准必要专利案件中强制许可抗辩的前提条件确定下来，并获得了广泛的认可。在此之后，该案一直是标准必要专利权利人对抗未经许可的专利侵权行为的黄金标准。同时，该案还彰显了专利法与竞争法（特别是卡特尔法）之间的微妙关系，具有跨法律部门的指导意义。

第十章的“拉替拉韦案”更是不容小觑。该案是德国专利法历史上首次成功授予专利强制许可的案例，也是德国联邦最高法院首次认可德国联邦专利法院的临时强制许可禁令的案例。该案中涉案药物的存在对艾滋病的某些病患群体来说不可或缺。它对公共健康有如此重大的意义,以至于对专利权人财产权的保护在该案中必须作出让步。

在对这十个案例进行评论的过程中,笔者结合德国最新的司法解释对相关法律问题的发展情况进行了更新,在这十个案例的基础上进行了扩展。特别是在计算机程序和生物技术发明的可专利性,以及标准必要专利领域的强制许可抗辩这些问题上,还加入了一些对德国和欧盟最新司法判决的介绍。

鉴于专利法技术性强和学科跨度大的特点,本书在对判决的翻译和问题的论述上尽量采取了通俗易懂的表达方式。同时,在对法律问题进行专业分析之前将相关的德国专利法基本知识要点进行了补充说明,以方便对德国法没有基础的读者理解。

德国联邦最高法院作出的裁判有判决(Urteil)和裁定(Beschluss)之分,二者在其作为判例法的指导意义上并无差别,但在写作体例上却稍有差异。德国联邦最高法院制作的判决书主要内容包括判决要旨、案件事实和判决理由三个部分,而其制作的裁定书则只有裁判要旨和裁判理由两个部分。在裁定案件中关于案件事实的内容被放在裁判理由的第Ⅰ项下。本书在对裁判文书进行翻译时沿用了上述体系架构。

本书遵从了德国学术界习惯性的案例全文引用方式,省略了裁判文书原文中关于主审法官姓名、审判时间和裁判结果一览等固定格式部分,这些内容的省略不会影响裁判文书说理的完整性,也不会造成对裁判文书的理解困难。

为了方便读者对照查阅裁判文书的原文,本书在对裁判文书的判决(裁定)理由部分进行翻译时保留了原裁判文书的序号编排体例,判决(裁定)要旨和案件事实部分的序号编排方式则与本书其他部分保持一致。德国联邦最高法院不同的合议庭甚至同一个合议庭在不同的时期都有可能采用不同的编号体例。在本书选取的案例中,大部分裁判文书的判决(裁判)理由部分的编号体例为:I. 1. a) aa) (1)。不同于此,第五章“红色羽毛鸽子案”的编号体例为:I. A. 1. a) aa),而第八章“共同成本份额案”采用的编号体例为:I. 1. a) (1)。本书保留了每一篇裁判文书原来的编号风格,并未对其进行统一。

另外,裁判文书中所有引自专利说明书的内容都照搬了原专利文件中的编号体例,本书在翻译时也未作更改。

最后,本书采取了理论结合实践的论述方式,考虑德国和中国的专利法在很多问题上具有相通性,希望借此书抛砖引玉,不仅为法律研究者而且也为法律实践人士带来些许启示。

2018 年 11 月 2 日

汉堡

目录

第一章　实用新型的创造性之判断标准——展示柜案

第一节　“展示柜案”裁定原文

运用法条：《德国实用新型法》第 1 条、第 3 条、第 15 条及之后相关法条

一、裁定要旨

1. 与专利法中将创造性活动作为可专利性的前提一样，根据《德国实用新型法》第 1 条，实用新型的创造性步骤判断标准也非定量的标准，而是定性的标准；与创造性活动的判断一样，对于创造性步骤的判断也是权衡的产物。

2. 对于创造性步骤的判断，应当在对一个实用新型删除程序的判决提起并获批准的上诉程序中或者实用新型消灭之后在确认实用新型无效的程序中，根据上诉法的基本原则进行审查。（合议庭延续了发表于 GRUR 杂志 2006 年刊第 663 页的“预付费电话交流”一案的判决，该案已经确定将发表于《德国联邦最高法院民事判例集》中。）

3. 在判断实用新型的创造性步骤时，可以适用专利法中发展出来的能用在该问题上的基本原则。

但是要注意其中的差别,在口头描述和在实用新型法适用范围之外的使用这两个问题上,《德国实用新型法》第3条对实用新型的现有技术进行了不同的定义。不得将一些显而易见的东西,比如说技术人员仅基于公知常识或对现有技术的常规性考量就能够得出的,认定为以创造性步骤为基础。

4. 在实用新型删除程序的上诉程序中,如果联邦专利法院没有考虑到实用新型的保护期限过期之后已经不能再行删除而只能确定其无效,那么在之后的上诉程序中可以对联邦专利法院的判决进行相应的更正。上诉法院可以自行决定如何确定为此所必要的法律保护需求。

联邦最高法院于2006年6月20日对"展示柜"一案(案号X ZB 27/05,前审法院联邦专利法院)作出的裁定。

二、裁定理由

Ⅰ. 上诉人原是涉案德国实用新型专利的所有权人,该实用新型于1995年2月9日注册,注册号码为29502084,该实用新型涉及一个"展示柜",包含22项权利要求。2005年2月底,该实用新型因为保护期届满而消灭。注册的权利要求1内容如下:

一个展示柜,特别是用于自然科学教学,包含一个由桌面、一个上层的盖板、侧墙、展示窗和至少一个可打开的窗户组成的封闭的展示间,其特征在于,展示间(12)由两个有一定间隔的垂直的柱子(10、11)支撑,从它们共同的平面桌面(13)和盖板(14)至少向一侧耸出。①②

因为权利要求2至权利要求22直接或者间接依附于权利要求1,所以需要参考涉案实用新型注册时的关键材料。

删除请求人在保护期届满前向德国专利商标局提出全部删除该实用新型的请求。其主要理由为,该实用新型的标的不应受到保护,因为其缺乏新颖性且没有创造性。被请求人对该删除请求提出了异议,并且异议的范围包括对2003年7月18日重新提交的权利要求1和当下在该权利要求的基础上提出的权利要求2至权利要求20和权利要求

① 本书页下注释均由笔者添加。
② 数字代号请见图1-1,本书笔者添加自专利说明书CH690902A5图1。

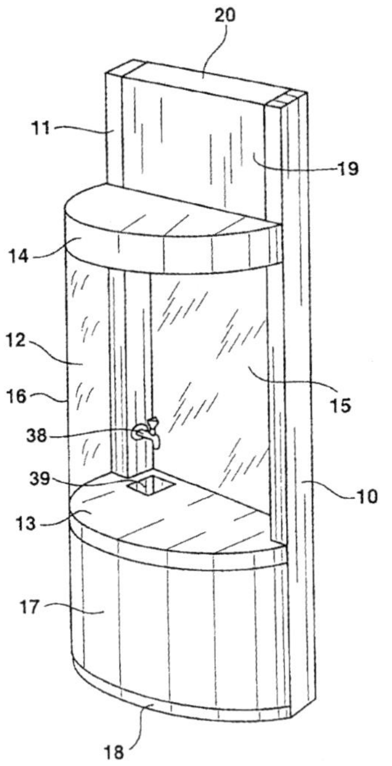

图 1-1

22 的删除请求。该权利要求 1 原文如下：

一个展示柜，特别是用于自然科学教学，包含一个由桌面、一个上层的盖板、侧墙、展示窗和至少一个可打开的从而可以进入的窗户组成的封闭的展示间，其特征在于，展示间（12）由两个有一定间隔的竖立在空间底部的垂直的柱子（10、11）支撑，其将在其中间的可打开的展示柜窗户纳入，并且从它们延伸出来的平面桌面（13）和盖板（14）至少向一侧以一个基本呈半圆形的平面耸出，从而在平面桌面（13）和盖板（14）之间形成一个基本成半圆柱形拱起的圆盘（16）。

对于超出了 2003 年 7 月 18 日提交的权利要求 1 和当下在该权利要求的基础上提出的权利要求 2 至权利要求 20 和权利要求 22 范围的删除请求，德国专利商标局实用新型部门 1 给予了驳回。对此删除请求人提出了上诉请求。在上诉程序中上诉人首先像在一审程序中一样借助权利要求 1 进行了答辩，该权利要求原文如下：

一个展示柜，特别是用于自然科学教学，包含一个由桌面、一个上层的盖板、侧墙、展示窗和至少一个可打开的从而可以进入的窗户组成的封闭的展示间，其特征在于，展示间(12)由两个有一定间隔的竖立在空间底部的垂直的柱子(10、11)支撑，其将在其中间的可打开的展示柜窗户纳入，并且从它们延伸出来的平面桌面(13)和盖板(14)向面向学生的一侧以一个基本呈半圆形的平面耸出，从而在平面桌面(13)和盖板(14)之间形成一个基本成半圆柱形拱起的圆盘(16)，并且平面桌面(13)下面的空间与垂直的柱子(10、11)相连，由基本成半圆柱形拱起的外墙(17)装备，从而导致两个垂直的柱子(10、11)由侧面(45、46)构成并且至少有一个垂直柱子(10、11)的侧面包含电或/和气体或/和水的供料管或/和排料管(37、40)。③

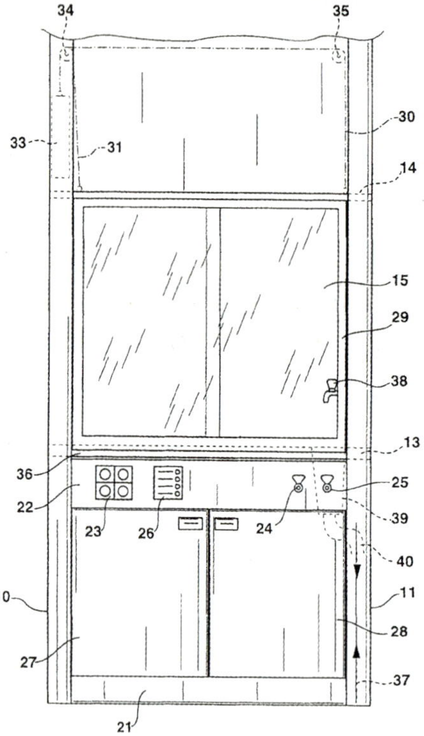

图 1-2

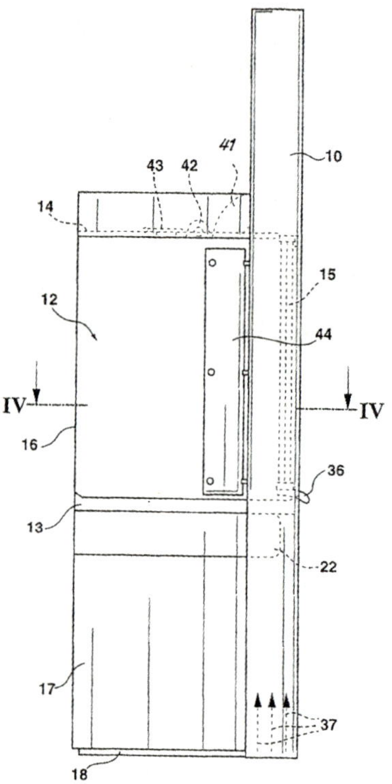

图 1-3

③ 数字代号请见图 1-2、图 1-3，本书笔者添加自专利说明书 CH690902A5 图 2 和图 3。

作为备选项，上诉人还对涉诉实用新型用原文如下的权利要求1进行了答辩：

一个展示柜，特别是用于自然科学教学，包含一个由桌面、一个上层的盖板、侧墙、展示窗和至少一个可打开的从而可以进入的窗户组成的封闭的展示间，其特征在于：展示间(12)由两个有一定间隔的竖立在空间底部的垂直的柱子(10、11)支撑，其将在其中间的可打开的展示柜窗户纳入，并且从它们延伸出来的平面桌面(13)和盖板(14)向面向学生的一侧以一个基本呈半圆形的平面耸出，从而在平面桌面(13)和盖板(14)之间形成一个基本成半圆柱形拱起的圆盘(16)；平面桌面(13)下面的空间跟垂直的柱子(10、11)相连，由基本成半圆柱形拱起的外墙(17)装备，从而导致两个垂直的柱子(10、11)由侧面(45、46)构成且至少有一个垂直柱子(10、11)的侧面包含电或/和气体或/和水的供料管或/和排料管(37、40)；上层的盖板(14)包含一个抽吸接口(41)，其属于一个一头紧接着平面桌面(13)的上部，另外一头紧接着上层盖板(14)的下部的引导装置，该装置由一个平板组成，该平板与一部分板片(10)一起构成一个引导通道。[④]

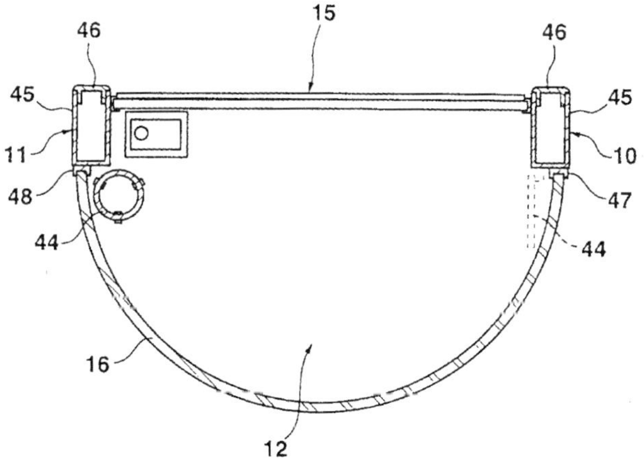

图 1-4

④ 数字代号请见图1-4，本书笔者添加自专利说明书CH690902A5图4。

在争议实用新型的最长保护期届满之后，删除请求人将其请求修改为请求确认实用新型无效；对于该确认之诉的权利保护之必要性，其借助由杜塞尔多夫州法院审理的（案件号为 4a O 472/03 的）侵权争议程序中的诉讼请求进行了论证。联邦专利法院的实用新型上诉纠纷合议庭删除了涉诉实用新型，因为其标的（即使考虑到答辩中的不同版本）还是缺乏创造性。

被请求人请求撤销被驳回的裁定，并且请求判决由联邦专利法院重新审理此案并作出判决。上诉获得批准，请求人对上诉内容持反对意见。

上诉未获成功。但是删除第 29502084 号实用新型的判决被修改为确认该实用新型的注册自始无效。

Ⅱ. 该上诉无论是从得到批准的角度还是从法律要求的其他角度来看都被允许（《德国实用新型法》第 18 条第 4 款第 1 项结合《德国专利法》第 100 条第 2、3 项以及第 101～109 条）。该上诉还导致在上诉程序中可对被撤销判决的判决主旨予以纠正（参见 Senat, GRUR 1997, 213, 215–Trennwand），即确认在联邦专利法院作出判决时已经因最长保护期限经过而消灭的涉诉实用新型自始无效。只要联邦专利法院作出了［因为自始无效而］[⑤]删除某一实用新型的表述，那么实用新型的过期的说法就与其相互冲突（一贯司法解释；最新参见 Senat, GRUR 2000, 1018, 1019 – Sintervorrichtung, m. w. Nachw）。实用新型过期之后，对于其无效宣告的权利保护之必要性问题（参见 Senat, GRUR 1995, 342–tafelförmige Elemente; GRUR 1997, 213, 214 f. –Trennwand），合议庭应当不受事实审法官（Tatrichter）[⑥]的观点之约束，即使在没有申诉的情况下也应依职权审查（参见 BGHZ 31, 279, 281 f. = NJW 1960, 523）。对此，申请人已经通过其无可争议的陈述表明，该

---

⑤ 本书笔者补注。

⑥ 是指一审和二审诉讼中对于案件事实的认定负责的法官，相对于法律审法官（Richter der Revisionsinstanz），法律审法官只对适用法律的正确与否进行审判，不再进行案件事实的认定。

[权利保护之]⑦必要性已经于杜塞尔多夫州法院面前在涉诉实用新型中辩明。

Ⅲ.在如下事项中上诉依旧未获成功。

1.无论是在主要用来答辩的版本还是其他用于辅助答辩的版本中,联邦专利法院都否定涉诉实用新型的标的有(《德国实用新型法》第1条中规定的)创造性。更进一步地说,过去在实用新型上诉合议庭的决定中偶尔出现的,当技术人员超过了惯常操作的框架时即可肯定其创造性的法律观点,在很多案件中并不能得出一个令人确信的结果。与此相对,在文献中(对实用新型)创造性的判断有时甚至几乎等同于专利中对创造性的判断。联邦专利法院试图借助批准该上诉之机通过联邦最高法院的解释来获得对这个问题的回答,即如何看待专利法中的创造性活动和实用新型法中的创造性步骤。

2.对于专利法中创造性活动的判断,最近合议庭抛弃了其以前将创造性活动的判断本质上看作事实问题的判断的观点(参见合议庭判决:GRUR 1984,797,798 f.-Zinkenkreisel;GRUR 1987,510,512-Mittelohrprothese; Senat, BGHZ 110, 82 = GRUR 1999, 508 = NJW 1990, 3269-Spreizdübel;对于实用新型法参见合议庭判决:GRUR 1998,913, 914 - Induktionsofen; vgl. Bruchhausen, in: Benkard, PatG GebrMG, 9. Aufl. [1993], § 4 PatG Rdnr. 45;Rogge/Grabinski, in:Benkard, PatG GebrMG, 10. Aufl. [2006], § 139 PatG Rdnr. 143; Keukenschrijver, in: Busse, PatG, 6. Aufl. [2003], § 4 PatG Rdnr. 193),而是强调,此处涉及的是一个法律问题,该法律问题应当借助对事实情况的价值评估进行判断,这些事实情况应当能够直接或者间接地表明创造性地发现了解决问题的方法这一前提获得满足(Senat, GRUR 2006, 663-vorausbezahlte Telefongespräche, zur Veröff. in BGHZ vorgesehen; in Fortführung insb. von Senat, GRUR 2004, 411, 413-Diabehältnis)。这也同样适用于对于实用新型法中创造性步骤的判断。因此,在获得批准的对一个删

⑦ 本书笔者补注。

除实用新型的决定提起的上诉程序中或者在实用新型消灭之后确认实用新型自始无效的程序中，应当根据上诉法的基本原则对此进行审查，换言之，只要该审查建立在事实审法官的判断之上，那么该判断原则上对于上诉法院来说是有约束力的。

3. 在学术意见中，占据主流的观点认为，专利法和实用新型法中创造性成果的程度应当有所差别（特别参见 Bruchhausen, in: Benkard, PatG GebrMG, 9. Aufl. [1993], § 1 GebrMG Rdnr. 25; Goebel, in: Benkard, PatG GebrMG, 10. Aufl. [2006], § 1 GebrMG Rdnrn. 12ff.; Bühring, GebrMG, 6. Aufl. [2003], § 3 Rdnrn. 74f.; Loth, GebrMG, 2001, § 1 GebrMG Rdnr. 160, 但是这些文献中对于差别没有明确定义; Mes, PatG GebrMG, 2. Aufl. [2005], § 1 GebrMG Rdnr. 9; U. Krieger, GRUR Int 1996, 356; Goebel, Der erfinderische Schritt nach § 1 GebrMG, 2005, S. 156）。

a）从1986年8月15日根据实用新型修改法而新修订的实用新型法的法律资料中可以看出，联邦政府强调两者创造性差别的意愿（比较 die Gesetzesbegr., BT-Dr 10/3903, S. 18 = BlPMZ 1986, 320, 322），这一点可以从立法者在专利法中用"创造性活动"而在实用新型法中用"创造性步骤"这一语言上的区分尝试中看出来。这一表述的区别顺应了以往法院判决及在学术界长期沿袭的传统。特别是1978年至1986年颁布的意义重大的《专利及实用新型实施条例》实施之前，联邦最高法院的司法判决在很长时期都传达着这样的观点：可以获得实用新型保护的技术方案在创造性高度上可以低于获得专利保护的技术方案［参见 RG, BlPMZ 1908, 188, 189 – Schartenblende："这样从政府专员的解释理由中就可以很明确地得出，这里只考虑了更弱的只受实用新型保护的发明创造，而没有考虑更强的，能够满足专利法前提并且能够获得有效和长期的专利保护的发明创造"; RGZ 99, 211, 212 f. – Kurbelscheibe："将一个机器的曲柄盘拿掉并且在同样的位置安装一个更大的能起到飞轮效果的轮子这一想法并不是显而易见的，也不是无需经过值得一提的（nennenswert）技术上的思考就能得出的"; RG, MuW

1929,131-Garndocke;GRUR 1933,494,495-Markierzeichen:“不只是手工匠人层面的措施”;GRUR 1939,838,840-Sturmlaterne;BGH,GRUR 1957,270,271-Unfallverhütungsschuh;GRUR 1962,575,576-Standtank;GRUR 1962, 518, 519 - Blitzlichtgerät; BGHZ 42, 263, 268 = GRUR 1965,239-Verstärker]。司法判决中提到,相比实用新型而言,专利需要一个可观的“创造性高度”(原话参见 RG, MuW 1929,131 - Garndocke)。然而司法解释并没有放弃对实用新型“创造高度”的要求(RG,GRUR 1939,838-Sturmlaterne:“其中对一个实用新型而言所必要的措施要有创造性”;BGH,GRUR 162,575 [576]-Standtank:“应有一个实用新型所应具备的创造高度”)。即使是实用新型也要求在已知技术之上有一个创造性的超越;如果每个技术人员都可以轻易完成,那么这项技术也不能成为一个专有权利的标的(Isay,Patentgesetz und Gesetz,betreffend den Schutz von Gebrauchsmustern,6. Aufl. [1932], § 1 GebrMG Anm. 19,20 m. w. Nachw. der älteren Rspr.)。学术界对于非显而易见的标准却总是避而不谈(参见 Wuesthoff, in: Klauer/Möhring, Patentrechtskomm. ,1971, § 1 GebrMG Rdnr. 26:“如果一个新的改进没有在另外的解决途径中被描述,那么根据德国联邦法院的观点就可以表明,新的改进是一个有创造性的行为”;Trüstedt, in: Reimer, PatG/GebrMG,3. Aufl. [1968], § 1 GebrMG Anm. 23)。《德国实用新型法》本身对于创造性行为的要求自 1986 年修改之后才以以下表述的形式固定下来:实用新型必须“建立在一个创造性步骤的基础上”;在 1990 年开始适用的现行《德国实用新型法》第 1 条第 1 项中规定,受保护的发明要“建立在一个创造性步骤的基础上”,该要求被原封不动地照搬了过来。

b)奥地利一个最高法院判决也在一个类似的法律基础上表达了(对实用新型的)创造性要求低于专利(的观点)(OGH,GRUR Int 1997,164=ÖBl 1996,200-Wurfpfeilautomat; OGH, ÖBl 2004,37-Gleitschichtkühler; Oberster Patent-und Markensenat,PBl 2003,15 [17]-Ladewagen,und PBl 2005,39 [41]-Präsentationsvorrichtung)。这也顺应了在法律政策领域

蔓延的一个趋势[例如,参见 AIPPI 关于第 117 个问题的报告,摘录于 GRUR Int 1994,1031:(实用新型创造性这一)前提比创造性活动或者非显而易见性更容易被满足,但是只有纯粹的新颖性应当是不够的。马克思普朗克研究所的"外国和国际专利权、著作权和竞争权工作小组"在 1990 年的欧洲实用新型讨论草案中将(实用新型创造性的标准)变通性地确定为需要带来对现实意义重大的优势;内部市场实用新型权利绿皮书提到比专利"更少"的创造性高度,参见 EG-Dokument KOM 95/370 v. 19. 7. 1995,德国工业产权和著作权保护协会于 1995 年 7 月 19 日的观点陈述,发表在 GRUR 1996,185,186;还有欧洲委员会于 1999 年 6 月 30 日发布的对欧洲议会和理事会关于统一涉及保护实用新型专利的法律规定的指导方针之修改意见,载于 Dok. KOM [99] 309 endg. ,其在多个内国法律规定中找到了突破口,比如《芬兰实用新型法》第 2 条第 2 款,《波兰知识产权法》第 94 款,《塞尔维亚和黑山国家联盟专利法》第 134 条第 2 款,《西班牙专利法》第 146 条第 2 款以及《捷克实用新型法》第 1 条,还有的国家继续保留只对新颖性的要求,比如土耳其于 1995 年 6 月 27 日颁布的第 551 号法令的第 154 条或者《保加利亚专利法》第 73 条第 1 款中关于实用新型权的规定,相比之下,比利时、法国和匈牙利在对实用新型的权利保护方面并没有降低保护标准的规定]。

c)联邦专利法院在其最新的司法解释中重复表达了这一观点,即一个技术方案即便在现有技术中被描述,从而对技术人员是显而易见的,但只要不是通过普通技术常识和对现有技术的惯常性理解可以直接获得的,即可获得实用新型保护(参见 Beschl. v. 2. 8. 2000-5 W [pat] 434/99,Leitsatz in Mitt 2002,46;BPatGE 47,215=GRUR 2004,852-Materialstreifenpackung)。自 1986 年新修改的《德国实用新型法》出台以来,德国联邦最高法院还没有机会对这个问题发表意见。

d)那些认为德国法(对实用新型的创造性标准)不应当相较于专利法的创造性活动有所降低的观点迄今为止只是零星地出现(最近的有 Keukenschrijver, in: Busse, PatG, 6. Aufl. [2003], § 1 GebrMG

Rdnr. 16; vgl. Breuer, GRUR 1997, 11, 17 f.)。

4. a)对于一项比普通技术人员所能达到的高度更高的智慧成果之可受保护性(参见 Lindenmaier, GRUR 1939, 153, 155),从 10 世纪末以来在专利法中就不是直线型发展的(参见 Asendorf/Schmidt, in: Benkard, PatG GebrMG, 10. Aufl. [2006], § 4 PatG Rdnrn. 4ff., 7)。应 1976 年 6 月 21 日《国际专利条约法》第 4 条第 4 项(BGBl 1976 II, 658ff.)的要求而引入的《德国专利法》(旧版)第 2a 条(现在的第 4 条)之出台标志着专利法上首次对创造性活动有了一个法典化的定义,即当一个发明不能被该领域的技术人员以显而易见的方式从现有技术中得出时,该发明可以被认为是建立在创造性活动之上。对此德国立法者照搬了德文版的《欧洲专利公约》第 56 条第 1 句的表述。根据该定义,当下来看对技术人员而言,非显而易见成为专利法中(对创造性)唯一的判断标准。

b)当下在专利法中,只要一项新发明的技术是新的、可以进行工业应用,并且对技术人员非显而易见,那么所有这样的发明都不加区分地具有可受保护性。据此,对于可受保护性的要求已经被降得很低,以至于只要不是一般的创造成果都可以被包括进来。一个普适,据此(一方面)前述(对于创造性)的要求还可以被降得更低,同时却又可以避免平庸的新方法形成垄断地位(即第三人对该方法基于更高位阶权利的合理使用也会被排除)的标准还没有被发展出来;对于这样一个充分的并且有确定性的标准之出现也尚且不能预见。与对创造性方法保护前提的各种争论不同,可以说,根据《德国专利法》第 9 条和第 10 条受保护的专利与根据《德国实用新型法》第 11 条和第 12a 条受保护的实用新型,二者从保护效果上来看无论如何本质上无差别。即使实用新型不能在所有可以获得专利保护的领域被授予,特别是不能在工作和生产方法领域(Senat, BGHZ 158, 142, 149 = GRUR 2004, 495 - Signalfolge; BGHZ 164, 220 = GRUR 2006, 135 - Arzneimittelgebrauchsmuster),以及不久以后也不能在《德国专利法》第 1 条第 2 款意义上的生物技术领域获得实用新型授权,但是只要获得了实用新型保护,在不考虑其较短的权利保护期限的前提下(见《德国专利法》第 16 条第 1 款和《德国实用新型法》第 23 条第 1 款的规定),其权利效力是不逊于(专利权的)(参见 krit. zu Differenzierungsversuchen insoweit Scharen, in: Benkard, PatG GebrMG, 10. Aufl. [2006] § 12a GebrMG Rdnr. 10)。立法者之所以(对专利和实用新型的创造性)进行区分,还考虑到,专利法不仅在新颖性的判断上而且在评判创造性活动时对于需要比对的现有技术的规定都(与实用新型法)有所区别[《德国实用新型法》第 3 条第 1 项(参见 Breuer, GRUR 1997, 11, 15)]。

c)将实用新型中的创造性活动区别于专利法中的创造性活动进行评估的各种尝试迄今为止都没有对下面这个问题形成一个有足够说服力的回答:是否能够,并且在是的情况下,如何能够从专利法中对现有技术的不同界定标准之考虑中摆脱出来。就此而言,首先实用新型法中的创造性步骤这一标准像专利法中的创造性活动一样是一个质的标准而不是一个量的标准,虽然我们经常可以听到这样的观点,即实用新型中创造性活动的量比专利法中的量更少,但是一个用于衡量创造性活动的这样的"量"根本不存在(参见 Bruchhausen, in: Benkard, PatG GebrMG, 9. Aufl. [1993], § 1 GebrMG Rdnr. 25; Trüstedt, GRUR 1980, 877, 880f.; Starck, GRUR 1983, 401, 404)。

d)此外,专利和实用新型的评估标准之差别仅仅是边缘性(marginal)的。单从这里来看,认为(实用新型权利的)独占性可以基于相对专利"较低的"创造性活动,甚至可以基于显而易见法则而产生的假设貌似是不合(法律)制度的。在这个假设中,实用新型有成为不能获得专利保护的(技术的)收容池的风险(对此的批评意见有 Ullrich, GRUR Int 1995, 623, 639; Sellnick, GRUR 2002, 121, 125)。作为在进行法律解释时不受当任联邦政府观点约束的合议庭对这样的趋势不能表示赞同。此外,从联邦政府的立法理由来看(BT-Dr 10/3903, S. 15ff. = BlPMZ 1986, 322),创造性的活动本身(作为判断标准)也应当是不可或缺的。但是,不能以技术人员无法基于公知常识或对现有技术的通常考量得出为由(相反判决见 BPatGE 47, 215 = GRUR 2004, 852-Materialstreifenpackung; vgl. Goebel, in: Benkard, PatG GebrMG, 10. Aufl. [2006], § 1 GebrMG Rdnrn. 24,25),就认定一项实用新型具有非显而易见性,从而认定创造性步骤的存在,进而导致产生仅仅保留所有权人对该实用新型使用的权利从而排除所有其他商业活动参加人的使用的后果。一个对法律这样的扩展解释在保护第三人的行为自由的宪法规定背景下也是不合法的。

Ⅳ. 合议庭作为上诉法庭,在事实方面受联邦最高法院确认的案件事实的约束,这里的案件事实也包括该领域的普通技术人员在做出判断时会考虑哪些资料;然而合议庭对案件事实的评价不受约束。

1. 联邦最高法院根据涉诉实用新型用来主要答辩的权利要求 1 将技术方案大致分成如下几点:

展示柜具有

1. 一个封闭的展示间

1.1 由一个桌面板(组成)

1.1.1 有一个基本呈半圆形的平面

1.1.2 通过该平面展示间从垂直的柱子延伸性的至少向一侧耸出

1.2 由一个上层的盖板(组成)

1.2.1 有一个基本呈半圆形的平面

1.2.2 通过该平面展示间从垂直的柱子延伸性的至少向一侧耸出

1.3 由一个侧墙(组成)

1.3.1 包含一个展示窗

1.3.1.1 以圆盘的形式安置于平面桌面和盖板之间,并且顺应桌面的平面和盖板基本成半圆柱形拱起

1.3.2 还有至少一个可打开的从而可以由此进入展示间的窗户

2. 有两个有一定间隔的垂直的柱子用于支撑展示间

2.1 竖立在一个空间的底部

2.2 在其中间纳入可打开的展示柜窗户

联邦专利法院根据用于辅助答辩的实用新型申请将附加特征分成如下几点：

根据辅助申请1：

2.3　两个垂直的柱子由侧面构成

2.4　并且至少有一个垂直柱子的侧面包含电或/和气体或/和水的供料管或/和排料管

3.平面桌面下面的空间与垂直的柱子相连，由基本成半圆柱形拱起的外墙装备

根据辅助申请2还包括：

1.2.3　上层的盖板包含一个抽吸接口

1.2.4　其属于一个一头紧接着平面桌面的上部另外一头紧接着上层盖板的下部的引导装置

1.2.5　该装置由一个平板组成，该平板与一部分板片一起构成一个引导通道

这些特征提纲为上诉法院提供了充分的基础素材；上诉人建议的其他版本的特征提纲并没有呈现出实质性的区别；此外，其在上层概念和编号上还过于强烈地受权利要求结构的导向。与《德国实用新型法》第12a条的规定不同，该特征提纲并不会对权利要求附加法律上的意义，其只不过是一个纯粹的辅助手段（Senat，GRUR 2006，313，315-Stapeltrockner，für die Eingriffsprüfung）。

2.联邦专利法院虽然肯定了该标的的新颖性，但是否定了创造性步骤的存在。对用于主要答辩的权利要求1，联邦专利法院主要基于美国第3041957号专利，此外还有第3593646、4632022、5318473号专利，公开的欧洲专利申请第337469号和德国标准化学会第12924号标准（进行了比较）。联邦专利法院选取了美国第3041957号专利中的一个用于自然科学教学的展示柜，其由一个基本呈正方形的桌面板和其底座的滚轮组成。该展示柜表现为一个完全封闭作为工作间的展示间，有一个桌面板，一个位于上层的基本呈半圆形的盖板，有透视窗的侧墙，一个安置于桌面板和盖板之间的形状貌似一个基本呈半圆柱形

拱起的圆盘的透视窗和至少一个出于出入的需要可打开的窗户，因此该专利具有涉案展示窗实用新型用于主要答辩的权利要求 1 的特征 1.、1.1、1.2、1.2.1、1.3、1.3.1、1.3.1.1 和 1.3.2。此外，特征 1.2.2 和 2.2 也被实现，因为上层的盖板从两个垂直的柱子向一侧延伸耸出，同时垂直柱子将至少一个[在其中间的可打开的]展示柜窗户纳入。

根据联邦专利法院的观点，非显而易见的特征 2 和 2.1 可以由一个技术人员(其对技术人员没有进一步的界定)单纯依据一个简单的设计上的考量便得出。特别是将美国第 3041957 号专利中，至少部分起承重作用的垂直柱子在需要时(如作为底座柜的替代物)延长至地板并不需要创造性步骤，况且美国第 3593646 号专利、公开的欧洲专利申请第 337469 号和美国第 5318473 号专利已经提供了示例。在第 3593646 号美国专利和公开的第 337469 号欧洲专利申请中，实验室通风柜或者通风间被描述为包含一个贯通的立在地上的垂直柱子，正是运用了承重和支撑工作间的功能。第 5318473 号美国专利中一直延伸到地面的垂直门柱至少部分运用了其承重功能。

该技术方案根据第 3041957 号美国专利被应用到展示间上这一点毋庸置疑。在涉诉实用新型的申请日，本应当有一个对实验室通风柜的下部结构的合乎标准的建构，如德国标准化学会第 12924 号标准所言，要么作为承重的底座柜元素，要么作为尤其是由垂直门柱构成的支撑结构。

其他的非显而易见的特征 1.1.1 和 1.1.2，即桌面板和盖板的半圆形构造，基于美学的原因为了匹配展示间的半圆柱形构造便可得出。此外，一个半圆柱形构造的展示间也出现在了第 4632022 号美国专利中。

删除滚轮体现出的变化每个人都能想到因此是理所当然的。

3. 对于联邦专利法院据以(得出结论的)事实认定，上诉人在法律程序中并没有通过具体的上诉意见进行质疑，因此这一点对于上诉的判决之作出也是前提性的。在这点上应当遵循之前的司法解释(比较 Senat, GRUR 1996, 753, 756 - Informationssignal, insoweit nicht in BGHZ 133, 18 abgedr.; GRUR 1998, 913, 914f. - Induktionsofen)。固然可以通过上诉认定的是,第 3041957 号美国专利中的展示柜无需存在有承重功能的垂直柱子。侧墙、上层盖板和固定在上面的窗户将由桌面板支撑,只有柜子形状的下部结构有承重功能。其中在用于主要答辩的权利要求 1 和第 3041957 号美国专利的技术方案之间有本质的区别。与联邦专利法院的观点不同,设计、构造和生产实验室家具的技术人员不会从其他引用文献中展示的技术方案中获得启发,使用承重或者支撑的垂直柱子,并将其转用到第 3041957 号美国专利的展示间上。德国标准化学会第 12924 号标准中关心的是通风柜的下层结构,“柱子”和“垂直柱子”这两个概念也没有出现。从中也不能得出启示去改变第 3041957 号美国专利的结构,以至于不再需要一个柜子形状的下层结构作为承重构造。第 3593646 号美国专利和公开的第 337469 号欧洲专利申请也没有公开承重结构,对于后者,提升窗口两边门柱形状的构造显然不具有承重功能。

4. 上诉不得不承认,第 5318473 号美国专利无论如何当然没有展示和描述一个与涉诉实用新型一样的,桌面板有承重功能的展示柜。但是这个首先不妨碍联邦专利法院认定第 3593646 号美国专利和公开的第 337469 号欧洲专利申请展示了类似的布局设计。另外,对于联邦专利法院关于第 5318473 号美国专利公开内容的认定是否可以被通过一个合乎法律程序的指责进行质疑这一问题可以不予回答,因为合议庭不赞同上诉人的如下观点,即(在上诉理由中被定义为有经验的实验室家具设计师的)技术人员不能从(第 5318473 号美国专利)中获得启示,将承重结构转用到第 3041957 号美国专利上。德国标准化学会第 12924 号标准实际上提出了下层结构可以被建造成承重的柜子元素或者支撑架构这一技术方案;通过垂直柱子结构来替换下层柜正体现了从一种可能性向另一种可能性的过渡,正如第 12924 号标准作为明显等价的选择所建议的一样。支撑结构应当适合纳入可拆装的橱柜元素,这一点在第 12924 号标准中也被预见到了,而且在涉诉实用新型的权利要求 1 的首要辩护版本中也没有被排除,二者的差别也不足以使该领域的普通技术人员在第 12924 号标准的启示下,依然可能选择不予采纳[而是用涉诉实用新型中的方案][8]。公开的第 337469 号欧洲专利申请中的门柱没有承重功能这一上诉观点与被撤销的决定中确定的观点相冲突,但是并没有构成《德国专利法》第 93 条列明的程序错误,因此联邦专利法院的事实确定对于上诉程序来说是有法律约束力的(《德国实用新型法》第 18 条第 4 款与《德国专利法》第 107 条第 2 款)。对第 3593696 号美国专利的事实确定同样如此。就此上诉本身也承认了有两根垂直柱子作为承重结构的存在。

根据美国第 3041957 号专利的构造和第 3593646 号美国专利的承重柱解决方案以及公开的第 337469 号欧洲专利申请,结合德国标准化学会第 12924 号标准中包含的启示都以显而易见的方式指向涉诉实用新型用于主要辩护的权利要求 1,对联邦专利法院的这一判断合议庭表示赞同。此外半圆形的盖板也已经在第 3593646 号美国专利中被指出("透明的上层墙 64")。对第 3593646 号美国专利中滚轮的删除也无需多加考虑,因为涉诉实用新型并没有排除该可能性。

V. 关于其他附属请求,合议庭采纳联邦专利法院的判决,这些要么可以被技术人员通过惯常操作,要么可以直接从已经公开的现有技术中得出。上诉意见中对此没有做出特别的辩护。

VI. 跟联邦专利法院的观点相同,即使考虑权利请求 1 中的其他辩护版本也只能否定创造性活动的存在。这也适用于由此延伸出来的其他附属权利请求。

第二节 "展示柜案"案件评论

一、该裁定的意义

在德国,只有发明专利才能被称为"专利"(Patent),其受《德国专利法》的规制;而实用新型不仅有自己的专门表述"Gebrauchsmuster",也有自己的专门法律规定——《德国实用新型法》。在德国,实用新型与发明

⑧ 本书笔者补注。

专利原则上属于两个体系。

德国联邦最高法院的“展示柜”一案之所以被笔者选为经典案例，正是因为该裁定在实用新型法和专利法的关系上作出了突破性的决定，特别是以最高法院司法解释的形式认定了实用新型与发明专利的创造性判断标准不应当有所区别，从而将两个体系中的创造性判断标准一致化，使专利法中发展出来的诸多创造性判断标准和原则可以直接适用于实用新型法。

在德国的司法实践和学术研究中，该裁定一直以来也被视为理顺专利法与实用新型法之间关系的指导性司法判例。同时，该裁定也对实用新型的实务操作带来了非常重大的影响，裁定在事实上导致了实用新型创造性判断标准的提升，从而使得实用新型制度对实务界的吸引力下降，发明人越来越倾向于直接通过注册发明专利来保护其知识产权。

二、该裁定之前的法律状况

1. 创造性步骤（erfinderischer Schritt）和创造性活动（erfinderische Tätigkeit）的区分

该项裁定的首要任务是对《德国实用新型法》第 1 条中“创造性”这一法律概念进行解释，从而回答其与《德国专利法》第 1 条和第 4 条中同样概念的关系问题。

《德国实用新型法》第 1 条第 1 项写道：“实用新型保护新颖的、基于创造性步骤的并且可以工业应用的发明。”

而《德国专利法》第 4 条第 1 句的原文为：“如果一项发明与现有技术相比对本领域技术人员来说是非显而易见的，则应当被认为是基于创造性活动而产生的。”

从对创造性的用词来看，以上两者存在差别，一个是“创造性步骤”，一个是“创造性活动”。《德国专利法》第 4 条第 1 句还对“创造性活动”进行了法定定义，定义中提到的“本领域技术人员”的技术能力以相关行业技术人员的平均水平为衡量标准；[⑨]而在《德国实用新型

⑨ 参见 Wenzel，GRUR 2013，140。

法》中并没有指出技术人员的衡量标准是什么。⑩ 立法者故意没有对创造性步骤进行法定定义。⑪ 所以对于该定义的解读意义重大,在本案中直接关系到一个实用新型是否可以依据《德国实用新型法》第13条和第15条被认定无效。⑫

2. 立法渊源

《德国专利法》第1条第1款中"创造性活动"的概念是与《欧洲专利公约》第52条第1款的规定相一致的。

根据1976年6月21日的《德国国际专利协议法》⑬对"创造性成果"(erfinderische Leistung)的定义,当一项发明对于本领域的技术人员来说不能以显而易见的方式从现有技术中得出时,该项发明就被认为具有创造性。德国在对《欧洲专利公约》第56条第1句进行内国法化的过程中,在《德国专利法》第4条中作出规定:创造性的判断只取决于一项技术对于本领域的技术人员来说是不是显而易见的。这也就是说,在专利法中,所有新颖的、可以工业应用的发明都能受到发明专利的保护,只要其对于本领域的技术人员来说不是显而易见的。⑭

1986年8月15日通过《德国实用新型法》的修改,"创造性步骤"这一要求被写入《德国实用新型法》中。

根据当时的法律修改,能受到保护的实用新型除了需要满足第1条新颖性、创造性和可工业应用性的基本要求,在1990年6月30日之前所有的申请还需要满足一项额外的所谓"立体形态"的前提。也就是说,只有以某种立体形态体现的,具有比如说新的造型、布局、装置或者电路的发明才能受到实用新型的保护。后来,为了打击假冒产品,实用新型的保护范围得以扩大,对于立体形态的要求逐渐被放弃。⑮

1990年7月1日以来,除了方法发明,所有其他的技术发明都可以

⑩ 参见 Wenzel,GRUR 2013,140。

⑪ 参见判决 BGHZ 128,270,172f. =GRUR 1995,330,331f;Wenzel,GRUR 2013,140。

⑫ 参见 Nirk,GRUR 2006,847。

⑬ 条文发表于 BGBl 1976 Ⅱ,628ff。

⑭ Nirk,GRUR 2006,847.

⑮ Nirk,GRUR 2006,847.

申请实用新型保护。通过这一改变，实用新型的"型"字失去了其应有的含义，作为自成一体的"实用新型权"也由此不复存在。[16]这也就意味着实用新型保护与专利保护的界限进一步模糊化。[17]

3. 司法实践的不同操作

在司法实践中，对于实用新型的创造性之判断一直以来有着很大的不确定性。[18] 从《德国实用新型法》修改以来发展下来的理论是，实用新型应当具备一定的发明质量，相比专利来说，一个"更少量的创造性成果"足够肯定其创造性。

实务界也认为，按照法律的规定，如果一项技术方案低于《德国专利法》第 4 条规定的"创造性活动"的要求，那么就可以作为实用新型注册。既然《德国实用新型法》中使用了"创造性步骤"一词，作为达到创造性活动高度的一个步骤，此处的立法用词从一开始就应当表明了实用新型的创造性要低于发明专利。[19]

对于创造性步骤的判断，只要当相关领域的一般技术人员根据其一般的技术能力并对现有技术进行常规性的思考时，不容易发明该项技术就已经足够了。[20] 而《德国专利法》第 4 条要求技术人员花费更大的精力才能从现有技术中研发出有资格被授予发明专利的技术方案，因为他需要"更深入地思考"，而且这样的思考明显高于一般常规性的思考。[21]

与实务界普遍认为的观点相反，在学术讨论中，"创造性步骤"有时候也被认为等同于专利法中的"非显而易见性"。[22] 有学者指责，如果对实用新型规定更低的创造性要求，《德国实用新型法》第 1 条规定

---

⑯ 参见 Bühring, GebrMG, 6. Aufl. [2002], § 1 Rdnr. 11。

⑰ Nirk, GRUR 2006, 847.

⑱ 参见 Breuer, GRUR 1997, 11, 15。

⑲ Wenzel, GRUR 2013, 140.

⑳ 例如，如下判决 BPatG, Mitt 2002, 46–Leitungskanal; GRUR 2004, 852–Materialstreifenpackung; GRUR 2006, 489, 492–Schlagwerkzeug。

㉑ 参见判决 BPatG, GRUR 2006, 489, 492–Schlagwerkzeug。

㉒ 参见 Jestaedt; GRUR 2001, 939; Goebel, in: Benkard, PatG, 10. Aufl. [2006], § 1 GebrMG Rdnrn. 20ff。

的专业技术人员相对于专利法中的规定就“被变笨了”。[23]

最后一个版本的创造性步骤的司法解释存在于联邦专利法院2003年10月15日档案号为5 W(pat)420/02的决议中,[24]在此,创造性步骤被描述为:对于一项用于技术操作的技术方案来说,当其虽然不以创造性活动为基础(也就是说本领域的技术人员是否能从现有技术中显而易见地得出该发明并不是实用新型的判断标准),但是该实用新型也不是技术人员以其一般的专业知识和通过对现有技术惯常的思考就能轻易发明的,便可以申请实用新型保护。

而联邦最高法院的上诉合议庭在其2005年5月19日的档案号为5 W(pat)405/04的决议中对上述司法解释持有相反的观点。鉴于联邦最高法院在此之前还没有机会对该问题发表看法,所以上诉合议庭希望就此问题能得到联邦最高法院从最高法院的角度以司法解释的形式做出的最终解答。

三、“展示柜案”的裁定要旨

在本案中,对于作为涉案实用新型保护前提的创造性步骤是否存在的问题,实用新型的所有人提出,在本案中不应当适用用于确定专利法意义上的创造性活动的惯常方法,而是需要用一个更温和(更不严格)的审查方法。

然而,联邦最高法院认为,创造性步骤并非一个量的特征,而是一个纯粹的质的特征,其作为一个法律问题应该通过权衡来解答。[25] 在此要排除“量”上的考量,也就是说,不需要考虑该技术方案与现有的技术之间的距离有多“远”。根据联邦最高法院的观点,实用新型权利相对于专利权来说在创造性上并不存在一个更少的“量”。这一如今更加严格的用于判断实用新型创造性的标准意味着专利和实用新型的评估标准仅有微小差别。实用新型并非拥有“更少的”创造性。[26] 而这

---

[23] Hüttermann/Storz,NJW 2006,3178,3179.

[24] 参见判决 BPatGE 47,215=GRUR 2004,852-Materialstreifenpackung。

[25] 参见判决 BGH,GRUR 2006,663,665-Vorausbezahlte Telefongespräche。

[26] Nirk,GRUR 2006,847,848.

个微小的差别仅存在于《德国实用新型法》第 3 条规定的对于现有技术的不同标准中。[27]

在论述权衡问题时,联邦最高法院还禁止将一些显而易见的东西,比如技术人员仅基于公知常识或对现有技术的常规性考量就能够得出的,认定为是以创造性步骤为基础的。联邦最高法院认为,《德国专利法》第 4 条意义上的"非显而易见性"已经是对创造性成果要求的最低限,并且由此所有处于一般水平以上的成果都能受到保护。一个比这一要求更低的,同时又能保证避免对没有保护价值的平庸发明授予专利的普适标准还没有被发展出来,而且甚至没有苗头会发展出来。

通过《德国实用新型法》第 3 条中对于现有技术的不同定义,已经足以将实用新型和专利区别开来。假如对创造性成果在此再特别设定一个更低的标准,会导致实用新型成为不够资格获得发明专利授权的技术方案的"收纳池",这已经脱离了专利制度的初衷。尽管实用新型的权利保护期限比专利权要短,但是实用新型权本身并不是一个逊于专利权的权利。

在此裁定之前,实践和学术讨论中都根据要求的发明高度不同将专利和实用新型归结为两种不同的技术保护权利类型。该裁定的作出使这样的划分再无必要。发明专利根据《德国专利法》第 9 条和第 10 条的保护效果与实用新型根据《德国实用新型法》第 11 条和第 12a 条的保护效果在本质上是一样的。所以,只要一项技术作为实用新型受到了法律上的承认,那么除其比专利有较短的保护期之外,并不是某种"更低级的权利"。

四、实用新型的创造性判断司法实践——以发明专利的创造性评价标准为例

德国联邦最高法院通过这样一个方向性的裁定,确定了在专利法领域发展出来的对创造性判断的基本原则可以全部适用于实用新型法之上。[28]

---

[27] 见下文第四部分。

[28] Nirk,GRUR 2006,847.

专利法中对创造性的判断标准被规定在《德国专利法》第 4 条第 1 句：如果一项发明与现有技术相比对本领域技术人员来说是非显而易见的，则应当被认为是基于创造性活动而产生的。

1. 假想人标准

对于创造性标准的判断遵循客观评价原则。发明人对自己专利的认识和评价对于创造性的判断不起作用。[29] 确定这一点很重要，因为有些时候发明人自己也没有预料到自己的发明还可以用在一些意想不到的领域，但是即使没有预料到，该发明同样可以延伸保护到这些领域；另外，当发明人理解的自己的发明与专利说明书中表述的内容不一致时，也以客观表述为准。

在判断创造性时会预设一个假想中的人——"本领域的普通技术人员"（Durchschnittsfachmann）。[30] 这一概念在技术世界中被用于描述涉及的技术领域中那些作为基础的、普通的、一般的专业知识，以及平均水平的认知、经验和能力。[31] 专利法中规定的判断标准（即一项技术方案是不是显而易见的）应该以本领域的普通技术人员的视角来观察。也就是说，该普通技术专业人士是否有能力根据其专业知识从现有技术中得出该发明。[32] 如果一项发明仅仅以手艺技能为基础，或者一个技术上新的发展只不过是对现有技术进行逻辑推演的结果，那么这些发明将被认为是显而易见的，从而也就不被认为具有创造性。[33] 在创造性判断时起决定性的并不是本领域的普通技术人员是否能通过结合现有的技术特征得出一个解决方案，而是只有当本领域的普通技术人员用于解决某一难题时恰巧也将这些现有技术的结合作为解决方

㉙ 参见判决 BGH（X ZR 102/91）GRUR 1994，357-Muffelofen 和 BGH（X ZR 54/67）GRUR 1971，210-Wildverbißverhinderung。

㉚ 直译为"平均水平技术人员"。

㉛ 参见判决 BGH（X ZR 255/01）GRUR 2004，1023，1025-Bodenseitige Vereinzelungsvorrichtung。

㉜ 参见 BGH PMZ 1989. 215-Gießpulver；BGH（X ZR 151/12）GRUR 2015，365，370-Zwangsmischer；BGH（X ZR 139/10）GRUR 2014，647-Farbversorgungssystem；Jestaedt GRUR 2001，939，941。

㉝ Jestaedt GRUR 2001，939，941.

案时，它们才被认为是显而易见的。

要认定显而易见，一方面，要求技术人员借助其通过专业培训和工作经验得来的知识和能力，有能力从现有技术中发展出一个有发明高度的解决技术问题的方案。单是这一点不足以认定发明的标的具有显而易见性。另一方面，更重要的是，技术人员对于为什么单单选择发明中的解决道路要有理由。[34] 对此，通常情况下除对技术问题的理解之外还需要其他的驱动力、灵感、指示或者其他的诱因。[35] 通过这种思路，对创造性的判断才变得客观，从而也就保证了法律的确定性，这对发明人和其竞争对手来说都是有益的。

同时，对于技术人员需要多大的灵感、要把这些灵感具体化到什么程度才能发展出以某种特定的途径解决问题的技术方案，没有一个普适的标准。这些需要个案分析，通过综合分析重要的案件事实要素得出结论。在综合分析时不仅要考虑对于技术人员的明确指示，而且要考虑涉及专业技术领域本身的特性，特别是在该领域从业的技术人员在优先权日的专业培训课程和培训状况、该领域的技术人员在研发新技术时采取的惯常途径，还要考虑对于发明标的的技术需求度，可能导致技术人员往发明方向思考的非技术要素，或者反过来，可能导致技术人员不往发明的方向思考的非技术要素。[36]

判断创造性活动是否存在的一个重要指标是所谓的"惊讶时刻"（Überraschungsmoment）。德国联邦最高法院的一个判决对惊讶时刻表述道，就连法庭雇用的专家人员都对涉案发明的内容表示惊讶，因为在该行业涉案发明解决的难题由来已久并且一直被认为是无法解决的。如果有这样的惊讶时刻就足以说明该技术方案的创造性已经远远超过

㉞ 参见判决 BGH（X ZB 6/10）GRUR 2012.378（Tz. 16 bis 18）-Installiereinrichtung Ⅱ和 BGH（X ZR 107/10）GRUR 2013 1022-Aufzugsmultigruppensteuerung。

㉟ 参见判决 BGH（Xa ZR 92/05）GRUR 2009,746-Betrieb einer Sicherheitseinrichtung 以及 BGH（X ZR 65/05）GRUR 2010,407-Einteilige Öse。

㊱ 参见判决 BGH（X ZB 6/10）GRUR 2012.378（Tz. 16 bis 18）-Installiereinrichtung Ⅱ和 BGH（X ZR 107/10）GRUR 2013 1022-Aufzugsmultigruppensteuerung。

了一个平均水平的专业技术人员所能达到的高度。[37]

2. 三步分析法

在具体的司法实践操作中，确定创造性活动时通常可以提出下面的问题：[38]

（1）要想实现涉诉专利中的技术方案，涉及领域的技术人员需要操作哪些步骤？

（2）技术人员有没有往操作这些步骤方向思考的动机？

（3）在具体案件中有哪些理由用来支持专业技术人员根据这样的思考可能实现涉诉专利提出的技术方案，又有哪些理由用来反对该观点？

提出这些问题之后接下来就需要审查技术人员对现有技术进行更改，从而实现涉诉发明的动机。[39] 要达到非显而易见性，不仅要求技术人员知道客观的、需要完成的任务，而且还要有具体的动机。基于这一具体的动机他才得以实现该发明。[40] 甚至，即使专业人员只是将现有技术和其专业知识进行结合也要有具体动机的存在。如果该动机不存在，那么发明也不是显而易见的。[41] 要想判断该动机的存在，一个很简单的标准是技术人员手头上需要解决哪一问题。[42] 但是，如果要求技术人员有动机从现有技术中寻找一个需要解决的问题的解决方案，那么该动机必须要有一定的成功预期。[43]

一个创造性的成果也可能涉及多个不同的技术难题。[44] 在这种情况下要分别考虑解决每个技术难题时的创造性。

---

[37] 参见判决 BGH（X ZR 95/87）GRUR 1989,899,903-Sauerteig。

[38] Jestaedt GRUR 2001,939,942.

[39] 参见判决 BGH（X ZR 200/99）GRUR 2003,693,695-Hochdruckreiniger。

[40] 参见判决 BGH（X ZR 65/05）GRUR 2010,407,409（Tz. 17）-Einteilige Öse。

[41] 参见判决 BGH（Xa ZR 56/05）GRUR 2009, 743, 745（Tz. 37）- Airbag - Auslösesteuerung。

[42] 参见判决 BGH（Xa ZR 92/05）GRUR 2009,748（Tz. 20）-Betrieb einer Sicherheitseinrichtung。

[43] 参见判决 BGH（X ZR 98/09）GRUR 2012,803-Calcipotriol-Monohydrat。

[44] 参见判决 BGH（X ZR 41/13）GRUR 2015,352,352（Tz. 13）-Quetiapin。

如果有很多种操作的可能性，而发明的标的正是选择其中一种可能性，那么这个选择本身也有可能是具有创造性的。[45] 但是在判断选择决定是否具有创造性时要考虑该发明所在的专业领域。如果该领域的技术人员的现实选择可能性本身就受到限制，比如说发明人要想实现某种技术方案必须要遵守现存的行业标准，如果对标准中涉及的每一个点的改进都仅有有限的几种可能性，那么该发明人提出的解决方案很可能就是显而易见的。[46]

在优先权日之前某一技术的发展停滞不前这一点本身还不足以说明在该技术领域上的发明就是有创造性的。[47] 反过来说，即使在一个领域某个现实问题已经是无处不在，而且对于解决该问题的期待已经是人所共知的，但是仍然不意味着对这个现实问题的解决就是显而易见的。[48]

3. 对发明专利和实用新型创造性的判断是一个法律问题

在德国，对于一个专利是否具有创造性的判断是一个法律问题，所以可以由法官衡量判断。[49] 但是这一观点的形成并不是自然而然的，而是经历了司法实践的论证。

对于专利创造性的判断是一个评价性的决定，做出这一判断的关键点不是衡量和裁判空间的大小，而是此处涉及一个不确定的法律概念——创造性。该法律概念从一开始就有非常广的定义，并且根据立法者的原意应当可以适用于各种不同的个案当中。所以，这是一个个案裁判的问题，需要结合每个案件中所有重要的法律事实做出一个综合评判。根据德国联邦法院早期的判决，对于创造性的判断问题本质上属于事实判断的领域并且属于事实审法官的义务范畴；因此，对于该

㊺ 参见判决 BGH（Xa ZR 130/07）GRUR 2010, 123-Escitalopram。

㊻ 参见判决 BGH（X ZR 58/10）GRUR 2012, 261-E-Mail via SMS。

㊼ 参见判决 BGH（X ZR 49/09）GRUR 2010, 992（Tz. 28）-Ziehmaschinenzugeinheit Ⅱ。

㊽ 参见判决 BGH（X ZR 88/09）GRUR 2012, 475-Elektronenstrahltherapiesystem。

㊾ 参见判决 BGH（X ZR 213/01）GRUR 2006, 663, 665（Tz. 28）-Vorausbezahlte Telefongespräche。

问题提起的上诉只能有限地审查事实审法官做出决定时是否违反了程序性规定，是否有违生活经验或者逻辑思维规律，以及是否忽略了关键的事实情况。

然而，自“展示柜案”的裁定以来，德国联邦最高法院在这个问题上也参考专利法司法判决中的观点，认为对于实用新型创造性的判断也是一个法律问题。

五、实用新型和发明专利在创造性判断方面尚存的区别

在该裁定中，联邦最高法院还明确指出了实用新型法和专利法在创造性判断上仅有的两个区别点：第一个是在判断实用新型创造性时需要考虑的现有技术不仅在判断新颖性时，而且在判断创造性时[50]都与专利法中的有所区别；[51]第二个就是关于六个月内申请人自己的发表不导致实用新型新颖性丧失的特殊规定。[52]

在实用新型创造性判断时需要考虑的现有技术的范围规定在《德国实用新型法》第3条第1款。根据该法条的规定，现有技术包括在申请日之前通过书面的表述或者通过在本法适用范围内（德国境内）的使用对公众公开的知识。而根据《德国专利法》第3条第1款，现有技术的存在形式不仅包括书面记载、全球范围内的使用，还包括口头描述和其他任何方式的公开。

在判断新颖性时，需要将引用的文献与发明的标的逐一比对。与此不同，在判断创造性时，需要评价发明是否可以从现有技术中轻易得出。因此需要将现有技术作为一个整体来考虑。[53] 当该领域的技术人员根据其在相关专业领域的平均能力、以从现有技术中获得的知识和灵感作为一个整体还是无法实现实用新型的标的时，就可以肯定实用新型的创造性。[54] 如果现有技术属于一个离涉诉实用新型的领域较偏

---

[50] 在实用新型法中，创造性和新颖性的现有技术判断标准是一致的。

[51] 《德国实用新型法》第3条第1款。

[52] 《德国实用新型法》第3条第1款第3句。

[53] 像看马赛克作品一样的考虑方法，参见 BGH GRUR 1962，518，519-Blitzlichtgerät；BGH GRUR 1953，120，123-Rohrschelle；BGH Mitt. 2011，26，29-Gleitlagerüberwachung。

[54] 参见判决 BGH（X ZB 6/10）GRUR 2012，378，379-Installiereinrichtung Ⅱ。

远的专业领域,而且该领域的发展不会被相关的专业人员关注,那么通常情况下在审查时将不予考虑。[55]

关于第二个区别于德国专利法的规定:在申请日之前的六个月内做出的书面表述或者使用,如果其来源于实用新型的申请人或者其前权利人,则不被认为是现有技术。这个六个月的期限被称为"宽限期",[56]用于排除自己发表的内容对自己申请实用新型的新颖性限制。德国发明专利制度中没有这一规定。

六、对该裁定的批判性意见

对于该裁定,学术界不乏批评意见。

有学者从历史解释的角度分析道:历史上立法者本想利用实用新型法的出台来应对的事实是,在早先的德国专利法中并没有明确规定创造性高度的要求,由此导致专利审查员面临大量专利申请的巨大工作压力,而这些申请当中很多都只不过是与现有技术稍有不同,它们虽说是新颖的,但是并没有超出工业能力的平均水平。[57] 即使在今天,创造性何时存在、何时不存在都不能说已经可以解释清楚。[58] 即便目前已经存在众多的审查样板和参考标准,但是到头来还是要个案评价;而不管评价的结果如何,到头来总会有那么一个专业人员觉得审查结果值得商榷。因此,立法者希望能建立一套下级建构(Subkonstrukt),用于截获那些没有达到发明专利高度的发明。[59] 德国立法者在其1986年对实用新型法修改的修法论证意见中将实用新型权利明确称为"收纳权利"(Auffangrecht)。[60] 根据立法者的规划,实用新型权利还应当具有登记即可生效的特征,这样就可以暂时节省专利审查员的审查压力。[61]特别需要注意的是,立法者将把现有的发明专利和实用新型法律

---

[55] 比较 BPatG GRUR 1997, 619, 621 – Mikrocomputer; BGH Mitt. 2011, 26, 29 – Gleitlagerüberwachung。

[56] Loth, GebrMG Kommentar, 2. Aufl. 2017, § 1 Rn. 170.

[57] Beier, GRUR 1986, 1, 4.

[58] Wenzel, GRUR 2013, 140, 141.

[59] 参见《德国实用新型法》的立法意见书 BT-Dr 10/3903, S. 15 r. Sp. (Nr. 3)。

[60] 参见《德国实用新型法》的立法意见书 BT-Dr 10/3903, S. 15 r. Sp. (Nr. 3)。

[61] 对于实用新型的有效性只有在被提起异议或者无效时才需要审查。

系统发展为一个等价的双元制审查生效系统[62]或者双元制登记生效系统[63]描述为是“不正确”（nicht sachgerecht）的。[64]

总而言之，反对者认为，通过使用“创造性步骤”和“创造性活动”这两个不同的概念表达以及在1986年实用新型法修改中公开的修法论证意见，德国的立法者明确表达了其试图将实用新型法中的创造性成果标准确定为低于发明专利的意愿，而德国联邦最高法院恰恰违背了这一意愿。[65]

对此，联邦最高法院的辩解是，其在判决时不受联邦政府当年修法意见的约束。有学者认为，这违反了德国宪法规定的权力分配原则。[66]

七、“展示柜案”对实践的意义

1. 该裁定作出之前的法律实践

按照先前的司法实践，对于实用新型的创造性要求要低于发明专利。通过这种制度设计可以保证在通常情况下科研的投资都能得到回报，因为即便是研究成果不够用于申请发明专利，也至少可以用来申请实用新型。[67] 也正因如此，实用新型在德国被称为保护范围较发明专利更窄[68]的“小专利”。[69]

另外，与中国的双重申请实践操作类似，按照该裁定之前的德国法律实践，也可以在专利获得批准之前通过实用新型的申请预先获得对技术方案绝对权的保护。[70] 况且实用新型这项权利比较“皮实”，因为其保护前提比较低，所以即使该技术方案的专利申请被驳回或者获得

---

[62] 专利和实用新型都像德国现行的专利制度一样经审查通过才被授予权利。

[63] 专利和实用新型都像德国现行的实用新型制度一样经登记就可被授予权利。

[64] 参见《德国实用新型法》的立法意见书 BT-Dr 10/3903，S. 16 l. Sp.（Nr. 4）。

[65] 参见判决 BGH，GRUR 2006，842，844 - Demonstrationsschrank；BPatG，GRUR 2004，852 Materialstreifenpackung；GRUR 2006，489-Schlagwerkzeug；学者意见 Goebel，GRUR 2008，301，Bardehle，GRUR Int 2008，632；Eisenführ，Mitt 2009，165。

[66] Wenzel，GRUR 2013，140.

[67] Wenzel，GRUR 2013，140.

[68] 参见 Benkard/Goebel（o. Fn. 4），Vorb. GebrMG Rn. 1ff.。

[69] 参见 Bunke，GRUR 1957，110；Benkard/Goebel，PatG，10. Aufl.（2006），Vorb. GebrMG Rn. 2d。

[70] Wenzel，GRUR 2013，140.

专利之后被认定无效,都未必会对获得的实用新型产生影响,该实用新型可能会继续存在。[71]

2. 该裁定对法律实践的影响

"展示柜案"中确立的原则已经被作为最高法院司法解释在判决实践中不断地使用。[72] 其带来的现实后果是实用新型如今在大多数案件中成为一种"临时性的专利"。只有在少数案件中实用新型还有其独立的意义,这些案件中专利和实用新型不同的现有技术判断标准对可受保护性的判断确实起到关键作用。单单申请注册一个实用新型而不同时申请专利在实践中显得不是很合理。以前注册实用新型可能会基于节约成本的考虑,因为其注册和维护的费用都不高,但新的司法解释导致对实用新型的审查门槛变高,这样实用新型就很容易被宣布无效。[73] 这对于权利人来说,意味着不仅在实用新型无效程序中,而且在侵权诉讼程序中都有更高的风险,因为被提起侵权诉讼的对方可以以实用新型缺乏创造性为由进行抗辩,主张实用新型无效,从而不构成侵权。[74]

可以看到,作为上述论点的支撑,自该裁定作出以来在德国实用新型的新注册数量持续下降。2000 年至 2005 年实用新型申请的数量为每年超过 20,000 项,[75]自该裁定作出的 2006 年以来,注册数量持续下降,2016 年的申请数量只有 14,000 项。[76] 那么为什么实用新型的申请数量没有降到谷底,为什么仍然有人申请实用新型?原因主要在于,相较于专利,实用新型的审查期限较短,权利人能够较快地获得授权,进而获得对技术的保护,因此,仍然会有很多权利人在发明专利申请的基

---

[71] Wenzel, GRUR 2013, 140.

[72] 参见判决和裁定 BPatG, Beschl. v. 7. 7. 2010-469/08, BeckRS 2010, 21600 unter Ⅳ 2. 1-Leichtbauplatte; OLG Düsseldorf, Urt. v. 19. 1. 2012-122/10, BeckRS 2012, 10694 unter Ⅱ B 2; BGH, GRUR 2012, 378, 379-Installiereinrichtung Ⅱ。

[73] 同类观点可见 Heselberger, jurisPR-WettbR 11/2006, Anm. 2。

[74] Wenzel, GRUR 2013, 140, 141.

[75] 参见德国专利商标局 2006 年年报,第 64 页。

[76] 参见德国专利商标局 2016 年年报,第 93 页。

础上摘取一部分用于实用新型申请。[77]

通过该裁定确立的新的模式也给司法实践提出了很多新的问题。对于将来因为现有技术的原因而无效的发明专利之权利人来说，他们将不能再依赖于单纯地相信与该发明专利内容相同的实用新型会有足够的实质性内容继续存续下去。[78] 另外，考虑到如今更加严格的创造性判断标准，要想保证将来受到侵权时能够主张权利，应当在申请实用新型注册时对拟注册的实用新型做好查新检索和技术评估。[79]

实践中值得思考的是，在条件符合的情况下可以考虑将一些很小的发明用于注册外观设计。与实用新型相同，在德国外观设计也无需经过实质审查，而且也可以即刻作为绝对权用于对抗第三人的使用。[80]

---

⑦ Wenzel, GRUR 2013, 140, 141.
⑱ Nirk, GRUR 2006, 847, 848.
⑲ Nirk, GRUR 2006, 847, 848.
⑳ Nirk, GRUR 2006, 847, 848.

第二章　等同使用情形下的现有技术抗辩——成型地砖案

第一节　“成型地砖案”判决原文

运用法条：《德国专利法》第 14 条

一、判决要旨

1. 根据 1981 年的《德国专利法》第 14 条，专利的保护范围一般可以延伸到与专利权利要求中保护的发明等同的技术方案。

2. 同时，允许使用涉嫌侵权并且与受保护的发明等同的实施例相对于现有技术水准并不构成专利适格的发明这一抗辩。

联邦最高法院于 1986 年 4 月 29 日对“成型地砖”一案（案号 X ZB 28/85，前审法院布伦瑞克州高等法院）作出的判决。

二、案件事实

原告是于 1979 年 11 月 5 日申请注册的第 2944622 号专利（涉案专利）的所有人，该专利涉及一种用于道路边缘的成型地砖，于 1982 年 8 月 19 日被公开。专利权利要求的第 1 项和第 2 项内容如下：

1. 用在道路边缘的排水沟上的具有一个纵向凹槽的单件式或横截面多件式成型地砖，其特征在于，其至少具有一个从纵向凹槽开始分叉并且在远离道路中心的侧面结束的横向凹沟。

2. 根据权利要求1所述的成型地砖，其特征在于，所述横向凹沟具有轻微的梯度。

涉诉专利文件中的图形1显示如下：

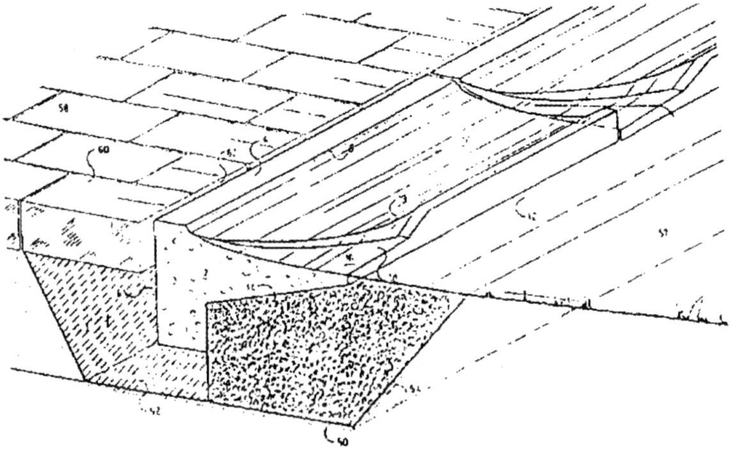

被告城市在其地域内建造了一条以2%的斜率表面横向下降的用联锁铺路石铺成的道路。作为道路的侧面边界铺了一列沿着道路走向水平排列的铺路石，这些铺路石是6厘米高的凸起的普通商用圆形路缘石，这些路缘石以3厘米的间距形成侧面的排水间隙。水流渗入比内缘道路水平线低1厘米的砾石层。

下面的草图显示了涉嫌侵权实施例的俯视图。

原告认为被告存在侵犯专利权的行为，对其提起不作为和公布账目的请求，并要求法院确认其损害赔偿的义务。

被告拒绝承认专利侵权并且主张其拥有在先使用权。

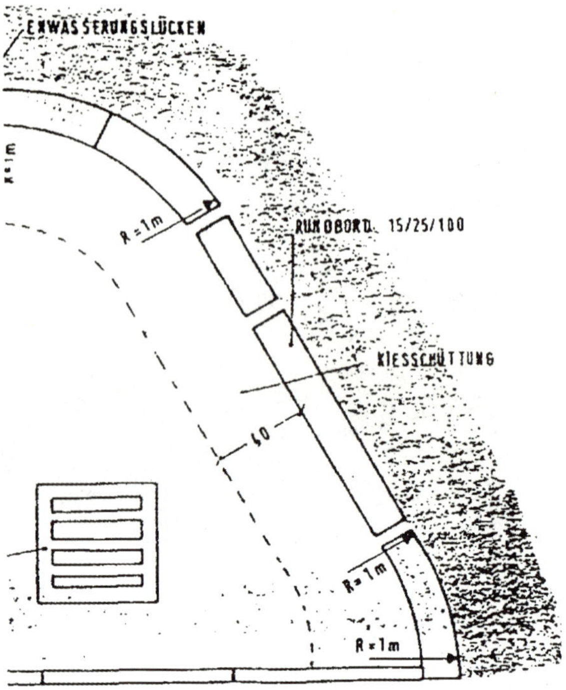

州法院对被告判决如下：

1. 停止商业化生产、销售、供应或者使用用在道路边缘排水沟上的具有一个纵向凹槽的单件式或横截面多件式成型地砖，其中，该地砖至少具有一个从纵向凹槽开始分叉并且在远离道路中心的侧面结束的横向凹沟，并且特别是所述横向凹沟具有轻微的梯度，否则将面临法律规定的违背（司法）秩序的制裁措施。

2. 向原告公布账目，告知其单件式或横截面多件式成型地砖的生产数量以及根据每个成本因素分类计算得出的从 1982 年 8 月 19 日起开始从事的第一项判决中描述的行为之生产成本。

3. 确定被告城市有义务因为其从 1982 年 8 月 19 日起开始从事的第一项判决中描述的行为而对原告造成的或者还将继续造成的损害进行赔偿。

州高等法院驳回了被告的上诉请求。被告对该驳回请求提起上告，原告的诉求保持不变。

三、判决理由

上告的审判结果是撤销一审判决并且发回上诉法院重新审理。

Ⅰ.1. 涉诉专利涉及一个用在道路边缘排水沟上的具有一个纵向凹槽的单件式或横截面多件式成型地砖。

涉诉专利文件中首先描述了一种已经为人所知的用在道路边缘的排水沟上起固定作用和在同一水平面上起找平路面作用的,具有一个纵向凹槽的单件式或横截面多件式的成型地砖。这种地砖的缺点在于所有积聚在路面上的雨水都会被排走。正因如此,雨水排水通道的尺寸必须被相应地加大,这样才能保证产生的污垢被引流到排水通道中。为了解决这一技术问题,涉诉专利文件的发明陈述了一种成型地砖,可以安全并且可靠地将落在路面的降水在道路边缘引流,并且无论天气状况如何都可以将部分降水从侧面引流到相邻的地面中。

涉诉专利文件中阐明,该发明的优点在于非常大量的降水也能从路面被引流,并且还有个主要的优点是降水带来的污垢也会通过横向凹沟基本上从侧面被排出。

上诉法院根据涉诉专利文件中描述的已知现有技术的缺点和涉诉专利文件中描述的问题解决建议的优点,认为此处涉及的技术难题在于:优化道路边缘区域的排水、有益影响地下水水位、减少流入排水通道的污水的污垢含量,并且使缩小雨水排水通道的尺寸成为可能。

因为问题的关键在于讨论是否构成对发明一对一的使用,所以上诉中涉及的技术问题是否被完整地描述可以暂且不议。

2. 涉诉专利的权利要求 1 对上述难题的解决建议如下:

a)一个单件式或横截面多件式成型地砖(用在道路边缘的排水沟上)

b)具有一个纵向凹槽

c)具有一个横向凹沟

aa)其从纵向凹槽开始分叉

bb)并且在成型地砖远离道路中心的侧面结束。

该特征分析与上诉法院的分析本质上一致。上告意见在此问题上没有质疑,此处无法律错误。

3. 上诉法院正确地依据1981年版的《德国专利法》第14条(以前是第6a条)审查了受保护领域(保护范围)。该法条对应《欧洲专利公约》第69条第1款(《联邦法律公报》1977年第Ⅱ期,起始页第826页,内容页第864页;1977年9月9日《欧洲专利公约》生效公告,联邦法律公报1977年第Ⅱ期,第792页)。1978年1月1日以后提交的专利申请适用1981年版的《德国专利法》第14条的规定(比较《统一发明专利之某些实体法概念史特拉斯堡公约》第11章第1条第1款,第4章第6项,第11章第3条第5款)。

4. 上告意见主张上诉法院错误地认为被告对涉诉专利进行了一对一的使用,该申诉未能成功。

a)对此上诉法院认为:被告在生产道路边缘固件时并没有使用与涉诉专利技术方案相一致的成型地砖,该地砖基于其特定的使用目的与普通的石头有所不同,而是使用了常见的立方体或长方体形状的砖和普通的圆形路缘石。涉嫌侵权的实施例也没有显示出"横截面多件式的成型地砖"这一特征,因为如果在位于路缘石正面的排水间隙区域做一个横截面,仅能显示纵向铺设的铺路石,这不同于作为涉诉专利标的的砾石层和表层路面。涉嫌侵权的实施例也没有显示纵向凹槽。涉诉专利保护一种集成了纵向凹槽的成型地砖。与此不同,涉嫌侵权的实施例的纵向凹槽位于道路内部。相应地,也不存在从纵向凹槽开始分叉的横向凹沟,涉嫌侵权的实施例的地面由砾石层堆砌而成,而不是像涉诉专利权利要求1所述由成型地砖本身铺设。

b)上诉法院的观点从法律的角度来看在结果上无可非议。

上诉法院正确地认为,根据涉诉专利权利要求1所述的成型地砖在地砖中浇筑了纵向凹槽和由其开始分叉的横向凹沟。这些可以从专利说明书和专利绘图中展现的受保护发明的实施例以及专利权利要求1的表述中得出。专利文件中的图形1和图形3至图形7也展现了在横截面多件式成型地砖中浇筑的纵向凹槽和横向凹沟。从描述中可以得出,每一个成型地砖都有一个横向凹沟(Sp. 2, Z. 67)并且该横向凹沟在成型地砖的侧面结束(Sp. 3,Z. 1,37/38)。专利权利要求1也是如此(Sp. 1,Z. 1,7/8)。

涉嫌侵权的实施例的纵向凹槽和横向凹沟由路缘石、铺路石层和紧挨着的路面表层构成,但是并没有加工到石头本身上面。上告意见也承认了这一点。

5. 然而上告意见正确地指出,判决被告等同(äquivalent)使用涉诉专利是有法律错误的。

a)根据上诉法院的法律出发点,等同使用的前提是:涉嫌侵权的实施例提出的解决方案与涉诉专利受保护的解决方案不是一样的,但是在技术功能上面却是一致的。也就是说,二者在本质上实现同样的效果。上诉法院对此还要求,涉嫌侵权的实施例总体来看必须使用了受保护的解决问题的原则。其否定了对涉诉专利技术方案的等同使用,因为尽管二者致力于完成的任务具有一致性,但是涉嫌侵权的实施例并没有将受专利保护的解决问题的原则作为其技术实施的基础。该专利由一个单件式或横截面多件式成型地砖和其上的槽和沟组成,用于水平固定和找平表层路面。反之,被告使用了一个可以利用免费的现有技术的特征并且使用常见的砖石来实现的用路缘石来固定道路边缘的程序,由此不仅解决了排水问题而且还能达到其他目标。将路缘石铺高有助于避免对植物苗圃的碾轧,并且可以防止对植物苗圃土壤的冲刷。此外,这一常见的高肩路缘石无法通过变换铺设方法被带槽沟的成型地砖取代。被告的实施例与涉诉专利相去甚远。

b)这些表述受到了法律错误的影响。

如前文所述,在争议案件中专利的保护范围应当根据1981年版的《德国专利法》第14条进行衡量。与1978年之前的法律状况不同,如今专利权利要求不仅是出发点,而且成了确定保护范围的起决定性作用的前提基础。根据1981年版的《德国专利法》第14条第2句,要通过解释来弄清楚专利权利要求的内容,同时也要参考专利的说明书和附图。1981年版的《德国专利法》第14条对应《欧洲专利公约》第69条第1款,从对该条的解释议定书中可以明显看出,对权利要求的解释不只是为了排除其中的含糊之处,而且还为了澄清权利要求中使用的技术术语以及阐明其中描述的发明的含义和范围。在现行的《德国专利法》第14条(当时的第6a条)的政府草案之官方解释性声明中,联邦政府也提到了该议定书,并且就此明确表示其中确立的原则也应当对德国法适用(BT-Drucks. 7/3712,30);只有这样才能实现引入这一新条款的目的,也就是尽可能实现在整个欧洲统一确定专利的范围。这一立法目的要求,在评估德国专利保护范围时必须遵守《欧洲专利公约》签约国在《欧洲专利公约》第69条解释议定书中达成一致的解释原则。

根据《欧洲专利公约》第69条的解释议定书,落入专利保护范围的不只是专利权利要求的确切措辞显示的内容。据此,对于保护范围的评估已经超出了权利要求的字面含义的限制,而且对专利权利要求中描述的发明的变种也是开放的。根据合议庭目前的理解,尽管在确定专利的实质保护范围的方法和授予保护的范围上(各个缔约国)仍然存在个别的显著差异,将保护范围从权利要求的字面含义扩展到等同的实施方案符合《欧洲专利公约》缔约国的法律期待。

在判断等同使用发明的问题上,要根据通过解释确定的专利权利要求的内容评估1978年1月1日之后申请的专利的保护范围。对此要考虑专业技术人员能认识到的发明的范围。需要提出的问题是,专业技术人员能否在权利要求中描述的受保护的发明基础之上,通过能达到相同效果的方法来成功地解决发明所解决的问题。对于本领域普通技术人员以专利权利要求书中描述的发明为导向进行思考得出的解决方法,如果借助其专业知识能发现该解决方法能达到相同的效果,那么该解决方法通常包含在专利保护范围之内。这与保证发明人得到适当的回报这一目标相符,并且兼顾了法律的确定性原则。

根据上诉法院的观点,涉嫌侵权的实施例也解决了作为涉诉专利基础的技术问题,即将降水引流到道路边缘区域。在确定该技术问题的过程中,上诉法院仅仅着眼于涉诉专利文件中给出的内容,并且经过对这些内容的考量很可能没有完全地领会该发明事实上攻克的技术问题。关键的并不是涉诉专利文件的措辞，而是哪些技术问题从专业技术人员的角度来看明显是通过该发明事实上（客观上）解决的（比较 BGHZ 78，358，364-Spinnturbine Ⅱ）。该成型地砖的专利设计在构造道路边缘的排水沟槽时可以简化操作，因为采集凹槽和横向凹沟都已经设计在成型地砖中，无需再通过特殊的措施现场制作。

只要上诉法院在审查等同性时将受保护的和涉嫌侵权的实施例的解决问题的原则放在一起比较，并且以被告在涉嫌侵权的实施例中没有使用受保护的解决问题的原则这一理由否定专利侵权，那么该判决就是有法律错误的。在评估 1978 年 1 月 1 日之后申请的专利之保护范围时，关键是本领域普通技术人员是否能够凭借其专业知识，借助专利说明书和附图，从专利权利要求中得出涉嫌侵权的实施例中使用的能达到相同效果的方法，而不是取决于是否在使用的“原则”上具有一致性。此外，上诉法院还将作为涉诉专利基础的“原则”错误地局限于发明标的的直接表现形式（对纵向凹槽和横向凹沟的成型设计）上。

上诉法院还不应该因为以下的考虑就否定对涉诉专利的同等使用，即涉诉专利的标的是一种成型地砖，而被告则是使用了固定道路边缘的一种特定程序。一个定位于物体形状的专利权利要求可以防御对受保护客体的任何形式的使用，无论生产方法或制造途径如何。虽说被告使用的程序从生产方法上来看不同于受保护的成型地砖，但是由被告生产的道路边缘固定产品从其具体的表现形式来看仍然可能落入了涉诉专利的保护范围。起决定性作用的问题是，被告是否创造了一种特征与涉诉专利的特征相同的物体，这种物体的横向凹沟并没有设计在砖块之上，比如说设计在砖块的最外缘，而是直接放置在其旁边，以至于每一个砖块都成了横向凹沟的（侧）墙。

上诉法院还不应该因为以下的考虑就否定对涉诉专利的等同使用，涉诉专利的内容是用于在同一水平面上固定道路表层的成型地砖，而涉嫌侵权的实施例有一个高出来的路缘。涉诉专利的权利要求 1 并没有将其标的限制为一种用于在同一水平面上固定道路表层的成型地砖。从权利要求的字面来看，也包含了构成路缘的成型地砖。将权利要求限制解释为专利保护只及于在同一水平面上铺设的成型地砖无异于是仅考虑权利要求字面措辞对专利的不合法解读。在涉诉专利中虽然提到了用于在同一水平面上界分路面的德国第7430185号实用新型中公开的沟槽成型地砖，而且在涉诉专利文件的其他位置描述了将受保护方形地砖在同一水平面上安置在道路边缘时的优点，但是这并不意味着涉诉专利的标的应被限制为在同一水平面上铺设的成型地砖。

6. 上诉法院的衡量：被告使用了一个用于固定道路边缘的程序，该程序使用了现有技术的特征并且通过使用常见的砖石实现；以及被告的表述：涉嫌侵权的实施例没有满足授予专利的前提条件，二者在目前的诉讼阶段不足以导致对起诉的驳回。

a)在依1981年《德国专利法》第14条确定专利的保护范围时，允许被告使用涉嫌侵权并且被主张为等同使用的实施例相对于现有技术水准并不构成专利适格的发明之抗辩。因此，被告在专利侵权诉讼中不仅能以涉嫌侵权的实施例基于现有技术为人所知为理由进行抗辩，而且还可以抗辩称，考虑到现有技术该实施例根本不构成发明。

对于该抗辩，被控使用专利的被告应当承担举证和证明责任，而且对该类抗辩的允许并不会造成发明人因公开其专利适格的发明所应得的回报之减少。

就此被告能够在侵权争议中适用1981年《德国专利法》第3条第1款关于现有技术的规定，并且主张涉嫌侵权的实施例对该领域的普通技术人员来说是显而易见的(1981年《德国专利法》第4条第1句)。通过这种方式可以确保，对于保证对现有技术的非发明性使用的自由发展、对判断涉案专利的受保护性评估和对于回答发明人是否有权因为公开其发明而获得奖励这三个问题起决定性作用的所有知识都能被予以考虑。

b)上诉法院对此(从其角度来看是正确的)没有进行讨论。由于事实仍需要事实审法官的进一步澄清，所以必须搁置争议判决，并将案件发回上诉法院进行进一步的审理并作出决定，需要决定的还包括上诉程序的费用分摊问题。

7. a)在进一步审理时,双方当事人将有机会对于作为发明基础的技术问题和考虑到现有技术涉嫌侵权的实施例不构成发明这一抗辩发表观点。如果在技术问题的审查过程中发现,从涉诉专利文件的字面中解读出的技术问题相较于另一个技术问题(技术操作 Handhabung)来说仅仅具有次要的意义,那么很有可能已经可以否定同样效果的存在。假如上诉法院得出的结果是涉嫌侵权的实施例在当时的现有技术之下已经为人所知或者根据该现有技术不能被视为专利性的发明,那么专利侵权就无需被考虑。

如果上诉法院认为,以先前为人所知的现有技术为基础实现涉嫌侵权的实施例需要创造性的活动,并且如果本领域普通技术人员能够借助专利说明书和附图得出结论,即涉诉专利权利要求中描述的发明和涉嫌侵权的实施例能达到相同的效果,那么自然就构成专利侵权(参见判决理由 5b)。

上诉法院应当衡量,对于上诉问题的审查是否需要委托专家参与。

b)如果被告在一审判决中一样也在上诉中援引在先使用权,那么上诉法院就应当考虑,获得这项权利的前提是经过使用而产生的对发明的占有。对这一事实的确认有必要通过一些已经发生的活动来证明,这些活动的目的应当是实施发明,并且还应当有打算尽快开始使用它的意愿表达。

c)上诉法院还应当注意以下几点:原告在申请不作为请求时是以涉诉专利的权利要求 1 和权利要求 2 的措辞为导向的。该请求权只有在(逐字逐句)完全一致的涉诉专利侵权存在时才能被认可。但是正如上诉法院正确认定的一样,被告无论如何也没有一对一地使用涉诉专利。因此,上诉法院应当指示原告改写其不作为请求,改写后的请求中应当有对具体的侵权形式的描述。这不仅适用于技术特征部分而且也适用于涉嫌侵权实施例的使用方法。

d)如果有可能判决被告有支付损害赔偿和公开账目的义务,那么上诉法院应当考虑,专利授权的公开日是 1982 年 8 月 19 日。不能因为被告在专利公布当天不知道专利保护的存在也不知道其实施例涉嫌侵权从而侵犯了涉诉专利，就指责被告违反了其应尽的注意义务。通常情况下，专利授权公开后给予被告 4 周的审查期限应当是适当的，因此只能在该期限届满之后再考虑被告疏于审查的过错存在。

第二节　“成型地砖案”案件评论

一、“成型地砖案”判决的意义

在德国的知识产权体系中，专利需要经过审批授予才有效。如果对专利的有效性存在疑问，必须另案通过单独的程序，比如说向德国联邦专利法院提起无效之诉或者向德国专利商标局提起异议程序来主张。被诉专利侵权的被告不能在侵权诉讼中主张成功授予的专利的保护客体在优先权日不具备新颖性或者创造性，因为新颖性和创造性的判断原则上不属于侵权法院审理的范围。

但是在一种例外情形下侵权法院需要判断一项技术方案是否具有新颖性和创造性，这便是涉嫌侵权的实施例存在对涉诉专利技术方案等同使用的情形。如果涉嫌侵犯专利权的实施例与受专利权利要求的字面意义保护的技术方案不相同，而是等同，而且该实施例从现有技术中很容易便可得出，则专利侵权的被告有机会在侵权程序中主张该实施例完全是依靠现有技术可以得出的，没有新颖性和创造性、不具有受专利保护的价值，因此，与在同样的现有技术基础上经过创造性的活动而产生的涉案专利不同，于是不构成侵权。对于该现有技术抗辩，侵权诉讼的审理法院需要审查涉嫌侵权的实施例相比现有技术是否具有新颖性和创造性。这一例外情形正是德国联邦最高法院于 1986 年 4 月 29 日通过“成型地砖案”的判决确立的。

该判决的作出可以说满足了实务界对于该原则长期以来的期待，[①]因此受到了各方的一致肯定，并且这一原则也以“成型地砖抗辩”

① Kraßer u. Ann, Patentrecht, 7. Aufl. 2016, § 32, Rn. 139.

为关键词被吸纳为现行《德国专利法》的组成部分。②

同时，该专利法上的判决也在实用新型侵权诉讼中被认可③并无数次地被引用。④

更值得一提的是，“成型地砖抗辩”也获得了瑞士联邦法院⑤和奥地利专利局⑥的认可，成为在德语区国家普遍适用的一项法律原则。

二、“成型地砖案”判决之前的法律状况

1. 旧法的“三分法理论”（Dreiteilungslehre）

“成型地砖”一案主要解决的是专利的保护范围问题。对于这个问题，早在20世纪40年代的德意志帝国时期就已经有司法理论的发展，根据当时的司法解释，专利的保护范围被划分为三个层次：“发明的直接标的”（unmittelbarer Gegenstand der Erfindung），“发明的标的”（Gegenstand der Erfindung）和“一般的发明想法”（allgemeine Erfindungsgedanken）。这三个层次确定的专利保护范围按照从第一个到第三个的顺序越来越宽。虽然在某些特殊的情况下，专利的保护范围也会被限制在第一个层次或者被延伸到第三个层次，⑦但是，在通常情况下，第二个层次决定了专利的保护范围。

作为第二个层次的“发明的标的”（偶尔会用“专利”一词代指）是指相关领域的技术人员在对专利权利要求进行字面解读，同时参考专利说明书、专利文件中的附图、一般的专业知识和专利文件中描述的现有技术，容易（ohne weiteres）得出的技术方案。此处的容易是指不需要任何更进一步的思考（ohne nähere Überlegung）。⑧“发明的标的”也包含那些没有用权利要求中的方法而是用了其他方法的实施例，只要该方法与专利提到的具有发明意义的问题解决方案容易被相关领域的技

---

② 参见 Jestaedt, FS Bartenbach（2006），371-384。

③ 详见后文。

④ Popp, GRUR 2009, 318.

⑤ Schweizerisches Bundesgericht, GRUR Int 1991, GRURINT Jahr 1991 Seite 313.

⑥ Österr. PBl. 1991, 148.

⑦ Kraßer u. Ann, Patentrecht, 7. Aufl. 2016, § 32, Rn. 15.

⑧ Kraßer, GRUR Int. 2015, 670, 674.

术人员看作等价的,这些实施例表现为与发明"相当等同"(glatte Äquivalente)[9]的技术方案。

但是,如果在专利侵权诉讼中可以证明"相当等同"的实施例已经在现有技术中被全部公开,即不具有新颖性,那么专利保护的范围将会被限制为最窄的层次,也即"发明的直接标的"。此时,"相当等同"的技术方案将不在保护范围之内,这一点也被后来的司法判例更进一步确认。[10] 也就是说,在一般情况下受第二个层次的专利保护范围保护的"相当等同"的实施例可以因为其本身缺乏新颖性而在侵权诉讼中丧失受专利保护性。

"三分法理论"在德意志帝国时代并没有就"相当等同"的实施例在缺乏创造性的情况下的受保护性问题做出解答。

2. 德国联邦最高法院对"三分法理论"的继承

德意志帝国发展出来的确定专利保护范围的"三分法理论"被德国联邦最高法院沿用。[11] 这也就意味着在德国现行专利制度中审理专利侵权的法院也要受到涉案专利的保护范围的约束,而这一保护范围在一般情况下就是"发明的标的"以及包含于其中的"相当等同的技术方案"。

然而,学术界对于这一基于德意志帝国时代传统理论的实践操作有着众多的反对意见,他们认为使审理侵权程序的法院受"三分法理论"确立的保护范围的约束是不合法的,因为在专利授予程序中对于保护前提的审查仅及于权利要求中定义的技术方案的字面意思,而无需审查"相当等同"的技术方案变种。[12] 那么,如果说审理侵权案件的法院要受到专利授予程序对专利的审查结果的约束,该约束也应当仅

---

⑨ Kraßer, GRUR Int. 2015, 670, 675.

⑩ BGH, GRUR 1972, 597, 599 - Schienenschalter Ⅱ; 1974, 460, 463 - Molliped; 1977, 598, 601-Autoskooter-Halle.

⑪ 详情参见 Ullmann, in: Benkard, Patentgesetz. Gebrauchsmustergesetz, 9. Aufl., § 14 PatG Rdnr. 163-179; Keukenschrijver, in: Busse, Patentgesetz, 7. Aufl., § 14 PatG Rdnr. 9-17。

⑫ 比较 Reimer, GRUR 1956, 401; Bock, Mitt. 1969, 270; Breuer, Mitt. 1969, 264, 265; Windisch, GRUR 1974, 22; v. Falck, GRUR 1984, 392。

及于授权程序中审查的权利要求的字面含义之范围，对于超出字面含义的部分，即所谓的“相当等同的技术方案”，既然在授予专利的程序中没有被审查，那么审理侵权案件的法院就不应当受其约束。[13]

三、“成型地砖案”对“三分法理论”的发展

《统一发明专利之某些实体法概念史特拉斯堡公约》(简称史特拉斯堡公约)和《欧洲专利公约》在德国的内国化阶段为重新审视专利的保护范围提供了时机。[14] “成型地砖案”可谓逢时而生，德国联邦最高法院借该案对德国专利法框架下专利的保护范围问题做出了解答。

1.“成型地砖案”的判决要旨

“成型地砖案”的判决要旨大致可以分为两个部分：一是在原则上承认了专利的保护范围一般可以延伸到与专利权利要求中保护的发明等同的技术方案；二是允许专利侵权的被告对等同的技术方案提出其不受专利保护的抗辩。而第二部分的抗辩类型也因为其典型意义获得了一个以该案为关键词的专有名词：“成型地砖抗辩”。

德国联邦最高法院在“成型地砖案”中承认了《德国专利法》将等同技术方案包含在专利的保护范围之中[15]的原则。根据旧法的规定，在涉嫌侵权的实施例被现有技术完全预见而完全不具备新颖性的情况下允许侵权被告以此进行不构成侵权的抗辩。而根据“成型地砖案”的判决，在依 1981 年《德国专利法》第 14 条确定专利的保护范围时，允许被告使用涉嫌侵权并且被主张为等同使用的实施例相对于现有技术水准并不构成专利适格的发明之抗辩。即便当被告使用的涉嫌侵权的实施例与专利权利要求中定义的标的按照旧法的“三分法理论”会被认为是“相当等同的技术方案”时，也允许被告在专利侵权程序中对该实施例的可受专利保护性进行抗辩，[16]而审理侵权案件的法院则有义务对该抗辩作出判决。

---

[13] 比较 Falck/Ohl，GRUR 1971，543，544f.；Pietzcker，GRUR 1972，600；Schwanhäußer，Mitt. 1982，186。

[14] Kraßer，GRUR Int. 2015，670，675.

[15] BGH，GRUR 1986，803，805f. -Formstein.

[16] Ullmann，GRUR 1987，279.

根据该判决,专利侵权的被告能够在侵权争议中适用1981年《德国专利法》第3条第1款关于现有技术的规定,主张涉嫌侵权的实施例在涉诉专利的申请日或者优先权日之前就已经属于现有技术或者该实施例对该领域的专业技术人员来说是显而易见的(1981年《德国专利法》第4条第1句)。⑰

该判决中确立的原则使得侵权审理法院受专利保护范围约束的领域得以限制。换句话说,只有当专利本身在某个范围内合法有效时,侵权审理法院才在该范围之内受到专利的约束;⑱如果超出了专利本身的范围,也就是进入了"等同"实施例的判断时,侵权审理法院将不再受约束,而是可以判决该等同的部分是否有受专利保护性。

反过来,对于侵权诉讼的被告来说,如果专利的权利要求从字面含义的解读上就包含了涉嫌侵权的实施例,也就是说,涉嫌侵权实施例只是对专利权利要求中特征字面意义上的实现,那么被告对该实施例的使用就相当于对专利一对一的使用,此处侵权诉讼的被告就不能用"成型地砖抗辩"来主张该实施例不构成侵权。⑲ 在字面解释范围内的使用可以被排除的前提之下,当涉嫌侵权的实施例超出了专利权利要求的字面含义而成为专利技术的变种,即所谓的"等同实施例"(äquivalente Ausführungsform)时,才允许其使用"成型地砖抗辩"。⑳

2. "成型地砖抗辩"中"等同"技术的确定

作为专利保护标的的等同技术是指那些权利要求中描述的受保护发明的特征并没有根据权利要求的字面含义被实现,而是以专利文件为基础,以很容易实现的方法变种所得的技术。㉑

通过德国联邦最高法院在多个案例中的不断发展,一个与专利权

---

⑰ Popp, GRUR 2009, 318; Kraßer, GRUR Int. 2015, 670, 675.

⑱ Kraßer u. Ann, Patentrecht, 7. Aufl. 2016, § 32, Rn. 139.

⑲ Kraßer u. Ann, Patentrecht, 7. Aufl. 2016, § 32, Rn. 143; Popp, GRUR 2009, 318; BGH 4. 2. 1997, Kabeldurchführung BGHZ 134, 353, 360ff.; LG Düsseldorf 21. 12. 1993-Rollstuhlfahrrad=GRUR 1994, 509; BGH 17. 2. 1999 Kontaktfederblock GRUR 1999, 914, 916.

⑳ 比较 BGH, GRUR 1999, 914, 916 - 918 - Kontaktfederblock; Meier-Beck, GRUR 2000, 351, 359f。

㉑ Kraßer, GRUR Int. 2015, 670, 675.

利要求的字面含义不同的实施例要想被认定为等同技术，需要具备如下特征：

(1)虽然用了不同的方法解决了专利中的发明要解决的问题，但是客观上来说两种方法有同样的效果。

(2)相关领域的技术人员有能力看出用了这一不同方法的变种实施例能达到同样的效果。

(3)相关领域的技术人员要想看出(2)中提到的同样效果需要做出一定的思考，但是该思考是如此强烈地受到专利权利要求中受保护的技术方案字面含义的指引，以至于技术人员在该指引的启发下会将该变种实施例视为与专利标的的(字面意义上的)解决方案同价。[22]

在诉讼程序中，被诉侵权的被告需要举证证明"成型地砖抗辩"前提的存在，[23]也就是涉嫌侵权的实施例与专利权利要求保护的技术方案构成等同。通常情况下，法院对抗辩进行审查时，不仅要考虑涉嫌侵权的实施例和专利权利要求中描述的等同特征，还要考虑该特征是否有受专利保护的价值，因为单纯比较涉嫌侵权的实施例和现有技术可能会造成将重点偏离到某些与双方当事人的争议点无关的特征上。[24]也就是说，要举证"成型地砖抗辩"的存在，需要证明涉嫌侵权的实施例中的某些特征因为被现有技术公开而不具有保护价值，而这些特征必须是与涉诉专利中有创造性的特征等同的特征，而不是说只要与专利权利要求中的任何一个特征等同就可以满足要求。[25]

如果涉嫌侵权的实施例与涉诉专利保护的标的在创造性上有所区别，那么就要考虑，该实施例中与等同专利技术密切相关的技术方案是否在涉诉专利的优先权日就已经对相关领域的专业人员公开。[26] 根据

㉒ BGH, GRUR 2007, 959, 961, Rdnr. 24-Pumpeneinrichtung; 2011, 313, 317, Rdnr. 35-Crimpwerkzeug Ⅳ.

㉓ BGH 17. 2. 1999 Kontaktfederblock GRUR 1999, 914, 918.

㉔ BGH 17. 2. 1999 Kontaktfederblock GRUR 1999, 914; 同见 v. Falck, GRUR 1988, 6 u. 1988, 218, 222。

㉕ Kraßer u. Ann, Patentrecht, 7. Aufl. 2016, § 32, Rn. 140.

㉖ 比较 Gesthuysen, GRUR 2001, 909, 915 f. ; Nieder, FS König (2003), 379, 390f。

这种思路,如果涉案专利中具体描述的一种方法在一个实施例中从创造性上来看有所改变,而且这一创造性的改变表现为为了实现涉诉专利中描述的某种功能而提供另一种与专利权利要求中不同的解决方法,而这种方法已经属于现有技术或者根据现有技术可以明显得出,那么这些实施例就不能被包含在专利的保护范围之内。[27]

四、"成型地砖抗辩"背后的法律思考

在该判决中,联邦最高法院希望通过其论证确保,对于实现现有技术的非发明性的自由发展、对于判断涉案专利的受保护性评估和对于回答发明人是否有权因为公开其发明而获得奖励这三个问题起决定性作用的所有影响因素都被考虑了进来。

1. 鼓励对现有技术的非发明性自由发展

"成型地砖抗辩"背后的法律思考之一是,不能因为要保护专利就剥夺公众在平均技术能力框架内对现有技术进行非创造性发展的可能性。[28] 德国联邦最高法院认为,因为该抗辩是建立在尊重对专利授予和维持作出判决的管辖法院决定的基础之上,[29]所以,即使无限制地使用该抗辩也不会造成发明人因公开其专利适格的发明所应得的回报之减少。[30]

反之,对"成型地砖抗辩"进行限制[31]会导致:一个可受保护性受到严重质疑的专利权的标的,不仅在权利要求的字面含义这一"不可触及"的区域,而且除此之外在一个等同技术区域必须被保护。[32] 这样就会在专利侵权程序中制造一个与字面含义的技术区域同样不可触及的等同技术区域,就像是旧法中"相当等同的技术方案"指代的一样。这样的话侵权的被告就必须另外启动专利有效性审查的程序才能主张该

---

[27] Kraßer u. Ann, Patentrecht, 7. Aufl. 2016, § 32, Rn. 141.

[28] S. a. Denkschrift zum Straßburger Übereinkommen zu Art. 5 StraÜ, BT-Dr 7/3712, S. 381.

[29] Kraßer u. Ann, Patentrecht, 7. Aufl. 2016, § 32, Rn. 151.

[30] Busse/Keukenschrijver, § 14 PatG Rn. 84 a. E.

[31] Kraßer, GRUR Int. 2015, 670, 676.

[32] Kraßer, GRUR Int. 2015, 670, 676.

等同技术的不可受保护性,而如果允许“成型地砖抗辩”的话,这一目的就会明显更加容易达到,且不说侵权的被告在这一额外的专利有效性审查程序中不一定能胜诉。[33]

“成型地砖抗辩”保证了对现有技术的自由使用和自由发展。

2. 侵权案件审理法院受限的范围

在授予一项专利或者在异议和无效程序中维持该专利时,权利要求中定义的发明内容的可受保护性只能在权利要求的字面含义所及的范围内进行审查和承认,这里并不包括在某些情形下存在的包含在这些字面含义之中的实施例的等同的变种,并且前述专利授予或者维持的决定对于法院在侵权程序中的裁判起到约束的作用,审理专利侵权案件的法院在审判时不能越俎代庖再来审查涉诉专利中权利要求标的的可受专利保护性。

只要一项专利没有在无效程序中被排除可受保护性,那么专利权的所有人在侵权程序中就至少应该获得专利权利要求字面含义范围之内的保护,所以说即便是侵权程序的审判法院认可了一些新发现的现有技术或者对先前已经在做参考的现有技术有了新的评价,并且由此认为权利要求中定义的发明不具有或者只是有限地具有可受保护性,也不能在此侵权程序中作出专利无效的判决。[34]

德国联邦最高法院作出的上述限制意味着,审理侵权纠纷的法院不仅受到专利权存在这一事实的限制,而且还受到专利权为什么被授予和被维持的理由的限制,如果一项现有技术在作出专利被授予和被维持决定的当时没有被考虑,那么就不能以该现有技术来质疑上述专利权被授予和被维持的理由。[35]

五、对“成型地砖抗辩”进行限制的思考

涉嫌被侵权的实施例越接近于涉诉专利权利要求的字面含义,德

---

[33] Kraßer, GRUR Int. 2015, 670, 676.

[34] Kraßer u. Ann, Patentrecht, 7. Aufl. 2016, § 32, Rn. 145; 比较 v. Falck, GRUR 1998, 218, 220f.

[35] Kraßer u. Ann, Patentrecht, 7. Aufl. 2016, § 32, Rn. 147.

国联邦最高法院就越倾向于不适用“成型地砖抗辩”。[36]那么到底在什么程度上才算是对专利权利要求字面意义上的使用,在什么程度上就构成等同使用?也就是说,“成型地砖抗辩”的界限在哪里?这个问题由来已久,在学界存在不同的观点。[37]

如果涉嫌被侵权实施例虽然不完全等同于涉诉专利权利要求中的技术方案,但是极度接近,以至于可以被解释为被包含在权利要求的字面含义之内,那么就相当于该实施例在超出权利要求字面含义的部分(即使该部分小到可以忽略不计)对侵权案件审理法院形成一个额外的约束。[38]

对于这个超出部分可能不能说是“相当”(glatt)等同的技术方案,而是“超级相当”(spiegelglatt)等同的技术方案,[39]但是用该超出部分来约束侵权法院已经可以看作“三分法理论”的重生。[40] 这样的话,“成型地砖抗辩”带来的进步便不再存在。而且,对于专利保护范围的确定问题甚至会变得比旧法时代更加复杂。[41]

反过来看,对于这类超级相当等同的技术方案,也就是说,对于专利技术“非常微小的,在结果上完全无关紧要的技术变种”,德国联邦最高法院认为不应当允许被告进行“成型地砖抗辩”。所以在对专利权利要求的字面含义进行解读时应该避免将对“众所周知的”可替代性方法的使用解释到字面含义之外。[42] 举例而言,如果专利的发明内容是把钉子钉到墙上用来挂相框,那么如果有个实施例是用螺丝钉替代钉子用来挂相框,则不应当将该实施例解释为是与专利等同的技术方案,从而允许在侵权诉讼中主张该实施例没有专利保护价值,而是应

---

[36] Kraßer u. Ann,Patentrecht,7. Aufl. 2016, § 32,Rn. 148.

[37] Kraßer u. Ann, Patentrecht, 7. Aufl. 2016, § 32, Rn. 144; v. Falck, GRUR 1998, 218,220f.; Tilmann, GRUR 1998, 325, 330; Gesthuysen, GRUR 2001, 909, 913; Nieder, FS König (2003),379,386f;Jestaedt,FS Bartenbach (2006),382ff.

[38] Kraßer u. Ann,Patentrecht,7. Aufl. 2016, § 32,Rn. 149.

[39] Kraßer u. Ann,Patentrecht,7. Aufl. 2016, § 32,Rn. 149.

[40] 比较 v. Falck,GRUR 1998,218 ff。

[41] Kraßer u. Ann,Patentrecht,7. Aufl. 2016, § 32,Rn. 149.

[42] Kraßer u. Ann,Patentrecht,7. Aufl. 2016, § 32,Rn. 150.

当将该实施例的技术解释为是包含在用钉子挂相框的专利权利要求字面含义之内的，因为将钉子换成螺丝钉这样的技术变种非常微小，而且在结果上完全无关紧要，属于众所周知的可替代性方法。

该观点背后的法律思考是，不能允许使用者利用通过对技术方案无关紧要的修改而产生的技术变种来摆脱专利保护的范围。

六、“成型地砖抗辩”在实用新型侵权案件中的使用

该抗辩也能在实用新型侵权案件中使用。[43] 当然，根据《德国实用新型法》第 13 条第 1 项，通常情况下不需要这一抗辩，因为德国实用新型的授予无需经过实质审查，实用新型的注册并不意味着当然的权利保护，特别是每个人都有权利对已经注册的实用新型的可受保护性以无效之诉的形式提出质疑。[44] 不同的是，当侵权诉讼的双方当事人在实用新型无效程序中已经进行过对峙，而且结果是涉诉实用新型全部或者部分有效时，根据《德国实用新型法》第 19 条第 3 句，这一结果是对审理侵权案件的法院有法律约束力的。[45] 此时就可以用到“成型地砖抗辩”，实用新型侵权诉讼中的被告可以主张：考虑到《德国实用新型法》第 3 条规定的用于判断实用新型的标的是否可受保护时参考的现有技术，涉嫌侵权的等同实施例不满足《德国实用新型法》第 1 条规定的实用新型构成要件，[46]也就是说，既不新颖又不以创造性步骤为基础。[47]

---

[43] BGH 4. 2. 1997, Kabeldurchführung BGHZ 134, 353, 357f.

[44] Kraßer u. Ann, Patentrecht, 7. Aufl. 2016, § 32, Rn. 137.

[45] Kraßer u. Ann, Patentrecht, 7. Aufl. 2016, § 32, Rn. 138.

[46] BGH 4. 2. 1997, Kabeldurchführung BGHZ 134, 353, 358.

[47] 关于“创造性步骤”的介绍，参见本书“展示柜案”。

第三章　化合物新颖性的判断标准——奥氮平案

第一节　“奥氮平案”判决原文

运用法条:《欧洲专利公约》第54条;《德国专利法》第3条

一、判决要旨

1.要判断一个专利的标的是否因为在先发表物上公开的内容而丧失新颖性,需要审查该在先发表物的整体内容。关键的是确定对于该领域的技术人员来说具体是哪些技术信息被公开。此处的公开与专利法中其他情形下作为基础概念的公开在含义上并无二致(对“车辆引导系统案”的传承)①。

2.那些在专利权利要求的特征和说明书的文字当中没有被明确提及的,但是从技术人员的角度来看,根据其一般的专业知识认为对于受保护技术方案的实施是显而易见的,并且因此不需要额外披露而是可以“在潜意识里读到”的内容也可以被视

① 参见判决 Urt. v. 16. 12. 2003 – X ZR 206/98, GRUR 2004,407–Fahrzeugleitsystem。

为已经被公开。然而,将上述显而易见的内容纳入被公开的内容之列并不等同于对公开披露的内容通过专业知识进行补充,而是正如确定专利权利要求的字面意思一样仅仅是为了弄清楚其本身的内涵,该内涵是指本领域的行业内专业读者以其专业知识背景可以理解出来的那些技术信息(对"电子连接器案"的传承)②。

3. 一个化学结构式被公开以后,落入其范围之内的单个化合物原则上还没有被公开(对"荧烷案"的传承)③。

联邦最高法院于2008年12月16日对"奥氮平"一案(案号X ZR 89/07,前审法院德国联邦专利法院)作出的判决。

二、案件事实

被告是第454436号欧洲专利的持有人,该专利于1991年4月24日被提交注册,并主张1990年4月25日在英国的优先权,被授予的专利效力及于德意志联邦共和国,该专利包括22项权利要求,其中第2、6、8、20项和第21项权利要求表述如下:

2. 2-甲基-10-(4-甲基-1-哌嗪基)-4H-噻吩并[2,3-b][1,5]苯并二氮杂卓,或其制药学上可接受的酸加成盐。

6. 使用根据权利要求2或者权利要求3制成的化合物可以用来生产治疗精神分裂症的药物。

8. 使用根据权利要求2或者权利要求3制成的化合物可以用来生产治疗急性躁狂症的药物。

20. 一种制备权利要求1中所述化合物的方法,包括

(a)使N-甲基哌嗪与下式的化合物反应

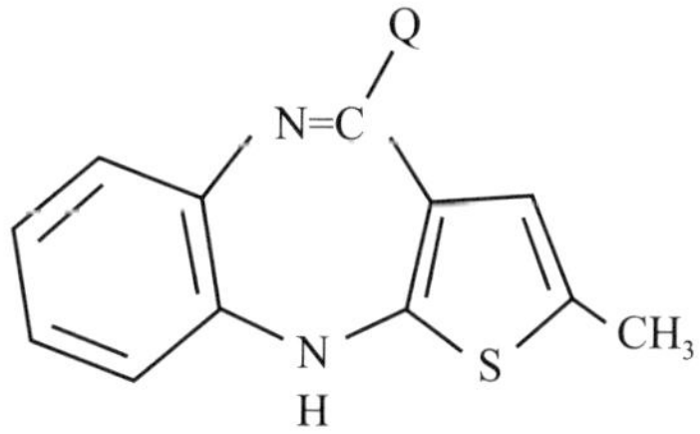

② 参见判决BGHZ 128,270-Elektrische Steckverbindung。

③ 参见判决BGHZ 103,150-Fluoran。

式中,Q是一个可以脱落的基团,或

(b)使下式的化合物进行闭环反应

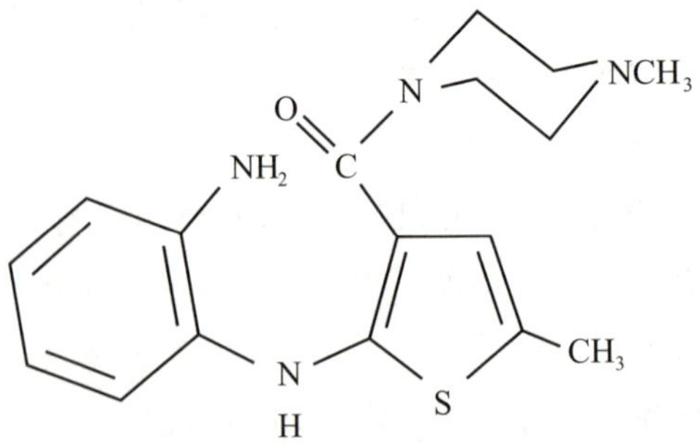

21.一种下式的化合物

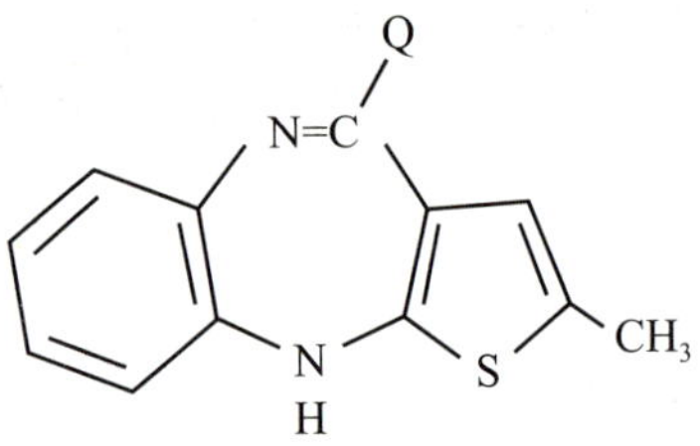

式中,Q是$-NH_2$,$-OH$或$-SH$,并且当Q是它们的$-NH_2$盐时。

其他专利权利要求的措辞含义参见涉诉专利说明书。

原告主张,涉诉专利的标的不具有可专利性。

(德国联邦)专利法院④宣布涉诉专利在德意志联邦共和国境内无效。

就此被告提起上诉,继续请求驳回原告的起诉。

原告以及在二审中加入诉讼程序的原告甲对上诉提出异议。

作为法庭聘请的专家,阿尔伯特-路德维希-弗莱堡大学药学和医学化学教席的持有人M教授博士在庭审中给出了专家意见。

上诉获得成功。

三、判决理由

上诉获得成功,起诉被驳回。专利法院错误的宣布了涉诉专利无效。

④ 下文的专利法院皆指德国联邦专利法院。判决原文中也如此使用。

Ⅰ.涉诉专利涉及(国际非专利药品名称为)奥氮平的2-甲基-4-(4-甲基-1-哌嗪基)-10H-噻吩并[2,3-b][1,5]苯并二氮杂卓化合物及其制造方法,该化合物可以作为药物使用,特别是作为抗精神病药治疗精神分裂症和急性躁狂症。

涉诉专利说明书中介绍,自采用抗精神病药治疗中枢神经系统紊乱以来,已观察到有一些病人容易产生药物诱发的锥体外系症状,其中包括药物诱发的帕金森氏综合症、急性张力障碍反应、静坐不能症、迟发运动障碍和迟发张力障碍。广泛使用的氟哌啶醇就是这样一种可引起锥体外系症状严重发生的药物。

属于三环抗精神病药大类之一的氯氮平化合物应运而生,这种药没有锥体外系作用。但是已发现,该化合物在某些病人中会引起粒细胞缺乏症,这种情况会导致可能威胁生命的白血细胞减少症。氯氮平的结构式如下:

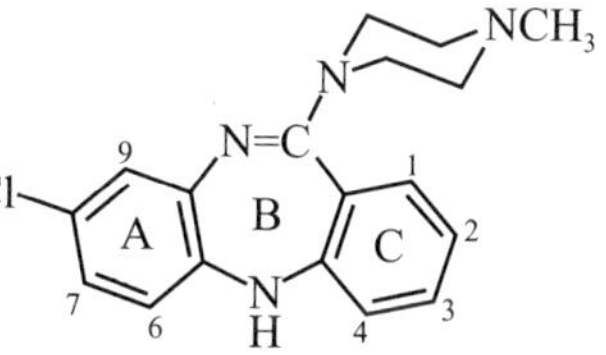

涉诉专利说明书介绍了另一组在英国专利1533235中公开的噻吩并苯并二氮杂卓化合物。该组化合物中的一种氟氮平⑤(Flumezapin)7-氟代-2-甲基-10-(4-甲基-1-哌嗪基)-4H-噻吩并[2,3-b][1,5]苯并二氮杂卓已发展到用于治疗具有精神分裂症的精神病患者的临床治疗阶段。但是因为该药物会造成作为毒性指标的酶含量升高,该药物的临床治疗阶段被终止。就其引起肝酶含量升高的倾向而论,氟氮平类似于氯丙嗪,氯丙嗪是一种抗精神病药,它已使用很久,但人们对其安全性已表示怀疑。

氟氮平的结构式如下:

⑤　涉案专利在中国注册的说明书中将Flumezapin译为氟哌噻卓,鉴于具有同样词根"zapin"的Clozapin和Olanzapin被官方分别译为"氯氮平"和"奥氮平",出于方便读者理解的考虑,此书将Flumezapin译为氟氮平。

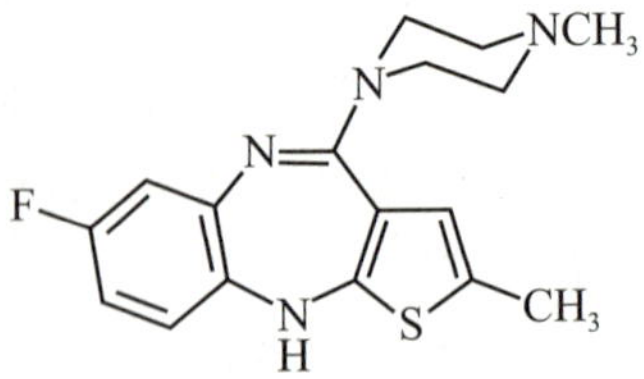

从上述对现有技术及其建议的解决方案之批评来看,确实具备一个需要利用争议专利的方法来解决的技术问题,即提供另一种作为有效的抗精神病药的化合物,该化合物不会导致产生锥体外系症状,并且在尽可能少的情况下产生其他严重的副作用。

这一问题应该通过具有以下结构式的奥氮平这一化合物获得了解决:

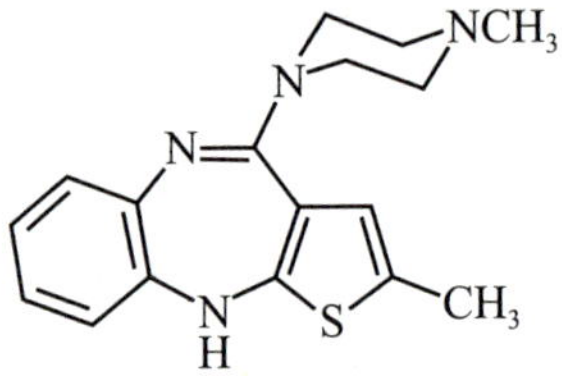

跟氯氮平和氟氮平一样,奥氮平也有一个三环的基本结构,包括一个中心的二氮杂环(B)和一个("左侧的")苯环(A),还有一个("右侧的")环(C)在氯氮平的结构式中像左侧一样是一个苯环,在奥氮平中该环像氟氮平的结构式一样通过一个带有甲基(噻吩基环)的噻吩环来构成。跟氯氮平和氟氮平的结构式一样,一个哌嗪环与一个与氮原子连接的甲基(哌嗪基环)在二氮杂环的位置 4 处连接。与氯氮平和氟氮平不同,奥氮平中的苯环(A)既不在位置 7 也不在位置 8 被卤化。

根据涉诉专利说明书的介绍,在用于试验中枢神经系统活性的实验荧光屏上,奥氮平已带来惊人的和极好的结果。该化合物已被证明是一种有效的多巴胺拮抗剂,并且在临床鉴定中(伴随着较低的副作用风险)在低剂量时就已经显示出高度抗精神病活性。

Ⅱ. 专利法院认为,专利权利要求 1 到权利要求 9 的标的不具有新颖性,因为其由于 Chakrabarti 等人于 1980 年在《药物化学杂志》(*Journal of Medicinal Chemistry*)第 878 页发表的文章《作为潜在神经安定药的 4-哌嗪基-10H-噻吩并[2,3-b][1,5]苯并二氮杂卓》(附件 K4)已经丧失了新颖性。根据法律审查,这一点不成立。专利权利要求 1 至权利要求 3 既没有通过 Chakrabarti 于 1980 年发表的引证文献也没有以其他现有技术的形式被公开。

1. 专利法院在论证其观点时解释如下:

化合物 2-甲基-4-(4-甲基-1-哌嗪基)-10H-噻吩并[2,3-b][1,5]苯并二氮杂卓虽然在附件 K4 中没有原文呈现,但是一份在先发表的出版物公开的内容中也包含了这样的(化合物)变种(Abwandlung),根据文章的整体上下文,这一变种对于该领域的技术人员如此可想而知,以至于他们只需要有注意力的阅读,无需多加注意字面意思,只需要理解字面背后的思想就可以得出,也就是说,即使该领域的技术人员自己没有意识到,他们也已经在潜意识里读到了这些(关于变种的)内容。联邦最高法院判决中确立的一些[新颖性判断的][⑥]基本原则(参见"电子连接器案"的判决 BGHZ 128,270,276 f. = GRUR 1995,330 - Elektrische Steckverbindung)也适用于材料化学领域,其适用的尺度为:当技术人员被告知某一涉及某化合物的具体的暗示时,如果从这些暗示中他可以在头脑中毫不费力地读出这一化合物并且有能力毫不费力地获取该涉及的物质,那么就可以说该化合物被公开(BGHZ 103,150 = GRUR 1988,447 - Fluoran; Senat, GRUR 1978,696-α-Aminobenzylpenicillin)。

发表在纸质出版物上的文章 K4 是一篇科学论文,根据其标题可知文中描述了作为潜在神经安定药的 4-哌嗪基-10H-噻吩并[2,3-b][1,5]苯并二氮杂卓。题目中提及的化合物用于作为神经安定有效成分的潜能通过总共 45 种化合物在动物身上的实验示例性地显示出来,除此之外,该论文还将这些化合物与其他有些甚至结构明显不同的化合物以及公认有疗效的标准化合物进行了对比。在文章的文字部分专门研究了 4-哌嗪基-10H-噻吩并[2,3-b][1,5]苯并二氮杂卓的结构和效果之间的关联性("构效关系",英文为 structure-activity relation-

⑥ 本书笔者补注。

ship,SAR);此外还描述了其化学合成[方法]⑦。

以标题中提及的化合物组群为起点,读者将被引导至明显在更窄层面上描述的、特别优选的化学式Ⅰ的药理学先导结构及其两个可变残基R1和R2,这正是该研究原先的目标[第878页右侧栏与第879页右侧栏"4′-(N-甲基哌嗪基)化合物最具有活性"]。事实上该构效关系(SAR)研究的焦点并不是一般的4-哌嗪基-10H-噻吩并[2,3-b][1,5]苯并二氮杂卓,而是专门研究化学式Ⅰ的4′-(N-甲基哌嗪基)-10H-噻吩并[2,3-b][1,5]苯并二氮杂卓及其两个可变残基R1和R2。因此,细心的读者也不会忽略下面的文字段落,在这些从文初的段落"4′-(N-甲基哌嗪基)化合物最具有活性"出发直至化学式Ⅰ的可变残基R1的文字段落中确定了,在第7位置将苯环取代,即通过卤素原子(Cl,F)取代7号位置的氢原子,可以改善活性。对于可变残基R2进一步指出,在噻吩环位置2用一个短链烷基(Me,Et,i-Pr)取代似乎增加了活性。关于化学式Ⅰ的4′-(N-甲基哌嗪基)-10H-噻吩并[2,3-b][1,5]苯并二氮杂卓组群内构效关系(SAR)的陈述以表格Ⅰ中的化合物在动物身上的测量数据为基础,前提是只要该化合物与化学式Ⅰ相关(化合物6到化合物30),并且在第7位置以H,Cl,F取代R1,在第2位置以H,Me,Et,i-Pr取代R2。

因此,对化学式Ⅰ的化合物的公开内容显然不限于字面提及的化合物6至30。相反,列出的化合物仅作为所有落入结构通式Ⅰ并且同时考虑到残基R1和R2的不同含义的化合物的举例,这样造成的结果是K4的材料技术方案包括所有化学式Ⅰ的化合物,前提是只要这些化合物由说明书或表格中明确提及的取代基R1和R2的自由组合产生,并且还包括特别是那些现实中确实作为样品生产并且在结构上与被测试了精神安定活性的化合物直接相邻的化合物。另外,文章除了描述了化学式Ⅰ及其两个可变残基R1和R2范围之内的、在物质上和数量上都有限的、在表格1中以化合物6至30的方式实例呈现的化合

⑦ 本书笔者补注。

物集合，还特别详细地描述了那些非常小的化合物组群，这些组群成员的第 7 位置是氢、氯或氟，第 2 位置是氢、甲基、乙基或异丙基，据此与化学式 I 和表格 1 中的其他化合物明显区别开来。从这个只有 12 个化合物的非常小的组群来看，2-甲基-4-(4-甲基-1-哌嗪基)-10H-噻吩并[2,3-b][1,5]苯并二氮杂卓表现为一个在 K4 论文中已经可以直接得出的化学式 I 的药理学先导结构的实施例，即在第 7 位置 R1＝氢并且在第 2 位置 R2＝甲基。两个取代基都被明确地作为单独的取代基指出，并且 7-H，2-CH_3 这一组合可以很容易地被理解为与其他三个明确描述了的化合物[6 号(7-H，2-C_2H_5)、8 号(7-F，2-H)和 9 号(7-F，2-CH_3)]直接相邻。化合物 2-甲基-4-(4-甲基-1-哌嗪基)-10H-噻吩并[2,3-b][1,5]苯并二氮杂卓实际上相当于在这三个直接相邻的化合物之间填补了一个漏洞，或者借用照相技术的一个名词来说，是该化合物的“底片”。也就是说，只不过是用来复制的而已。

据此，专利法院对 Chakrabarti 于 1980 年公开的技术之范围判断错误。

2. 要判断一个专利的标的是否因为某个在先发表物而丧失新颖性，需要查明该在先发表物的整体内容。关键的是，对于技术人员来说哪些技术信息被公开。此处的公开与专利法中其他情形下作为基础概念的公开在含义上并无二致(Senat，GRUR 2004，407，411-Fahrzeugleitsystem；Benkard/Melullis，EPÜ，2002，Art. 54 Rdnr. 54；diess.，PatG，10. Aufl. [2006]，§ 3 Rdnrn. 20f.)。因此，需要查明的并不是专业技术人员借助其专业知识可以将一个给定的一般的技术方案以何种形式实施，也不是他可以如何将该技术方案在特定情形下变通使用，而是仅仅查明技术人员对在先发表物中给出的(一般)技术方案的内容如何理解。合议庭和欧洲专利局上诉委员会在其司法解释中也指出，关键的是从技术人员的视角如何“直接并且明确的”理解文献(BGHZ 148，383，389＝GRUR 2002，146-Luftverteiler；Senat，GRUR 2004，133，135-Elektronische Funktionseinheit；GRUR 2008，597 Rdnr. 17-Betonstraßenfertiger；EPA [GrBK]，ABlEPA 2001，413＝GRUR Int 2002，80；EPA，GRUR Int

2008, 511 – Traction sheave elevator/KONE; s. dazu auch Benkard/Melullis, EPÜ, Art. 54 Rdnr. 59; Rogge, GRUR 1996, 931, 934)。

与此并不矛盾的是,合议庭特别考虑到(分别的)新颖性审查避免双重授予专利的目的,认为对于有损新颖性的公开内容的解读从"纯粹的字面意思"延伸出去是必不可少的(BGHZ 128, 270, 277 = GRUR 1995, 330-Elektrische Steckverbindung)。对于那些在专利权利要求的特征和说明书的文字当中没有明确提及的,但是从技术人员的角度根据其一般的专业知识来看,认为对于受保护技术方案的实施是显而易见或者不可或缺的,并且因此不需要额外披露的(BGHZ 128, 270, 276f. = GRUR 1995, 330 – Elektrische Steckverbindung)内容之厘清并不是为了对公开披露的内容通过专业知识进行补充,而是正如确定专利权利要求的字面意思一样为了弄清楚其内涵,也就是说,各自领域的行业内专业读者以其专业知识背景理解出来的那些技术信息(Benkard/Melullis, EPÜ, Art. 54 Rdnr. 75)。这同样适用于在"电子连接器案"的判决中被视为公开披露的内容中的变种(Abwandlung),根据文章的整体上下文,这些变种对于该领域的技术人员如此可想而知(naheliegen),以至于他们只需要有注意力地阅读,无需多加注意字面意思,只需要理解字面背后的思想就可以得出。也就是说,即使该领域的技术人员自己没有意识到,他们已经在潜意识里读到(mitlesen)了这些[关于变种的][8]内容(BGHZ 128, 270, 276f. = GRUR 1995, 330 – Elektrische Steckverbindung)。在这种情况下,"可想而知"一词可以从表面理解为等同领域。"在潜意识里读到"这一概念却明确地表明了,这里并不是在讲对置换方法的使用,而是关于如何将技术人员通过文字获得的那些技术信息从整体上进行理解(参考 Rogge, GRUR 1996, 931, 935)。这些信息的变种和对这些信息的进一步发展与专家凭借其专业知识从获得的技术信息中可以得出的结论一样都不属于公开披露的内容(Benkard/Melullis, EPÜ, Art. 54 Rdnrn. 68, 71, 77; diess., PatG, § 3 Rdnrn. 35f.; Busse/Keukenschrijver, PatG, 6. Aufl. [2003], § 3 Rdnr. 100)。

---

⑧ 本书笔者补注。

正如专利法院正确理解的一样,上述这些基本原则也适用于材料化学领域,特别是在判断一个结构式的信息内涵时。以一个化合物落入一个在先发表的结构式的范围这一事实来证明该具体化合物已经被公开,正如以一个设备的具体实施例落入另一个设备专利权利要求的一般性描述的范围为由证明该具体实施例被公开一样没有说服力(BGHZ 103,150,157 = GRUR 1988,447 - Fluoran)。更为关键的点是,某一具体的化合物是否被公开。要判断这一点需要一些暗示(或者说明)的存在,根据这些暗示(或者说明),本领域技术人员应该能够毫不费力地实施与该化合物有关的发明,也就是说能真正获取所述物质(BGHZ 103,150,157=GRUR 1988,447-Fluoran)。

此处也跟设备专利一样,本领域技术人员通过已知方法和他掌握的其他专业知识可以研制出或多或少但是数量较大且都下属于一个已公开结构式的单个化合物,不能等同于所有这些单个化合物的公开(Senat,GRUR 2000,296,297 - Schmierfettzusammensetzung)。相反,这些单个化合物(至少是经常性的)表现为对通过公开结构式或者其他化学通式为技术人员提供的技术信息之应用。落入这些(结构式或者通式)范围的单个化合物并没有因为这些(结构式或者通式)的公开而被公开。要想达到新颖性审查意义上的"交到本领域技术人员的手上"这一标准,通常还需要更进一步的特别是其个性化的信息。在根据1968年的《德国专利法》作出的"荧烷案"(Fluoran)判决中,合议庭在法律审程序中以专利法院的事实认定为依据,认为近2000个单个化合物落入了某一个化学式通式的范围,从而认定其可生产并由此构成对技术人员的公开,如果对这个判决应当作出不一样的解读的话,那么这个案件的判决就不会形成与遵守现行法的冲突。相反,一个没有被明确提及的单个化合物之所以被认定为被公开,更应该是当该领域的技术人员在上文所述的意义上"在潜意识里读到"它时,也就是说,是因为它通常被作为前述化学式通式普通的实施例看待,并且因此当技术人员读到该化学式通式时,立刻就联想到了也应该包括这一单一化合物。

在对化学式公开内容的这种总体评估问题上，合议庭基本上与欧洲专利局上诉委员的司法解释保持一致，该司法解释也是由英格兰和威尔士高等法院（Floyd J.）审理的争议专利无效程序（[2008] EWHC 2345 [Pat]）之依据。根据该司法解释，当一种材料被作为某一被描述的方法不可避免产生的结果，或者被以具体（以个性化）的形式公开时，该技术方案才会造成（其他相关技术方案）新颖性的丧失[ABlEPA 1982,296 - Diastereomere/BAYER；ABlEPA 1984,401 - Spiroverbindungen/CIBA GEIGY；ABlEPA 1988,381 - Xanthines/DRACO；ABlEPA 1990,195 - Enantiomere/HOECHST；Ent. v. 19. 2. 2003 - Aktenzeichen T 940/98-Diastereomere des 3-Cephem-4-carbonsäure-1-(isopropoxycarbonyloxy) ethylesters/HOECHST]。

3. 结合本案来看：

Chakrabarti 于 1980 年通过在第 878 页的下半部分给出的化学式 I 列出了具有取代基 R1 和 R2 的 4′-(N-甲基哌嗪基)-10H-噻吩并[2,3-b][1,5]苯并二氮杂卓的结构式。

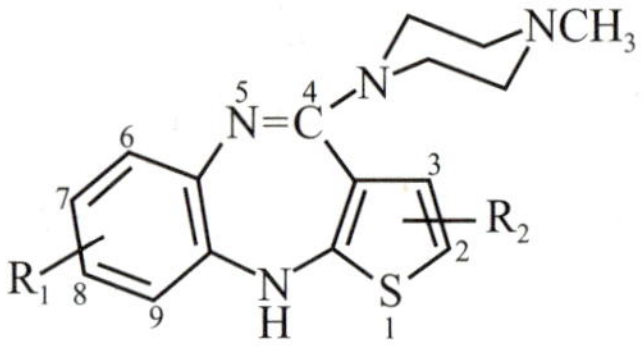

虽然在文章中没有明确地写明取代基列表，然而表格 1 中列明了，而且作者事实上也使用了如下取代基：在 R1 的位置可以是氢、氯或氟并且在 R2 的位置也可以是氢、甲基、乙基或异丙基。尽管如此，该化学式是否可以因此就被解读为所谓的马库什结构（Markush-Formel）这一问题仍然无需定论。因为被发明的化合物 2- 甲基-4-(4-甲基-1-哌嗪基)-10H-噻吩并[2,3-b][1,5]苯并二氮杂卓（该化合物在 R1 的位置为氢，在 R2 的位置为甲基）并没有因此被公开。它只不过是技术人员（也就是与药理学家和医学专业人员一起工作的有经验的的有机或药物化学家）在头脑中列举取代基名单时可能认为落入化学式通式的 12 种化合物中的一种。它既没有在文章的表格 1

中被作为由作者制成的单个化合物列出,又没有在论文的文本中的任何一个位置被提及。

也不能说,技术人员无论如何就“在潜意识里读到”了单个的化合物。这一论断的前提是,技术人员在读到结构式和(在头脑中想到的)取代基名单时,立马就联想到了化合物2-甲基-4-(4-甲基-1-哌嗪基)-10H-噻吩并[2,3-b][1,5]苯并二氮杂卓。对此,双方当事人既没有提出任何依据,两审程序中也没有任何证据可以证明。

专利法院的利益衡量也无法支撑这一假设。利益衡量从化学式Ⅰ和“4′-(N-甲基哌嗪基)化合物最具有活性”这一线索出发,提出了一个问题:技术人员除关心制成和讨论的单个化合物外,在多大程度上也会去关心2-甲基-4-(4-甲基-1-哌嗪基)-10H-噻吩并[2,3-b][1,5]苯并二氮杂卓的动机。专利法院认为动机存在,因为在第7位置的R1=氢和在第2位置的R2=甲基两个取代基都被明确地作为单独的取代基指出,并且7-H,2-CH_3 这一组合可以很容易地被理解为是与其他三个明确描述了的化合物直接相邻,即6号(7-H、2-C_2H_5)、8号(7-F、2-H)和9号(7-F、2-CH_3)。然而,专利法院却因此离开了确定在先发表物公开的内容这一领域,而转为研究这一问题:什么可以使技术人员产生动机(或者也可能是被迫)去研究化学式Ⅰ定义的群组中另一个“实施例”4′-(N-甲基哌嗪基)-10H-噻吩并[2,3-b][1,5]苯并二氮杂卓,并且(正如专利法院表述的一样)去填补论文中表格1的一个“漏洞”。在创造性[而不是新颖性]⑨的审查过程中这样的考察可以被保留。

专利法院的(新颖性)考察游离于出版物公开的内容之外这一论断在考虑到下述事实时会更加清晰,即如果不是先将化合物2-甲基-4-(4-甲基-1-哌嗪基)-10H-噻吩并[2,3-b][1,5]苯并二氮杂卓生产出来,然后如论文的作者用被他们合成的化合物做的实验一样进行各种实验,那么填补表格1中假设的漏洞这一任务是无法完成的。因为如果不这样的话,表格中证实的实验值(如奥氮平的CAR和CAT

⑨ 本书笔者补注。

值)只能靠技术人员的推测。

4. 同样,在英国第533235号专利,以及作为该专利之基础的第51240号专利申请中,或者在以该申请为优先权得到的任何其他专利申请和专利(德国专利公开文件2552403,德国专利2552403和美国专利4115574)中都没有公开奥氮平。在这些在先发表物中包含的化学式通式各自比Chakrabarti于1980发表的论文中表述的更加宽泛;2-甲基-4-(4-甲基-1-哌嗪基)-10H-噻吩并[2,3-b][1,5]苯并二氮杂卓既没有被生产出来,也没有以其他方式被提及。

这同样适用于在上述英国专利申请中被作为"落入上述化学式(Ⅰ)-(Ⅶ)中定义的化合物范围内的优选化合物……具有一个或多个以下特征"提及并且具有总共14个"特征"且包括如下几个特征的化合物:

(J)结构式Ⅱ或Ⅴ,其中结构式Ⅱ具有奥氮平的环系、苯环的取代基R1和R2以及二氮杂环的取代基R5;

(E)带有氢的R1和R2;

(I)R5作为化学式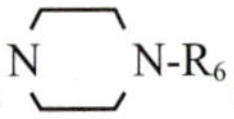的组群,其中R6是甲基,碳酰氧基或苯基,特别是邻甲氧基苯基;

(K)噻吩环被一个C_{1-4}-烷基组如乙基取代。

如果将这些"特征"结合起来看,奥氮平虽然是落入这些组合特征中的化合物之一,但这并不能改变这样的事实,即该化合物本身并没有被公开,并且只有当"特征"J、E、I和K结合存在,而且在I和K中各自选择甲基时才能被获取。这也同样适用于德国第2552403号专利的权利要求2和权利要求3,其指向根据权利要求1的通式I′的噻吩并[1,5]苯并二氮杂卓,其中R1和R2彼此独立地代表氢,卤素或C_{1-4}-卤代烷基,Y(正确的表达实际上应该是:R5)代表化学式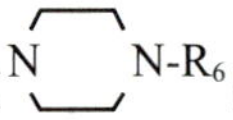的组群,其中R6代表甲基,噻吩环被一个C_{1-4}-烷基组取代。

即使提到2-甲基-4-(4-甲基-1-哌嗪基)-10H-噻吩并[2,3-b][1,5]苯并二氮杂卓("乙基奥氮平")是70个"特别优选的化合物"例子中的第一个也改变不了什么。从技术人员的角度来看，一个乙基取代基不同于甲基取代基；将一个烷基组替换为另一个更确切地说是化合物的变种，改变后的化合物按情况来看要么是可想而知的结果，要么甚至是强行决定的结果，但是在内容上并不是对一个特定的烷基化合物的公开。这尤其适用于药学领域，对该领域的技术人员来说，正如专家D教授博士无可辩驳地指出的，并且也如其认可的教授博士M为原告甲的诉讼辅助人乙出具的专家意见中说明的一样：有这么一系列为人所知的化合物，它们虽然有相同的结构，但是因为其不同的甲基和乙基侧链显示出明显不同的生物活性。

5. 最后，奥氮平也没有在Schauzu和Mager的论文“A Free-Wilson Study of 4-Piperazinyl-10H-thienobenzodiazepine Analogues”(《4-哌嗪基-10H-噻吩并苯并二氮杂卓类似物的Free-Wilson研究》)(载Pharmazie 38［1983］,562)中被公开。

所谓的Free-Wilson分析实际上是一个数学程序，用来确定化合物的一个单个取代基拥有的相对于该化合物的生物活性的定量权重。

尽管在论文的表格1中，在分析化合物11时提到了氢和甲基作为R1和R2的取代基，但是该表格之前的结构式并没有显示哌嗪基化合物，而是哌啶基化合物。因此，在该论文的结构式和题目之间存在冲突。技术人员至少会因为这个原因针对作为基础的实验数据参考在本论文中被Schauzu和Mager引用的文献。此处涉及Chakrabarti等人在1982年的*J. Med. Chem.*杂志第1133页发表的论文“Effects of Conformationally Restricted 4-Piperazinyl-10H-thienobenzodiazepine Neuroleptics on Central Dopaminergic and Cholinergic Systems”(《构象限制的4-哌嗪基-10H-噻吩并苯并二氮杂卓类神经抑制剂对中枢多巴胺能和胆碱能系统的影响》)(后文简称Chakrabarti 1982)[10]。在该论文的第1135页上可以找到与Schauzu的论文标题相对应的作为被研究对象的4-哌嗪基-10H-噻吩并苯并二氮杂卓的结构式。化合物1～12以及相似化合物氯氮平和氟哌啶醇以另一种顺序与Schauzu分析的化合物一

⑩ 注意此处为Chakrabarti的第二篇文章，前文所述的第一篇文章于1980年发表。

致。Chakrabarti 1982 中的 IC50 实验数据，正如被告无可指摘地指出的一样，（除了两处四舍五入的错误）换算下来与 Schauzu 论文“log I50 obtd.”一列的数据相对应。因此，从专业技术人员的视角来看，Schauzu 论文中错误的结构式应当按照 Chakrabarti 1982 中的结构式进行修改。

Chakrabarti 1982 论文表格 1 中的结构式也显示，左苯环带有一个 7-氟基团形式的卤素取代基，这个取代基在 Schauzu 论文中明显错误的图示中在文本栏的左边被“切除”。因此，Schauzu 论文中公开的第 11 号化合物不是奥氮平而是氟氮平。

Ⅲ. 在庭审和举证程序中也没有给出足够的事实上的证据证明涉诉专利的标的在优先权日通过 Chakrabarti 1980 这篇论文或者以其他的形式对技术人员公开。

1. Chakrabarti 和他的共同作者指出，直到最近，人们一直认为锥体外系副作用的发生与精神安定药的治疗效果密切相关。然而，现在认为，锥体外系症状是由纹状体中多巴胺受体的阻断引起的，而抗精神病效果是通过中脑边缘区域中的类似相互作用而产生的。由此希望得出的预期效果是，一个能对中脑边缘系统中的多巴胺能受体产生特殊效果的化合物将会更少的引起动物全身僵硬症，并且也会更少地引起人类的锥体外系症状。

此后，使用氯氮平的经验被探讨。在当前的背景下该经验是指，最近的研究表明，正如前文希望得到的预期一样，氯氮平在中脑边缘系统比在纹状体中更加活跃。氯氮平在化学上与二苯并氮杂卓类系列的其他神经安定药之区别之处在于，在位置 8（环 A）被氯原子取代，但在位置 2（环 C）不被取代。相比之下，作为其环 C 取代基的 2-氯异构体表现得像经典的精神安定剂。对于 Octoclothepin 和 Doclothepin 也报道了类似的活性特征之改变。关于因为卤素取代基的转换而产生的更深层的活性改变没有明确的解释。

作者从该背景出发作出假设：不同活性的原因可能在于核取代基的移位导致了不对称三环体系的两个苯环之间的电子不平衡。由于在苯环的位置使用适当的杂芳族基团取替可以获得类似的效果，因此研究与（其中苯环C被相对富电子的噻吩环代替的）化学式Ⅰ之下的化合物类似的化合物是否导致与非经典神经安定药（如氯氮平）类似的生物反应将是有趣的。

该目标通过合成一系列4-取代基的10H-噻吩并［2,3-b］［1,5］苯并二氮杂卓并且将其与已知抗精神病药物进行比较来实现，下面会有详细介绍。作为引文这里还需要更明确地说明，为了研究结构与活性之间的关系，这些合成的化合物的苯环和噻吩环的取代基以及基本侧链需要被适当地修改和改变。神经安定活性通过在小鼠中产生低体温的能力和阻断大鼠的条件性回避反应（CAR）并引起全身僵硬症（CAT）的能力来判断。

总共59个合成化合物以及据其产生的相应的CAR和CAT的值在表格1中被呈现并在“结构活性关系”一章中被讨论。很显然（根据得出的数据）一个基本的并且在位置4与噻吩并苯并二氮杂卓环连接的哌嗪环是必不可少的。最活跃的是4′-（N-甲基哌嗪基）化合物。一个更高的烷基取代基（Et，n-Pr）（化合物31至33）导致活性降低。相反，具有4′-［N-（羟烷基）］基团（2-羟乙基，3-羟丙基）的化合物34至36保持了良好的活性。在位置7用卤原子（Cl，F）取代苯环增强了活性。尽管7,8-二氟化合物（化合物29）保持了良好的活性，但8-氟和6,8-二氟-位异构体化合物（27和30）显示活性降低。8-甲基衍生物（28）显示了中等的活性，而在位置7与用NO_2、SCH_3、SO_2CH_3和$SO_2N(CH_3)_2$（化合物23至26）取代相比并没有显示任何优势。在噻吩环的位置2上用一个短烷基取代（Me、Et、i-Pr）似乎增加了活性。在这个位置具有庞大的t-Bu基团或长的正己烷链或具有3-甲基-或2,3-二烷基取代基的化合物仅显示了极小的活性。通过将化合物12的乙基侧链氧化产生的两个反应产品中，有一个1′-羟乙基链的化合物15保留了与中等活性，而有一个吸电子乙酰基的另一个化合物（16）是无活性的。

论文所报道的测试与化合物阻断多巴胺受体的能力相互联系。一些化合物,例如9、12、17、29和34显示出比氯氮平更高的活性,并且在CAR和CAT测试中表现出类似的、尽管不太明显的活性分离。作者总结道,这一活性特征列表表明,该类别的化合物尚需进一步的开发。

2. 因此,作者认为其假设基本上得到了证实,或者说至少没有被驳倒,而是为进一步的研究提供了理由,即如化学式Ⅰ之下的那些,其中苯环C被一个相对富电子的噻吩环取代的化合物(可能)引起与氯氮平或者其他非经典神经安定药类似的生物反应。就此,化合物9(=氟氮平)、12、17、29和34被明确仅作为例子提及。因为4′-(N-甲基哌嗪基)化合物被确定为最具有活性,所以专利法院可能得出了这样的假设,即那些要想解决氯氮平替代物问题的专业领域技术人员会有特别去关注这些化合物的动机。然而,专利法院忽略了第一个并不是理所当然的步骤,因为其一方面预设了一个前提,即技术人员专家一定会选择Chakrabarti 1980这篇论文作为进一步研究的出发点,另一方面(也忽略了)第878页下面位置的化学式Ⅰ仅仅被作为例子举出("such as I"),并且在(包含了合成化合物1~45的)表格1上面几行的结构式明显范围更大,其总共包含1452个化合物。

在决定这个第一选择时实际上已经进行了如下的考量,即对于创造性的审查应始终以最接近的现有技术为基础,而该现有技术正是被Chakrabarti描述的4′-(N-甲基哌嗪基)化合物或该组群中的任何一个特定的化合物。但实际上"最接近的现有技术"并没有一个排名。只有反过来回顾结果时才能认识到,哪一个在先发表物与涉诉发明最接近,并且发明人可能如何操作来达成有发明高度的解决方案。因此在研究出发点的选择时,本领域的技术人员就已经在面临一个(对自己的研究目标进行)合理化(论证)的问题,即为了一个特定的目的寻找一个比已知的现有技术更好的解决方案,而这一合理化论证通常需要技术人员付出努力。

4′-(N-甲基哌嗪基)化合物仍然是相当大的一组化合物,其中包含24个合成化合物(化合物6~30),从这24个化合物中,仅仅考虑表格1中列举出来的取代基就可以衍生出(11×11=)121种化合物(参见

K 教授博士和 R 教授博士的专家意见)。因此,要想能够提出 2-甲基-4-(4-甲基-1-哌嗪基)-10H-噻吩并[2,3-b][1,5]苯并二氮杂卓作为合成和其他 CAR 和 CAT 测试的候选物,需要更进一步使技术人员在 4′-(N-甲基哌嗪基)化合物组群里对候选物根据标准进行筛选的提示,并且根据该标准,2-甲基-4-(4-甲基-1-哌嗪基)-10H-噻吩并[2,3-b][1,5]苯并二氮杂卓应当被包含在内。Chakrabarti 1980 的论文中给出了将有趣的化合物筛选到一个更小的组群中的提示。但是该提示并没有把奥氮平包含在内。

重要的提示专利法院已经筛选出来了:这些提示存在于如下的评价中,即在位置 7 用卤原子(Cl,F)取代苯环增强了活性,还有下面这个很谨慎描述的提示,即在噻吩环的位置 2 上用一个短烷基取代(Me、Et、i-Pr)似乎增加了活性。据此,技术人员会被引导向一个在位置 7 有一个卤素原子(特别是氟原子)的化合物。在位置 7 上的其他取代基会被认为是更不合适的,除了取代基为 7,8-F2 的第 29 号化合物,它仍然保持了很好的活性[CAR 3 [10],CAT 3 [25];方括号中是每千克体重下以毫克为单位的剂量:CAT 的值(要想达到 3)只有在把达到 3 的 CAR 值所需要的剂量增加到 2.5 倍时才能达到]。没有卤化苯环的化合物(6 和 7)甚至根本没有被提到。技术人员并不会得出它们像 7,8-二氟化合物一样至少显示出良好活性的结论。对此 Chakrabarti 1980 的论文中将达到 3 的 CAR 值作为前提条件,除化合物 29 显示出来的以外,Chakrabarti 列举的其认为可能有意思的化合物都表现出一个达到 3 或者 4 的 CAR 值(并且还有一个合适的 CAR-CAT 比例关系)。对于没有卤化(但是其他结构上与在噻吩上有乙基残基的氟取代化合物 12 相对应)的化合物 6 仅仅给出了一个 2[10]的 CAR 值(CAT 值是 1[16]),化合物 7 的 CAR 值是 0[10],对其根本没有进行 CAT 值的测试。

CAR 值只能展现一个相对粗糙的样式,这一点也不能作为反驳理由。该值为 2 时意味着,如 Chakrabarti 等作者在脚注中所释,可以抑制 31%到 50%的习得行为以达到避免不愉快的刺激的目的,一个为 3 的值则对应51%~75%的抑制。正如专家博士E、教授博士G和教授博士H无可辩驳地表述的一样，当达到70%~80%的抑制被认为是重要（必要）的时，要想让给出的信息能对进行进一步研究的技术人员来说是有趣的并且保证能成功，一个为2的CAR值显然不够。

Chakrabarti等作者没有明确地指出（“似乎”增加了活性的）噻吩环位置2上的短烷基取代基与芳族化合物的卤化存在关联这一点也无法改变上述结论。因为表格1中48个合成的4-哌嗪基噻吩并[2,3-b][1,5]苯并二氮杂卓中只有10个没有芳族上的取代基，并且这10个当中又有8个在噻吩环的位置2上以乙基作为取代基，所以，正如法庭聘请的专家证实的一样，基于这些化合物一贯较差的活性和缺少与非烷基取代基化合物的比较指标，很明显可以看出，噻吩环位置2上的短烷基取代基效果良好这一推测是以对卤化化合物的测试结果为基础的（另见D教授博士的专家意见）。

一方面，原告和其诉讼辅助人正确地指出了，研究的主要目的不是关于苯环卤化的影响，而是关于诸如噻吩环之类的富电子环对活性特征的影响；另一方面，也不能忽视，该研究的结果（确实至少）将卤素取代基化合物——考虑到如氯丙嗪、氟哌啶醇和氯氮平拥有的其他吸电子取代基在优先权日判断时的重要意义（参见Kaiser/Setler, in: Burger's Medicinal, Chemistry, 4. Aufl., S. 912; gutachtliche Äußerung Dr. E, S. 5 mit Literaturzitaten; gutachtliche Äußerung Prof. Dr. H, S. 3; gutachtliche Äußerung Prof. N, Rdnrn. 26ff.; gutachtliche Äußerung Prof. Dr. O, S. 4）——确定为值得更多关注的化合物。

虽然技术人员可能不必然认为这样的一个侧重点是强制性的，但即使不关注这一侧重点也没有足够的理由将研究限制在4′-（N-甲基哌嗪基）化合物上。因为即便这些化合物被认为是最活跃的，也尚不够因此而从一开始就放弃其他选择。以化合物34为例，其R等于$(CH_2)_2OH$，而R1却是氢，并且其CAR值表现为4[20]，CAT值表现为2[20]，即便如此，作者在结论中还是将其描述为需要进一步研究的物质组群，这一实例更加清楚地表明了上一句的观点。

3. 诉讼程序中提出的其他反对观点也都不能证明涉诉专利的标的已经被公开。谈及可能引起本领域技术人员对特别是4′-(N-甲基哌嗪基)化合物组群进一步研究并且对包含2-甲基-4-(4-甲基-1-哌嗪基)10H-噻吩并[2,3-b][1,5]苯并二氮杂的组群根据标准进行限定的线索,英国第1533235号专利和以该专利为优先权的其他专利(德国公开专利申请第2552403号,德国第2552403号专利和美国第4115574号专利)都没有突破Chakrabarti 1980的论文。对此法庭聘请的专家也无相左意见。在欧洲专利申请第354781号(不涉及噻吩并苯并二氮杂卓,而是三氮苯并苯二氮卓)和美国第4216148号专利(其化合物中噻吩并环未被取代)中同样没有值得一提的技术。

4. 权利要求4~19以权利要求1~3所述标的的可专利性为支撑。

Ⅳ. 在权利要求20至权利要求22中也不存在宣布涉诉专利无效的前提。

1. 专利法院对此提到:本专业领域的读者可结合附件K4(Chakrabarti 1980年的论文)给出的合成方案Ⅰ和表格Ⅱ以及“化学”和“实验部分”这两个章节的实施例直接获得2-甲基-4-(4-甲基-1-哌嗪基)-10H-噻吩并[2,3-b][1,5]苯并二氮杂卓的制备方法。据此,还可以读出一个在苯基环的位置7上具有R1=氢且在噻吩环的位置2上具有R2=CH_3的中间体化合物,其作为4-酮基-或者以互变异构体形式作为4-羟基-中间体化合物被列在表格Ⅱ中。从K4的实验部分可以直接得出,除了4-酮基-中间体化合物,也可以制备其4-硫代-衍生物,并且也适合用作中间体化合物。同样的道理也适用于利用该中间体化合物而实施的方法。涉及Q=NH_2含义的问题,4-氨基-中间体化合物虽然不能根据权利要求21和权利要求22从K4的字面意义上得出,然而,本领域技术人员熟知其明显是4-酮基化合物的前一阶段。利用给出的工作方法就能容易地实现2-甲基-4-(4-甲基-1-哌嗪基)-10H-噻吩并[2,3-b][1,5]苯并二氮杂卓的可生产性这一点也无法确定。因为表格Ⅱ中的非氟化合物60号噻吩环位置2没有甲基组,而是结构式最接近的同系乙基组,所以可以类比得出:既对所需非取代基反应物以及用甲基取代乙基的取代基反应物的可用性,又对根据K4中给出的合成方法A将化学合成物成功地转化为相应的最终产物不存在丝毫的怀疑。

2. 由于上文Ⅱ.3中所述的原因,这些陈述不支持Chakrabarti 1980这篇论文事先实现了涉诉发明中的方法这一假设。这些陈述同样不能作为该方法对于技术人员来说已经公开这一假设的理由。对于技术人员来说,虽然理论上存在这样的可能性,即根据Chakrabarti对于制备方法和由此可以获得的中间产物的介绍生产出2-甲基-4-(4-甲基-1-哌嗪基)-10H-噻吩并[2,3-b][1,5]苯并二氮杂卓,但是只有当对技术人员来说生产2-甲基-4-(4-甲基-1-哌嗪基)-10H-噻吩并[2,3-b][1,5]苯并二氮杂卓的动机存在时,才能说这一方法已经被公开。如前所述,这一情况在优先权日并不存在。

对该方法的中间产物相应适用(前文论证)。

V. 关于诉讼费用的决定依据了《德国专利法》第121条第2款第2句,以及《德国民事诉讼法》第91条第1款、第100条第1款和第101条第2款(比较Senat,GRUR 2008,60,Rdnr. 44-Sammelhefter Ⅱ)。

第二节 "奥氮平案"案件评论

一、"奥氮平案"判决的意义

德国联邦最高法院作出"奥氮平案"的判决乃是空穴来风,事出有因。该判决致力于解决《德国专利法》第3条意义上的新颖性概念。在判决作出多年之前,德国的司法解释与欧洲专利局和其他欧盟国家的司法解释在新颖性判断上的差别就一直被诟病。[11] 特别是在所谓"遴选发明"(Auswahlerfindung)[12]的新颖性判断上,德国司法解释的内容甚至与欧盟及其他国家的司法实践截然相反,因此该话题一度成为

[11] Bublak u. Coehn, GRUR 2009, 382, 388.

[12] 发明的内容主要是遴选本身,比如说从全部化合物中遴选出某个具体的化合物。

欧洲专利法官大会上探讨的主题。⑬ 基于这一点,从法律政治角度来看,各方也期待德国通过司法解释的形式在对该问题的立场上向欧洲专利局和其他欧盟国家靠近。⑭

通过“奥氮平案”这一教科书式的指导案例,联邦最高法院明确了新颖性判断的标准,⑮从此,在化学领域用于认定现有技术文献中公开内容的基本原则需要从根本上重新定位。⑯ 该判决被认为是一个“创举”(bahnbrechend),不仅在化学发明领域,而且对德国专利法的整体发展都有重要意义。该判决的作出也使得德国有关化合物新颖性判断标准不仅与欧洲专利局上诉委员会的判决实践而且与外国法院的司法解释传统达成一致。⑰

二、“奥氮平案”在专利新颖性的判断上对德国传统司法解释的发展

1. 对“荧烷(Fluoran)案”确立的基本原则的扬弃

“荧烷案”是德国联邦最高法院于 1988 年作出的判断化合物新颖性的经典判例。其判决主旨可以分为两部分来看待。

在第一部分中,“荧烷案”的判决强调,一个化合物可以被解读为落入一个在先发表的化学式的范围,尚且不能说明其新颖性的丧失。⑱ 然而,如果一个化合物被描述到如此(具体的)程度,以至于专业技术人员基于其一般专业知识就可以生产出该化合物,那么就可以肯定该化合物新颖性的丧失。⑲

在“奥氮平案”中,联邦最高法院就该部分重新引用了“荧烷案”的判决并重新表述为:“以一个化合物落入一个在先发表的结构式的范围这一事实来证明该具体化合物已经被公开,正如以一个设备的具体实施例落入另一个设备专利权利要求的一般性描述的范围为由证明该

---

⑬ GRUR Int 2008,309.

⑭ Bublak u. Coehn,GRUR 2009,382,388.

⑮ Sendrowski,GRUR 2009,797,798.

⑯ Bublak u. Coehn,GRUR 2009,382,388.

⑰ Sendrowski,GRUR 2009,797,798.

⑱ BGH,GRUR 1988,447 Ls. -Fluoran.

⑲ BGH,GRUR 1988,447,unter II 3a-Fluoran.

具体实施例被公开一样没有说服力……更需要关注的点是，某一具体的化合物是否被公开。要判断这一点需要一些暗示（或者说明）的存在，根据这些暗示（或者说明）本领域技术人员应该能够毫不费力地实施与该化合物有关的发明，也就是说能真正获取所述物质……”在此联邦最高法院使用了专利法中“一般性不会掩盖住特殊性”[20]的基本原则，并明确指出该原则也适用于化学结构式领域。可以说，在这个具体的结论上，两个案件是传承的关系，单单从字面上来看联邦最高法院在后一个案件的判决中并没有表达什么新的观点。[21]

“奥氮平案”对“荧烷案”的发展更多地表现在第二部分。从不懂专利法的技术人员的角度来看，如果在先公开物对一个化学通式之结构和取代基的定义足够精确的话，毫无疑问会把那些单个的可以落入该通式的化合物包括进来，尽管有时候这个物质集合甚至可能很大。[22]在这种情况下，对于公开物的解读就变成对化学通式的每一个“片段”的单纯排列组合问题。鉴于上述物质集合可能相当大，所以这里会有个可操作性的界限。也就是说，只有那些可以被生产出来的化合物才被认为是公开的。[23] 但无论如何，公开一个化学通式并同时公开一种属于该通式的化合物的制造方法，通常情况下也会造成其他属于该通式的化合物可以被制造出来，所以联邦专利法院在“荧烷案”中得出结论，在这种情形下可以认定所有的化合物（包括没有被列举出的）都被公开，从而不具有新颖性。[24] 在该案中联邦最高法院坚定地认为，引证的在先发表物中缺乏对于某一化合物化学和物理学特征的描述并不能作为该化合物具备新颖性的证据。

但是，新颖性和公开这两个概念毕竟是规范性的而不是从自然科

---

[20] Das Allgemeine nimmt nicht das Besondere vorweg.

[21] Sendrowski, GRUR 2009, 797, 798.

[22] Bublak u. Coehn, GRUR 2009, 382, 389.

[23] Bublak u. Coehn, GRUR 2009, 382, 389.

[24] Zur Begründung von „Fluoran" und erster Kritik an dieser Schlussfolgerung vgl. bereits Rogge, GRUR 1996, 931, 935.

学中派生出来的概念,[25]不能从技术人员的角度来解读这些概念。在“奥氮平案”中,德国联邦最高法院将被引用的文献中欠缺奥氮平的药物学特征之描述这一事实认定为奥氮平不在该公开文献的公开内容范围的证据。[26] 因为该文献对此没有详细地进行描述,所以相关领域的专业人员只能“推测”(spekulieren)奥氮平的药物学特征。而联邦最高法院在“奥氮平案”的判决中强调,判决丧失新颖性的关键点是,当技术人员读到该被公开的结构式和属于该结构式的取代基定义时,应该立刻就联想到了此处就是指涉案的该种化合物。[27] 如果还要靠推测才能得出,显然不符合“立刻就联想到”的标准。换句话说,如果技术人员只有为了填补公开的现有技术的漏洞(没有描述的奥氮平的药物学特征)才会想起来将该化合物作为可能的实施例予以考虑,就可以完全否定该化合物新颖性的丧失。通过这一论证德国联邦最高法院将“奥氮平案”与“荧烷案”明显地区别开来。[28]

在“奥氮平案”中,关于对“荧烷案”的扬弃问题,联邦最高法院解释道:“荧烷案”的合议庭……以专利法院的事实认定为依据……认为近 2000 个单个化合物落入了一个化学式通式的范围,从而认定其可被生产出来并由此认为在此构成对专业技术人员的公开……现行法不应当被绑定在这个案例的判决上。“荧烷案”中发展出来的对化合物新颖性判断的传统司法解释从此被德国联邦最高法院终结。

2.“电子连接器案”(Elektrische Steckverbindung)的基本原则在化学发明领域的应用

德国联邦最高法院还需要解决的另一个问题是,审查一个在现有技术文献中没有明确指出的个体标的之新颖性时,是否并且在多大程度上允许专业领域技术人员对文献的字面内容进行补充。

根据同样被视为标杆性质的“电子连接器案”,[29]可以被视为被公

㉕ Busse/Keukenschrijver, § 3 Rdnr. 96.

㉖ Sendrowski, GRUR 2009, 797, 798.

㉗ BGH, GRUR 2009, 382, Rdnr. 33-Olanzapin.

㉘ Sendrowski, GRUR 2009, 797, 798.

㉙ BGH-Urteil „Elektrische Steckverbindung“, GRUR 1995, 330.

开从而导致涉案技术丧失新颖性的补充进来的内容是指：当相关领域的技术人员希望对文献中公开的技术方案进行实施时，在不需要其他额外公开内容的前提下，对其来说是理所当然的或者几乎是不可或缺的可以补充进来的内容。

但“电子连接器案”涉及的技术与化学领域相去甚远，实务界一直无法肯定该基本原则是否可以跨行业通用。在“奥氮平案”中，联邦最高法院引用了“电子连接器案”并强调，在对在先公开物发表的内容之判断上，适用于其他专业领域的原则也同样适用于化学领域。[30] 这一观点受到了实务界的广泛欢迎。[31]

法院在该案中还强调，对有损新颖性的公开内容进行超出“纯粹字面意义”的解读目的仅在于弄清楚其本身的内涵，而不是借助专业知识对公开的内容进行补充。因为此处涉及“超出纯粹字面意义的解读”问题，所以理论界存在一种争论，即这是否会导致对有损新颖性的公开物之公开范围的解读至少部分地延伸至等同技术领域。[32] 然而在“奥氮平案”中，法院明确说明，等同技术领域，包括在先公开物中描述的技术内容的变种、对其进一步的发展以及其他对超出公开物描述的最低限度的补充，都不属于公开的内容。[33] 由此，德国的司法解释与欧洲专利局上诉委员会的司法解释达成一致，后者也明确拒绝了在这个问题上考虑等同技术。[34]

具体到“奥氮平案”中，法院认为被公开发表的仅仅是一个化学通式及其两个变种，其具体定义也没有被明确，而是由一审的联邦专利法院根据公开文献中的一个表格对其定义进行了补充。这一补充属于“公开的内容之外”，不足以破坏涉案化合物的新颖性。另外，在那些被引用作为对比的专利文件中虽然描述了可以涵盖奥氮平的化学通

---

[30] BGH-Urteil „Elektrische Steckverbindung“，GRUR 1995，330.

[31] BGH，GRUR 2000，296.

[32] 持肯定意见的如 Rogge，GRUR 1996，931，936；持反对意见的如 Busse/Keukenschrijver，PatG，6. Aufl.［2003］，§ 3 Rdnr. 100。

[33] Bublak u. Coehn，GRUR 2009，382，389.

[34] 参见 Rspr. der Beschwerdekammern des EPA，5. Aufl.［2006］，S. 85 m. w. Verw。

式,但只有当将一系列的取代基结合时才能获取奥氮平这样的化合物,公开的内容缺乏"个性化"(或者可以译为具体化、特定性,原词 Individualisierung)的内容,最终不认为奥氮平被公开。

三、确定公开内容的基本原则对专利申请修改的影响

1."奥氮平案"细化了判断公开内容的基本原则

德国联邦最高法院在"奥氮平案"中明确指出,在先出版物所公开内容之判断过程中使用的"公开"定义也是确定对专利权利要求的修改是否超越最初上交的专利申请版本的内容之基础。[35] 要厘清二者之间的关系,有必要简单了解德国的专利申请修改程序。

提交的专利申请被公开之后,公开的内容便是专利申请的标的,只有这些内容才有可能被作为专利授予。一旦专利申请被公开,专利申请的标的就已经确定。但专利申请的内容是允许在专利授权程序中被修改的。那么如何保证一方面专利的内容可被修改,另一方面专利申请的标的又不会因为内容的修改发生变化从而破坏其确定性?这里就涉及专利申请修改的界限问题。

从原则上来看,对于专利申请的修改不允许超出最初专利申请公开的内容。也就是说,专利申请的标的可以在授权程序中在权利要求的文字表述上采用不同的表达方式,但是这样的一个修改不能导致对申请标的的非法扩展,[36]修改后的技术方案必须是在最初的版本中就已经被包含。

此处的非法扩展与"奥氮平案"中对在先发表无公开内容的非法扩充解释是一脉相承的关系。因此可以说,"奥氮平案"在非法扩展的解释问题上给出了更加具体的判断方案。具体来看,非法扩展是指技术人员以最初版本为基础并不能立刻想到修改后版本中专利的标的,而是只有经过以其专业知识为基础的思考之后才能想到。[37] 换句

---

[35] Bublak u. Coehn, GRUR 2009, 382, 389; BGH, GRUR 2004, 407-Fahrzeugleitsystem; GRUR 2009, 382 Rdnr. 25-Olanzapin.

[36] 参见判决 BGHZ 110, 123, 125 f. -Spleißkammer。

[37] BGH (X ZR 27/06) (Tz. 25 f.) -Hubgliedertor I; BGH (X ZR 130/11) GRUR 2013, 809, 810 Tz. 11-Verschlüsselungsverfahren.

话说，要想确定对于专利申请的修改是否属于非法扩展，关键的是判断最初公开的专利申请之内容是否会让专业技术人员认识到，修改后的解决方案从一开始就被包含在专利保护请求之列。㊳ 如果相关领域技术人员根据对最初公开内容的理解不会认为某一标的属于发明的内容的话，那么专利权利要求就不能将该修改后的标的包含在内。

2. "奥氮平案"使得专利权利要求的修改变得更加困难

有学者将"奥氮平案"的判决称为"希腊人的礼物"(Danaergeschenk，背后蕴藏着不幸或杀机的礼物)㊴。从表面上来看，"奥氮平案"降低了化学领域的专利申请新颖性的门槛，但另一方面，该案也使专利权利要求的修改变得更加困难。㊵

一个典型的情形是，在某个化合物大类的专利申请被公开之后才发现在现有技术的范围之内存在一个在先发表的单个化合物，从而导致必须对该申请进行修改以保证其新颖性。该修改只能在专利申请公开内容的框架之内进行。㊶ 按照"奥氮平案"发展出来的原则，该化合物大类的专利申请之公开并不意味着所有落入其中的化合物之公开，同样，如果在原先的专利文件中没有着重指出某一化合物子集，那么该子集也不在公开的内容范围。所以，通过修改将该化合物大类的专利申请限制到其某个子集上面从而绕过属于现有技术范围的某个单个化合物变得不再可能，除非在原先的专利文件中已经明确地指出了该子集，否则将造成对专利申请的修改超出其所公开内容的界限。㊷

从化学专利的情形抽象出来可以得出的结论是：如果对于专利权利要求的修改将会导致修改之前已经公开的实施例不再受到保护，而只有在最初的申请文件中没有明确在先描述的子集实施例(Teilmenge

---

㊳ BGH (X ZR 50/91) Mitt. 1996, 204, 206-Unzulässige Erweiterung; BGH (X ZR 104/06) (Tz. 14)-Münzschloss.

㊴ 该表达源于希腊神话"特洛伊木马计"，希腊人送给特洛伊人的木马实为其设计的战争诡计，最后帮助希腊人赢得了战争。

㊵ Sendrowski, GRUR 2009, 797.

㊶ Sendrowski, GRUR 2009, 797, 801.

㊷ Sendrowski, GRUR 2009, 797, 801.

der Ausführungsform)可以寻求保护,那么该专利权利要求的修改就不应当被允许。[43] 这一问题本来也是欧洲专利局的判决实践中众所周知的难题之一,如今被德国联邦最高法院通过"奥氮平案"解决。

涉及"用数字精确定义某区域"(numerische Bereichsangabe)的专利可以作为上述情况永久性的例外。所谓"用数字精确定义某区域"是指在专利文件中用量化的方式描述发明的标的,比如在"Inkrustierungsinhibitoren案"中,发明人将由40%~90%的(甲基)丙烯酸和60%~10%的马来酸以共聚形式形成的聚合物都纳入其发明标的之中。该发明的公开也就意味着在该百分比范围之内的所有子集都获得了公开。在此情形下,申请人或者专利权人在修改专利申请时可以将任意一个子集作为修改后的专利权利要求的标的。[44]

四、"奥氮平案"之后有待解决的问题

在化学领域发明的新颖性判断上,德国联邦最高法院通过"奥氮平案"与欧洲专利局上诉委员会的司法解释在本质上达成了一致。[45]从原则上来看,这样的发展是应该受到欢迎的,因为通过这样的一体化,很多被欧洲专利局授权的化学专利的所有人和特别是那些以遴选性发明为内容的专利所有人的法律安全得到改善。[46]

然而,因为欧洲专利局与此相关的法律发展已经经过了很长的时间,而德国的司法解释形成相对较晚,所以该原则要在德国的司法实践中被完全融合还有一个很长的适应程序。

除此之外,德国在该领域司法解释的发展还面临一个根本的方向性问题。"奥氮平案"成为德国在化学发明领域变革的出发点,然而,该变革的发展方向是仅限于向欧洲的司法解释靠拢还是要将该法律问题向独立自主的方向继续发展,特别是考虑到欧洲的专利一体化进程,德国关于用数字精确定义某区域的专利之公开内容判断的司法

---

[43] Sendrowski,GRUR 2009,797,801.

[44] Sendrowski,GRUR 2009,797,801.

[45] 比较 GRUR Int. 1989,226,227-Xanthines/DRACO。

[46] Bublak u. Coehn,GRUR 2009,382,389.

解释是否也应当与欧洲专利局的司法实践相适应，在目前还不得而知。[47]

而且，“奥氮平案”的判决并没有终结对于该问题的讨论。一方面是对于“在潜意识里读到”的具体判断标准和界限问题，目前来看尚不够明确。另一方面对于将作为现有技术的在先出版物和专利修改程序中最初版本的专利申请中的“公开”概念采取同样的解读方式的论断也不无争议，有学者认为，考虑到二者涉及的规范和目的不同，将两个公开的概念进行不同的解读也是可以理解的和正当的。[48]

---

[47] Bublak u. Coehn, GRUR 2009, 382, 389.

[48] Bublak u. Coehn, GRUR 2009, 382, 389.

第四章　计算机程序[①]之可专利性——动态生成文档案

第一节　“动态生成文档案”裁定原文

运用法条：《德国专利法》第1条第1款、第3款第3项和第4款

一、裁定要旨

1. 一个涉及数据处理系统的多个元件直接交互配合的程序（此处的数据处理系统是指：拥有一个客户端用于动态生成结构化文档的服务器），始终被认为是技术性的，无论在其用于申请专利的概念表述中是否含有明显的技术指示表达。

2. 当一个这样的程序用技术手段解决了一个具体的技术问题时，它就不会因为是用于数据处理设备的计算机程序就被排除在专利保护之外。用于解决技术问题的技术手段不是只有在设备组件被修改或以其他方式被彻底重新编排时才存在；而是如果用于解决问题的数据处理计算机程序的运

① 也有学者倾向于用“计算机软件的可专利性”来描述这一问题。

行过程是由数据处理设备之外的技术条件决定或者如果解决方案正是考虑到数据处理设备的技术条件而对数据处理计算机程序进行相应的设计的话,上述前提就足够满足。

联邦最高法院于2010年4月22日对"动态生成文档"一案(案号Xa ZB 20/08,前审法院德国联邦专利法院)作出裁定。

二、裁定理由

Ⅰ. 德国专利商标局因为缺乏创造性驳回了于2002年提交的申请号码为10232674的包含10项权利要求的名为"用于动态生成结构化文档的方法"的专利申请。申请人就此提起诉讼,其依据的权利要求1以下文描述的已更改的版本为准,权利要求2~9内容不变,但是以更改后的权利要求1为基础:

权利要求1:用于向至少一个与客户端(CL)通信的、资源受限的、以微控制器为基础的主机计算机(SRV)(以下简称主机)动态生成结构化文档(SD)的方法,包括如下步骤:

在主机(SRV)上收到客户端(CL)的请求数据(REQ);

从请求数据(REQ)中提取请求参数;

通过一个控制模块(CRT)在主机(SRV)的软件架构专用接口模块指令集(IF)上映射请求参数;

使用包含呼叫服务用户(JB)的至少一个原始文档(TD)动态生成结构化文档(SD),其中由所述接口模块(IF)提取来自服务用户(JB)的指令,并将其映射到所述接口模块(IF)的对应指令集,该指令集限定于部分的服务用户;

指令在映射的请求参数的辅助下在控制模块(CRT)的运行环境中被执行并且在完成执行后定义结构化文档(SD)的内容和/或结构,将动态生成的结构化文档(SD)传输到客户端(CL)。

权利要求10修改为如下版本:

10. 用于执行根据前述任一项权利要求中所述程序的系统。

专利法院(本文专指德国联邦专利法院)驳回了该起诉。其判决书公开于BeckRS杂志2008年刊第15315页,即CR杂志2008年刊第

626页。专利法院批准了上诉程序。

专利申请人的上诉结果是,专利法院的裁定被撤销,案件被发回专利法院重新审理。

Ⅱ.上诉的提起获得了批准并且合法有效。在本案中,上诉导致争议判决被撤销并且案件被发回专利法院重新审理(《德国专利法》第108条第1款)。

1.作为上诉基础的专利申请根据其权利要求1涉及一个动态生成结构化文档的方法:

(1)在至少一个以微控制器为基础的主机计算机上被执行:

(1.1)该计算机资源受限

(1.2)并且能与客户端通信

(2)以如下的程序步骤:

(2.1)客户端的请求数据被主机接收

(2.2)请求参数从请求数据中被提取

(2.3)请求参数会通过一个控制模块映射到主机接口模块的指令集上

(2.3.1)接口模块为软件架构专用

(2.4)结构化文档被动态生成

(2.4.1)使用至少一个包含呼叫服务用户的原始文档

(2.5)与此同时由所述接口模块提取来自服务用户的指令,并将其映射到所述接口模块的对应指令集上

(2.5.1)该指令集限定于部分的服务用户

(2.6)指令

(2.6.1)在映射的请求参数的辅助下在控制模块的运行环境中被执行

(2.6.2)并且在完成执行后定义结构化文档的内容和/或结构

(2.7)动态生成的结构化文档被传输到客户端

2.专利法院认为,提交专利申请的该种方法可以实现具有动态内容和/或动态结构的结构化文档的生成,据此原始文档在资源受限的主

机(即服务器)和有足够资源的主机之间的移植(Portierung)将变得简单易行。该方法还因此提供了一种可能性,即将来自原始文档的结构化文档(那些除要呈现的信息之外还包含关于结构和呈现的计算机可读指令的文档,如HTML格式的文档)也在那些因为其过低的性能而无法安装一个完整的脚本语言运行环境的主机上动态生成。

为了解决这个问题专利权利要求1提出技术方案,即主机(服务器)从请求数据中为一个文档提取请求参数,并通过一个控制模块将其在主机的指令集上映射。此处的映射应当理解为在主计算机的接口模块可以理解的命令中实现或忽略这些参数。利用(剩余)的请求数据服务用户将会访问主机中相应的原始文档连同其中包含的呼叫。来自服务用户的指令同样会被提取,并将其映射到主机接口模块的受限的专用指令集上,并且在映射的请求参数的辅助下在控制模块的运行环境中(即无需切换到一个完整的脚本语言运行环境)被执行。通过这种方式请求的文档可以被动态生成并且传输给用户,无需为了像"Java虚拟机"这样的脚本语言在主机上安装生成一个复杂的、全面的运行环境。

权利要求1公开的可实施的方法并不属于技术领域。涉诉专利的技术方案意图使用某个脚本语言写就的文档在一个性能较低的主机上也可以被加工,由此一组受限的脚本语言的指令无需脚本语言运行环境就可以直接在主机接口模块的指令集中获得执行。尽管这并不涉及由数据处理系统为了执行的需要而确定的具体的操作步骤顺序,而是涉及用于生成动态化文档的基本概念,并且因此不应当被视为数据处理系统的计算机程序"本身"(als solches)而被排除在专利保护之外。然而,根据联邦法院的判例,一个有助于实现程序所追求的成功结果的方法尚不能因为其电子数据处理的特征就获得专利保护。提出的技术方案必须包含通过技术手段解决具体技术问题的指示。虽然提出的技术方案确实有助于解决一个(原则上的)技术问题,因为它试图通过某种生成文档的方式来补偿主机不同性能[的不足]②。然而,这并不是

② 本书笔者补注。

通过使用技术手段而实现的,而只是基于概念上的思考。根据联邦最高法院的司法解释,使用数据处理设备这一前提条件的满足尚不足以使技术方案获得专利保护。根据传统上对技术的理解,要想做出该专利申请的提案也不需要具体的技术知识,因为主机的某些内部操作原理可以被视为已为人所共知。

基于权利要求 10 也无法做出与上文不同的评价。该权利要求虽然具备程序步骤这一特征,但申请人在此只是强调用于执行该程序的数据处理系统的客观特性,其客观特征已经从属于专利权利要求 1 中的技术方案。

3. 上诉意见认为,计算机及其编程属于技术领域。否认计算机程序的技术性是一个不被现实所接受的假说。《与贸易有关的知识产权协议》(TRIPS 协议)第 27 条第 1 款要求对所有技术领域的发明授予专利。德国专利法中规定的对"计算机程序本身"的排除只有被理解为排除的标的不具有技术性时,才能与 TRIPS 协议第 27 条保持一致。然而,由于计算机程序本身就是技术性的,所以只有当存在非技术性的"计算机程序本身"时,才能避免与 TRIPS 协议的矛盾。但是这又与计算机程序原则上是技术性的这一事实相冲突。唯一的解决办法是认定所有的计算机程序都既有技术性特征又有非技术性特征这样的"双重特性"。技术性特征表现在计算机的控制方面,正如在所有其他技术效果中可以看到的一样,这由受程序控制的计算机在程序执行过程中实现,而非技术性特征则表现在文本方面。联邦最高法院之前的判例法没有涵盖显然是技术性的用于控制计算机的两种类型的技术指令,即那些虽然解决了技术问题,但没有在专利权利要求中表现其特色的计算机兼容指令,以及那些虽然对于专利权利要求来说足够有特色,但没有解决技术问题的计算机兼容指令。

4. 专利申请中寻求专利保护的技术方案涉及《德国专利法》第 1 条第 1 款(2007 年 12 月 13 日以后版本)意义上的发明,并且根据《德国专利法》第 1 条第 3 款第 3 项不应当被排除专利保护。

a) 专利申请人寻求保护的技术方案涉及数据处理系统的多个元件

的直接交互配合,即一个[比如因为内存容量受限(见第6、7段)而]性能受到限制的主机(服务器,SRV),其具备一个接口模块(界面,IF),有一个客户端(CL)向主机发送请求,并接收主机所请求的动态生成的结构化文档。由此,以权利要求1为前提同时结合权利要求10中所述的由主机和客户端构成的"系统"表现为一种(复杂的)数据处理系统,其运作能力可能受到主机有限的资源的妨碍。

正是从这种妨碍中产生了作为专利申请基础的问题点(见第16段),即需要发明一种方法,借此方法即使在资源有限的计算机上也可以动态生成客户端请求的结构化文档(并且将生成的文档传输给客户端)。

此外,请求参数将从客户端的请求数据中被提取(特征2.2),并将其通过服务器的一个"控制模块"在软件架构专用接口模块指令集上映射(特征2.3,2.3.1)。

如专利说明(见第18段)所述,这意味着请求参数被接口模块可理解的命令所替代,甚至被忽略。然后,使用至少一个原始文档,生成与请求数据相对应的结构化文档(特征2.4)。原始文档包含一个或者多个服务器用户(特征2.4.1)。也就是说,目标或Java组件(Java Bean)的动态访问,其与静态组件(如HTML表达式)一起被集成到通用文档中,该文档具有例如Java服务器页面的结构。原始文档中包含的指令可以通过安装在主机上的运行时环境(Laufzeitumgebung)来处理——在Java服务器页面的情况下,这个运行环境是指用于实现服务器页面的所谓的Servlet引擎和用于执行Java代码的所谓的Java虚拟机(JVM)。这将创建一个动态生成的结构化文档,如带有请求内容的HTML文档,该文档被发送给客户端(参见专利说明第12段第2部分)。根据专利申请的技术方案,通过存在于主机上的接口模块来提取服务用户(Java Beans)的指令,映射到对应的受限(特征2.5.1)命令集(特征2.5),并将其实现在一个同样是在主机上布置的控制模块的运行环境中(特性2.6.1)。如该专利说明所述,映射可以被构置得非常简化,例如当它被限制在Java Bean语法的一小部分上时(见第43

段)。这使得即使在没有安装 Java 虚拟机的计算机上也可以实现 Java 服务器页面,只是需要一个合适的运行环境,而该环境需要较少的计算能力或存储空间。该方法的优点如专利申请指出,例如 Java 服务器页面形式的原始文档,既可以在具有有限资源的主机中也可以在配置更高的主机中被用来动态生成结构化文档。也就是说,无需对两种不同计算机类型开发不同的原始文档(见第 19 段)。局限性可能表现在,资源受限主机的接口模块只有有限的命令集,因此不能像配备更好的主机一样轻易地转换包含在原始文档中的所有指令。

b)根据联邦最高法院的判例,该方案具备技术特征,从根本上来说可以作为发明获得专利保护。

早在 1991 年联邦最高法院就已经作出判决,当一个与计算机程序相关的方案涉及数据处理设备的运作能力(Funktionsfähigkeit),并且因此能够实现其组件之间的直接相互作用时,该方案就可以被认定为是技术性的(参见“页面缓冲区案”:BGHZ 115,11 = GRUR 1992,33-Seitenpuffer)。在当时的案件中联邦最高法院认可了涉案发明涉及数据处理设备的运作能力,因为发明的技术方案有助于以更好地利用内存并且以更短的存储器访问时间的方式来操作数据处理系统(BGHZ 115,11,21=GRUR 1992,33-Seitenpuffer)。在阐述理由时联邦最高法院提到,提出申请的技术方案涉及一个方法,该方法关于获取和存储有关在数据处理系统中运行的计算过程的当前存储区域的信息以及在特定的加载策略中进行优先访问,但是只能选择一个内存侧的内存(页面缓冲区)。该方法涉及数据处理设备的运作能力,因为它包含在操作期间内以特定方式直接使用数据处理设备的组件的指令(BGHZ 115,11,22=GRUR 1992,33-Seitenpuffer)。

联邦专利法院在上诉理由中认为,上述判决与本案的区别之处在于,“页面缓冲区案”中的发明涉及数据处理设备的内部工作原理,该数据处理设备本身作为技术设备是考量的中心。相应地,对于该工作原理的(原则上的)在技术层面的修改可以被评价为可受专利保护,即使该修改只是通过一个程序的修改实现而没有硬件结构的改变。然而,为了实现所申请的技术方案,技术知识和对数据处理设备中的具体组件和功能序列的深入操作是必要的,而在争议案件中,服务器的工作原理被假设为给定的,并且只是基于概念上的考虑,某些特定的软件模块也被建议使用,以实现对数据的处理。

上述区分方法借鉴了“中国汉字”(Chinesische Schriftzeichen)案的判决(BGHZ 115,23=GRUR 1992,36)。在这个案例中,提出专利申请的方法涉及在文本系统中输入汉字时为了节省存储空间、减少访问时间并且提高整个处理进程的速度而规定特定的内存寻址,联邦最高法院没有将该方法视为技术性的解决方案,因为与“页面缓冲区”一案不同,该方法并不涉及数据处理设备的运作能力。数据处理设备的客观特征并没有体现出请求授予专利的技术方案的关键特征,此处的关键特征应当是与对被处理数据进行排序的思维步骤息息相关的(BGHZ 115,23,31=GRUR 1992,36-Chinesische Schriftzeichen)。

对于技术性这一要求,正如联邦最高法院第10民事合议庭在“检查程式的操控装置案”(Steuerungseinrichtung für Untersuchungsmodalitäten)(发表于GRUR杂志2009年刊第479页)中所确定的,除了技术特征之外专利申请的标的是否还有非技术性的特征,并且这些特征中哪些能彰显提出申请的技术方案,这两个问题都是无关紧要的。技术特征和非技术特征的组合或技术特征与被专利保护排除的特征的组合是否可在个别情况下仍然具有可专利性,除了需要考虑《德国专利法》第1条第3款中规定的相关的排除标准之外,其实仅仅取决于这些组合是否是新颖的并且是否有创造性(BGH, GRUR 2009, 479 Rdnr. 10-Steuerungseinrichtung für Untersuchungsmodalitäten, m. w. Nachw.)。因此,即使发明涉及的以某种方式编程的装置(数据处理设备)只是用于文本处理,它也是具有技术特性的(BGHZ 144, 282 = GRUR 2000, 1007-Sprachanalyseeinrichtung)。这正适用于争议案件中专利权利要求10提出申请的系统,该系统由计算机构成,在该计算机上可以实现权利要求1中提出的动态生成结构化文档的方法。

因为特征中的哪些部分能彰显申请专利保护的技术方案是无关紧

要的，所以即使是对于一个方法专利而言，对于其技术性的要求也不在于发明是否实现了对一个数据处理设备的组件之工作原理的（原则上的）修改。相反，只要其实现了对这些组件的使用，从而给出技术操作的指示就足以（BGH，GRUR 2009，479 Rdnr. 8–Steuerungseinrichtung für Untersuchungsmodalitäten；Senat，GRUR 2010，660 Rdnr. 20 – Glasflaschenanalysesystem）。因此专利权利要求1也包含了一个原则上可受专利保护的技术方案。

c）提出专利申请的技术方案也不会因为是数据处理设备的［计算机］③程序就被排除在专利保护之外。

aa）根据联邦最高法院的既定判例法，将涉及计算机程序或通过数据处理程序实现的方法作为标的的专利申请，除了具备可专利性不可或缺的技术性之外，还必须包括以技术手段解决具体技术问题的程序性指令（BGHZ 149，68，74 = GRUR 2002，143–Suche fehlerhafter Zeichenketten；BGHZ 159，197，204 = GRUR 2004，667–Elektronischer Zahlungsverkehr；BGHZ 166，305 Rdnr. 17 = GRUR 2006，663 – Vorausbezahlte Telefongespräche；BGH，GRUR 2009，479 Rdnr. 11–Steuerungseinrichtung für Untersuchungsmodalitäten）。由于（《德国专利法》第1条第3款第3项和第4款）对计算机程序可专利性的排除，通常只有当这种指令被用作手段解决问题时，这种指令才能被用来成功论证一个方法的可专利性。不是使用计算机程序本身，而是在（编程的）计算机的帮助下解决技术问题，才可以导致在（对计算机程序）排除专利保护的大背景下获得可专利性的结果。

由此导致的更进一步的结果是，在新颖性和创造性的判断中也必须考虑针对技术问题的解决方案这一特征。只有当针对具体技术问题的某一解决方案是新颖的并且以创造性步骤为基础时，与计算机程序有关的技术方案才会受到（专利的）保护。在这种情况下，与技术无关的指示原则上是不足以证明其可受专利保护性的，它们只有在可以影响到用技术手段解决技术问题的情况下才有探讨的价值（BGHZ

③　本书笔者补注。

159, 197, 205 f. = GRUR 2004, 667 – Elektronischer Zahlungsverkehr; BGH, GRUR 2005, 143, 144–Rentabilitätsermittlung; GRUR 2009, 479 Rdnr. 11–Steuerungseinrichtung für Untersuchungsmodalitäten)。

正如联邦最高法院已经确认的一样，技术性解决方案的要素在多大程度上"塑造"了本发明这一问题只有在对创造性步骤的审查中才可能变得有价值(BGHZ 159, 197, 205f. = GRUR 2004, 667–Elektronischer Zahlungsverkehr)。反过来，与上诉的观点不同，不能从"寻找错误的字符串"(Suche fehlerhafter Zeichenketten)一案(BGHZ 149, 68 = GRUR 2002, 143)中得出如下结论，即只有当技术性的指令塑造了某一专利权利要求时，该指令才适合用于克服可专利性的排除[即具有可专利性]④(比较 BGH, GRUR 2005, 141, 142–Anbieten interaktiver Hilfe; EPA, ABlEPA 2004, 575 = GRUR Int2005, 332, 333–Auktionsverfahren/HITACHI)。

bb)专利法院正确地指出，本发明以一个技术问题为基础，因为通过该发明能够实现在无须使用一个对运行环境要求更加苛刻(例如需要 Java 虚拟机或具备理想的计算能力)的主机的情况下动态生成由客户端请求的结构化文档。这样能够在动态生成结构化文档时更好地利用服务器有限的资源，从而实现通信系统的功能性，并且因此解决了一个具体的技术问题，而不是达成了一个技术之外的目标(就此问题可比较如下判决：BGHZ 159, 197, 206 = GRUR 2004, 667 – Elektronischer Zahlungsverkehr; BGH, GRUR 2005, 141, 142–Anbieten interaktiver Hilfe; GRUR 2005, 143, 144 – Rentabilitätsermittlung; Senat, GRUR 2010, 44 – Dreinahtschlauchfolienbeutel)。

cc)专利法院认为，发明的成功并不是由技术手段引起的，因为它是基于概念上的考虑，从而转化成了提出一个特定软件模块的建议，并且以这种方式优化系统导向的软件。该判决观点不能被接受。

用于解决技术问题的技术手段不仅只有在设备组件被修改或以其他方式被彻底重新编排时才存在。而且如果用于解决问题的数据处理

---

④ 本书笔者补注。

计算机程序的运行过程是由数据处理设备之外的技术条件决定,或者如果解决方案正是考虑到数据处理设备的技术条件而对数据处理计算机程序进行相应的设计的话,上述前提就足够满足。后一个前提条件在本案中获得满足。正如专利法院所正确指出的那样,本发明的技术方案涉及动态生成文档的基本理念。因此,它并非针对程序员,而是针对系统设计者,他们不仅需要考虑到数据处理设备的整体架构,而且还要同时考虑到硬件和软件组件的不同特性和性能。这正是为什么该技术方案涉及使用技术手段来解决潜在的技术问题。这个技术方案不仅限于将请求参数映射为有限命令集的具体措施,而且以抽象的方式进行表述,这一点仍需在进行的新颖性和创造性审查时加以考虑。

5. 因此,该案件将被发回联邦专利法庭,以便对该发明可专利性的其他要求进行审查。

第二节　“动态生成文档案”案件评论

一、德国和欧洲专利法对计算机程序可专利性的法律规定

1. 相关法条解读

根据《德国专利法》第 1 条第 3 款第 3 项的规定,数据处理设备的程序(计算机程序/计算机软件)[⑤]是不能成为发明的标的的。但同时,根据《德国专利法》第 1 条第 4 款,上述的排除仅适用于计算机程序“本身”(als solches)。也就是说,如果某些发明除了计算机程序之外还包含其他组成部分,那么它们就不当然属于被绝对排除专利保护的范围。[⑥]

从这一法律规定中可以得出,虽然一个单纯的普通计算机程序不能得到专利保护。但是在特定的情况下计算机程序是完全有可能具有

⑤　本文中将计算机程序和计算机软件混同使用。

⑥　Redeker, IT-Recht, 6. Auflage 2017, Rn. 126.

可专利性的。[7] 德国专利法并没有从根本上将计算机程序作出排除专利保护的对象[8]。

《德国专利法》上述关于计算机程序可专利性条款中的表述来源于《欧洲专利公约》第52条,目的是保证在授予德国和欧洲专利时具有同样的前提条件。[9]

2. 法条背后的法律思考

《德国专利法》明确要求,只有技术性的解决方案才能成为专利保护的对象。因此,要判断计算机程序的可专利性重点在于判断其是否具有技术性。[10]

一般来看,司法解释和学术界对技术的理解或多或少是指对自然的掌控,联邦最高法院将该要求进一步具体化,认为当一个发明有规律地利用可掌控的自然力并且从因果关系上来看正是因为对该自然力的利用而在其技术方案上获得成功时,那么就可以认为该发明是技术性的。[11]

计算机程序本身被视为是对人类思维做出的某种特殊形式的指示。因为人类的智力和思维不属于可以被掌控的自然力,所以对于人类思维的指示便不是技术性的,因此计算机程序不具有可专利性。[12] 而正是因为计算机程序本身的"对人类思维的指示"之特性,使其理所当然地成为著作权法保护的对象。[13]

3. 判断计算机程序可专利性的基本原则

在德国的司法实践中联邦最高法院通常分两步来回答一个计算机程序是否具有可专利性的问题:

---

⑦ Redeker, IT-Recht, 6. Auflage 2017, Rn. 126.

⑧ Baldus in Auer-Reinsdorff/Conrad, Handbuch IT-und Datenschutzrecht, 2. Auflage 2016, § 5, Rn. 113.

⑨ 比较 Art. IV IntPatÜG。

⑩ Heide, CR 2003, 165, 167.

⑪ Redeker, IT-Recht, 6. Auflage 2017, Rn. 128.

⑫ 比较 Götting, Gewerblicher Rechtsschutz, § 10 Rn. 1ff. und Rn. 20; BGH, GRUR 1977, 152f. mAnm Müller-Börner; BGH, CR 1986, 325 = GRUR 1986, 531-Flugkostenminimierung。

⑬ Redeker, IT-Recht, 6. Auflage 2017, Rn. 127.

第一步是判断技术方案是否满足技术性的最基本要求。对于这一步的判断只需要技术方案满足使用技术性设备这一要求。也就是说,只要权利要求中包含对用于运行软件的处理器的使用,那么这一关就算是通过了。对此不需要对技术方案进行深入研究,只要技术方案的某个部分涉及技术问题足以。[14] 作为该审查标准的副产品,专利审查实践在应用计算机科学领域比传统计算机科学领域更加自由。[15]

不容易通过的是第二步的要求。第二步需要回答的问题是,是否存在可专利性的排除事由,例如一个计算机程序是否作为程序本身来请求专利保护。这里就需要回答计算机程序本身的界限问题。对此,德国和欧洲专利法并没有做出明文规定。德国的司法解释认为要回答这个问题就要判断该发明是否用技术手段解决了技术问题。如果回答是肯定的,那么即使是一个主要用于数据处理的发明也是可专利的。[16]

以该两步分析法为基础,有学者认为,从法律教义学的角度来看,《德国专利法》第 1 条第 3 款第 3 项将计算机程序排除在专利保护之外本身就是没有必要的,既然第 4 款中接着就规定了只是计算机程序本身被排除专利保护,那么第 3 款第 3 项的规定只不过是徒增疑惑。[17] 因为只要计算机程序用技术手段解决了一个技术难题,那么它就具有可专利性。从这一点上来看,其与其他发明获得可专利性的基本前提并无二致,因为其他发明可专利性的基本前提也是用技术手段解决技术问题。[18] 因此可以得出结论,在第 1 条第 3 款第 3 项中以列举

---

⑭ 参见判决 BGH Urt. v. 26. 10. 2010-X ZR 47/07, GRUR 2011, 125, Rn. 31-Wiedergabe topografischer Informationen。

⑮ Baldus in Auer-Reinsdorff/Conrad, Handbuch IT-und Datenschutzrecht, 2. Auflage 2016, § 5, Rn. 131.

⑯ Sonntag, GRUR-Prax 2010, 246.

⑰ Baldus in Auer-Reinsdorff/Conrad, Handbuch IT-und Datenschutzrecht, 2. Auflage 2016, § 5, Rn. 114.

⑱ 比较如下判决:BGH Beschl. v. 21. 3. 1958-I ZR 160/57-Wettschein; BGH Urt. v. 23. 3. 1965-I a Z B/64, GRUR 1965, 533-Typensatz; BPatGE 10, 55, 57; BPatGE 11, 66, 67; BPatGE 13, 101, 102; BPatGE 18, 170, 172。

的形式单独排除计算机程序的可专利性根本没有任何必要。[19]

与上述观点相一致的是,在德国的司法实践中对于上述第一步的判断确实不会花费很大的精力,与此相比,在具体的案件中如何判断用技术手段解决技术难题则是德国联邦专利法院和联邦最高法院不断遇到的问题。[20] 对于该问题的回答经历了一个长期发展和不断变化的过程,期间不乏相互矛盾的司法判例。[21] 正是因为德国联邦最高法院自身在这个问题的判断上都还未形成一个非常明晰的判断标准,所以各个专利审查员在审查实践中对于司法解释的理解也不尽相同,从而存在适用的审查标准不一致的风险。因此,计算机程序在申请专利保护时面临些许的法律不确定性。[22]

对计算机程序的专利保护问题还将在德国和欧洲继续讨论下去。"动态生成文档案"在对该问题的回答上起到了承上启下的作用。

二、承上启下的"动态生成文档案"

1."动态生成文档案"的主要内容

该案涉及一种用于动态生成结构化文档的方法。借助此方法可以在一个用户/服务器运行环境中将Java的服务器页面在一个计算机上运行,即便该计算机上没有安装Java的虚拟机而是只有一个调整过的运行时环境也可以操作,因为此方法只需要很少的计算机运算能力和存储空间。

德国专利商标局的审查员因为发明缺乏创造性驳回了该专利申请。申请人对驳回决定不服向联邦专利法院提起诉讼。联邦专利法院引用了"页面缓冲区案"的判决,以该发明欠缺技术特征驳回诉讼,主要理由是涉诉软件对用于实施技术方案使用的方法没有做出技术性的

---

⑲ Baldus in Auer-Reinsdorff/Conrad, Handbuch IT-und Datenschutzrecht, 2. Auflage 2016, § 5, Rn. 114.

⑳ Baldus in Auer-Reinsdorff/Conrad, Handbuch IT-und Datenschutzrecht, 2. Auflage 2016, § 5, Rn. 115.

㉑ Redeker, IT-Recht, 6. Auflage 2017, Rn. 136.

㉒ Baldus in Auer-Reinsdorff/Conrad, Handbuch IT-und Datenschutzrecht, 2. Auflage 2016, § 5, Rn. 132.

改进。联邦专利法院特别指出，从根本原则上认可对机器导向的软件的优化是技术性的发明将产生严重后果。

对此，联邦最高法院同样引用“页面缓冲区案”㉓的裁定，认可了对机器导向的软件的优化属于技术性的解决方案，原则上可以作为发明受到专利的保护。㉔ 联邦最高法院认为，发明涉及的系统由一台主计算机（服务器）和一个用户组成，总体来看，表现为一个复杂的数据处理设备，其功能性可能受到主计算机有限的资源的影响。因此，该发明属于技术领域（第一步满足）㉕。对此，联邦最高法院总结道：无论一项技术方案在专利申请文件中的概念表述中是否有明显的技术指示表达，只要一个计算机程序涉及数据处理系统的多个元件之间直接的交互配合，那么该程序将始终被认为是技术性的。㉖

同时，法院还认为涉案发明也存在可专利性，因为该发明在解决技术问题时会使用到一台已经被编程的计算机，而该发明对问题的解决点正是在于，对数据处理程序进行特定的架构，以使该程序可以照顾（考虑）到数据处理设备的技术条件。从这个含义上来看，符合用技术手段解决了技术问题。对此，联邦最高法院总结到，用于解决技术问题的技术手段不仅只有在设备组件被修改或以其他方式被彻底重新编排时才存在。而是，如果用于解决问题的数据处理计算机程序的运行过程是由数据处理设备之外的技术条件决定，或者如果解决方案正是考虑到数据处理设备的技术条件，而对数据处理计算机程序进行相应的设计的话，上述前提就足够满足。

2.“动态生成文档案”的意义

“动态生成文档案”对实务界意义重大的裁判结论是用技术手段

㉓ “页面缓冲区案”发生在 1975 年，当时《欧洲专利公约》虽然已经于 1973 年出台，但是在后来的 1977 年才正式生效，所以当时该案的法律基础是 1968 年版本的《德国专利法》，当时的专利法还没有将计算机程序排除出专利保护之外。尽管如此，联邦最高法院仍然肯定了该案中确定的主要原则的适用。

㉔ Sonntag, GRUR-Prax 2010, 246.

㉕ 参见上文 I. 3.。

㉖ Sonntag, GRUR-Prax 2010, 246.

解决技术问题可以在下述两种情形下被认为存在：要么数据处理软件的运行由电子数据处理设备之外的技术条件决定，要么该软件被如此设计，以至于其可以反过来照顾到电子数据处理设备的技术条件。

从这一点来看，该案的判决可能会导致的结果是，通过巧妙地表述专利权利要求的语言有可能将本来或许不具有可专利性的软件注册为专利。因为很多情况下计算机软件都是通过适配调整的设计达到与电子数据处理设备的技术条件相适应的。[27] 但是，德国联邦最高法院的判决不能被理解为，随便一个对软件的普通的适配调整都足以构成可专利性。根据该判决，联邦最高法院按照下面的标准设定了界限：该技术方案更多地指向程序员还是系统设计者，如果是后一种情况，并且该技术方案不仅使系统设计者可以对整个的系统结构有个概览，而且会考虑到硬件和软件组成元件对于系统性能的影响，那么就可以被认定为运用技术手段解决了一个具体的技术问题。[28]

该判决的意义主要表现在两个方面：一是通过这个判决，德国计算机程序可专利性的门槛被大大地降低，德国联邦最高法院从原则上解决了通过专利保护计算机软件的问题；[29]二是这个判决也使德国在计算机程序的可专利性问题上与欧洲专利局上诉委员会的司法实践更加一致。[30]

然而不得不承认的是，即便如此，欧洲专利局对于计算机程序专利保护设置的许可门槛仍然要比德国专利局低，德国专利局在计算机程序的可专利性问题上比欧洲专利局更倾向于限制。[31]

当然，对该判决也不乏批评意见，有观点认为德国联邦最高法院对该案作出的司法解释使得对计算机软件进行专利保护的范围被过分地

㉗ Sonntag, GRUR-Prax 2010, 246.

㉘ Sonntag, GRUR-Prax 2010, 246.

㉙ Rempe, MMR 2010, 550, 551.

㉚ Baldus in Auer-Reinsdorff/Conrad, Handbuch IT-und Datenschutzrecht, 2. Auflage 2016, § 5, Rn. 121.

㉛ Baldus in Auer-Reinsdorff/Conrad, Handbuch IT-und Datenschutzrecht, 2. Auflage 2016, § 5, Rn. 131.

扩大。[32] 该观点不占主流，在此不予赘述。

同时，在此需要再次强调该案件承上启下的作用。在德国联邦最高法院作出的与计算机程序的可专利性相关的判决中并没有一个标志性特别强的案件，一方面，因为计算机领域的发展日新月异，所以一些年份久远的所谓“首次性”案件渐渐失去其对当下案件的指导作用；另一方面，计算机程序在各个发明中的功能纷繁复杂，具体的案情在很大程度上决定着案件的走向，所以各个案件之间没有很明确的重要性位阶关系，而更多的是互补关系。因此，本文在“动态生成文档案”之外对其他的重要案例也进行了梳理，这些案例展现了德国软件可专利性司法解释的发展历程和发展方向。另外，鉴于欧洲专利局上诉委员会的司法解释对于德国专利法发展的导向性作用，本文也将介绍欧洲专利局上诉委员会几个重要的判决。

三、德国和欧洲关于计算机程序可专利性司法解释的发展

1. 德国联邦最高法院的司法解释

(1)“潜水计算机(Tauchcomputer)案”

1992年的“潜水计算机案”中涉及的发明内容是一个潜水时间的计算规则，德国联邦最高法院认为该发明既有技术性的又有非技术性的特征。[33] 正是在此案中联邦最高法院首次确认：发明的标的不能被拆分开来而仅对具有技术性特征的那部分发明的创造性进行审查。因此，既然在本案中联邦最高法院认定潜水时间计算规则相较于现有技术中目前已知的潜水表格(一种思维模式)是具有新颖性的，那么在审查该发明的创造性时就应当将该计算规则与发明的其他技术性特征一起考虑，也就是将整个发明标的作为审查的对象。从此，联邦最高法院在其判决中抛弃了其从1976年以来一直使用的“核心理论”(Kernthe-

---

[32] Ensthaler, GRUR 2013, 666, 668.

[33] BGH Beschl. v. 4. 2. 1992-X ZR 43/91-Tauchcomputer.

orie)[34],而是开始用整体考虑的方法来审查发明的可专利性。[35]

(2)"逻辑验证(Logikverifikation)案"

在1999年的"逻辑验证案"中,德国联邦最高法院需要回答的问题是,一种用于分级逻辑验证高度集成电路的方法是否满足了技术性的特征要求。[36] 该逻辑验证作为生产硅芯片的中间步骤,旨在确保组成芯片的各个小组件的电路都是经过验证的。在背后支撑该逻辑验证的想法被描述为从技术知识中得出的一个技术概念。这个概念不是单纯靠专业人士在开发计算机程序时进行的一般常规性的思考就能得出的。根据该判决,技术上的思考不能由于下述原因就被排除在专利保护之外,即因为该思考所得出的解决问题的建议放弃了对可控自然力的直接使用,而是借助技术知识另辟蹊径,尝试实现技术上合格的中间关键步骤的可能性。该判决打开了一个新的、更加开阔的视野,因为即便是一个简单的以中间步骤为形式的对技术问题的解决也被认定为技术性的思考。此外,判决还认为,专利法中的技术概念不能被静态地理解,只要技术的发展和与此相适应的对新技术的有效专利保护有必要,那么技术的概念就应当很容易地被修改。[37]

(3)"搜索不正确的字符串(Suche fehlerhafter Zeichenketten)案"

在计算机程序可专利性的问题上被引用最多的是德国联邦最高法院于2001年对"搜索不正确的字符串案"作出的判决。[38] 在该案中,联邦最高法院首次详细地列举了满足《德国专利法》第1条第4款中"本身"(als solche)条款所需要的具体前提条件,而不是立即着手就事论

---

[34] 核心理论是指在判断发明的技术性特征时要求发明的核心部分要有技术性。该理论形成于德国联邦最高法院对"Dispositionsprogramm 案"的裁定中。参见 BGH GRUR 1977, GRUR Jahr 1977 Seite 96-Dispositionsprogramm; Hössle in Beck OK Patentrecht, Fitzner/Lutz/Bodewig, 8. Edition, Stand: 16. 04. 2018, PatG Vor §§ 1-25, Rn. 38。

[35] Baldus in Auer-Reinsdorff/Conrad, Handbuch IT-und Datenschutzrecht, 2. Auflage 2016, § 5, Rn. 116.

[36] BGH Beschl. v. 13. 12. 1999-X ZB 11/98-Logikverifikation.

[37] Baldus in Auer-Reinsdorff/Conrad, Handbuch IT-und Datenschutzrecht, 2. Auflage 2016, § 5, Rn. 117.

[38] BGH Beschl. v. 17. 10. 2001-X ZB 16/00-Suche fehlerhafter Zeichenketten.

事地在案件中探讨涉案计算机程序的可专利性。涉案专利申请主要涉及一个用于在文字文档中查找和修改错误字符串的计算机程序。联邦最高法院认为,如果一个技术方案只不过是略微初步地超出了“单纯地提供允许在数据处理设备上使用计算机程序的手段”这个范围,那么该技术方案实际上只不过是裹上了一层“与计算机相关的指示”的外衣,原则上不能认定其具有可专利性。但是,如果前述提交申请的技术方案形成的指示被用来解决了一个具体的技术问题,那么该计算机程序就是具有可专利性的。[39]

在判断哪些用于数据处理设备的计算机程序可以被专利保护排除时,不能只考虑计算机专业人士的理解,而是应当像对法律进行解释一样,以字面含义为基础探讨文字背后的含义和目的。同时还要考虑到,专利法的终极目的是通过赋予一个时间上有限的绝对权利,对那些新颖的、有创造性的并且可进行工业应用的技术领域的问题的解决办法进行保护。因此,如果申请专利的技术方案中包含的指示用于解决一个具体的技术问题,那么该技术方案就可受专利保护,而不管其被作为使用数据处理设备的计算机程序还是被作为其他的特殊表现形式被保护。[40]

(4)“检查模式的控制装置(Steuerungseinrichtung für Untersuchungsmodalitäten)案”

德国联邦最高法院 2009 年审结的“检查模式的控制装置案”涉及一种用于处理检查病人产生的医疗数据的方法。[41] 联邦最高法院在该判决中再次强调,与联邦专利法院当时持有的观点不同,对一个发明的技术性判断原则上要通过整体考察的方式进行。因为涉案方法在选择某个检查模式和检查方案之后还会控制每一种检查模式的使用,比如

---

[39] Baldus in Auer-Reinsdorff/Conrad, Handbuch IT-und Datenschutzrecht, 2. Auflage 2016, § 5, Rn. 118.

[40] Baldus in Auer-Reinsdorff/Conrad, Handbuch IT-und Datenschutzrecht, 2. Auflage 2016, § 5, Rn. 119.

[41] BGH Beschl. v. 20. 1. 2009 – X ZB 22/07 – Steuerungseinrichtung für Untersuchungsmodalitäten.

计算机断层成像(CT)中图像分辨率的设置,从这个意义上来说该方法解决了一个具体的技术问题。因此,在可专利性的判断上起决定性作用的并不是技术要素和非技术要素之间权重的结果,而是综合考虑技术方案是否用于解决一个数据处理之外的具体的技术问题。[42]

(5)“再现地形信息(Wiedergabe topografischer Informationen)案”

德国联邦最高法院2010年的“再现地形信息案”涉及一种用于视觉呈现地形图的一部分的方法,以及用于实现该方法的设备。[43] 在本案中法院确认,如果一个方法的标的是借助电子数据处理设备来一步步地处理各个程序步骤,那么只要其借助一个技术性的设备用以实现对数据的处理、存储或者传输,那么对该发明技术性的要求就已达到。因此涉案发明属于技术领域,具有可专利性。又因为地形信息需要结合车辆的行驶方向和地理位置进行选择,并且显示器显示的内容也在一个自动的程序中以特定的方式呈现,所以该专利也用技术手段解决了一个具体的技术问题。[44]

(6)“网页显示(Webseitenanzeige)案”

德国联邦最高法院2011年判决的“网页显示案”涉及一种用来生成用于再次找到曾经访问但是目前已经离开的网站的图示的方法。[45] 运用该方法的结果是生成一个可显示的图示,从该图示中可以看出被用户访问过的网站的次序。联邦最高法院认定该发明属于技术领域,因为即便在专利权利要求中对技术性相关的内容没有进行详细的描述,但是该方法确实是用于在数据处理意义上一步步地处理一个与网络相连接的技术设备中的程序步骤。因此,该方法涉及借助技术设备处理、存储和传输数据的典型技术步骤。但是该判决认为,涉案发明

---

[42] Baldus in Auer-Reinsdorff/Conrad, Handbuch IT-und Datenschutzrecht, 2. Auflage 2016, § 5, Rn. 120.

[43] BGH Urt. v. 26. 10. 2010-X ZR 47/07, GRUR 2011, 125-Wiedergabe topografischer Informationen.

[44] Baldus in Auer-Reinsdorff/Conrad, Handbuch IT-und Datenschutzrecht, 2. Auflage 2016, § 5, Rn. 122.

[45] BGH Beschl. v. 24. 2. 2011-X ZR 121/09-Webseitenanzeige.

没有满足用技术手段解决具体技术问题这一前提。生成某一特定的、易于理解的图示这一方法并不能显示出其解决的是一个技术性问题,因为这样的图示是以作为人的用户的理解力为导向的,而人的理解力作为不可控的自然力明显不属于技术的范畴。再者,涉案发明也不涉及对一个具体的技术性问题的解决,在此可以将涉案程序与任何一种注册程序进行类比,与所有的注册程序一样,涉案程序只不过是对数据处理设备的正常使用。[46]

(7)“路线规划(Routenplanung)案”

德国联邦最高法院2012年判决的“路线规划案”涉及一种用于引导一辆车从出发地到目的地的方法。[47] 利用这个方法,车辆驾驶员可以通过事先的偏好设置获得行驶路线的推荐。驾驶员还可以通过对推荐的路线进行认可或者拒绝来选定路线。联邦最高法院在该案中指出,虽然规划和选择行驶路线不属于现有技术的范围。也就是说,即使是新颖的,但是该措施仅限于向驾驶员显示某些特定的数据并且做出指示,使其对该数据的处理成为可能。因此法院认为该标的不具有创造性,因为规划和选择行驶路线既没有用技术手段解决技术问题,也没有对技术问题的解决产生任何影响。[48]

2. 欧洲专利局上诉委员会的司法解释

(1)计算机程序可专利性判断在欧洲层面的现状

鉴于欧盟成员国内部对于计算机程序可专利性的判断标准不尽一致,导致各个国家计算机软件专利保护水平的参差不齐,因此在欧盟内部曾经有过两次一体化的尝试。

在向欧洲议会和理事会提出的“关于计算机介入的发明之可专利性的指导方针”[49]的建议中曾经尝试对计算机程序的专利法保护设置

---

[46] Baldus in Auer-Reinsdorff/Conrad, Handbuch IT-und Datenschutzrecht, 2. Auflage 2016, § 5, Rn. 123.

[47] BGH Urt. v. 18. 12. 2012-X ZR 3/12-Routenplanung.

[48] Baldus in Auer-Reinsdorff/Conrad, Handbuch IT-und Datenschutzrecht, 2. Auflage 2016, § 5, Rn. 124.

[49] KOM (2002) 92 endgültig, 20. 02. 2002; von der Kommission vorgelegt.

一个统一的判断标准。然而该建议最终被欧洲议会否决。

也曾经有尝试过向欧洲专利局扩大上诉委员会(Die Große Beschwerdekammer des EPA)提出该问题,希望从那里寻求答案。欧洲专利局扩大上诉委员会是欧洲专利局内部专门用于决定具有基础性意义的疑难法律问题的机构,其主要任务是保证《欧洲专利公约》的一体化实施。关于计算机程序可专利性判断标准的一体化问题恰好是扩大上诉委员会的职权范围,但是其借口由于程序上的原因没有对此作出回答。

有学者认为,即使扩大上诉委员会对此作出回答,用处也十分有限,最多起到方向性和指引性的作用。因为成员国的专利局和法院并不受到扩大上诉委员会对《欧洲专利公约》解释的约束。虽然很多成员国法院在判决中都倾向性地指出,法官在判决时将扩大上诉委员会作为重要的导向性审级,因此会将其对《欧洲专利公约》作出的解释作为参考。[50]

与德国司法实践中采用的两步分析法不同,欧洲专利局上诉委员会在审查计算机程序的可专利性时只需要一个步骤,即审查作为发明的计算机程序是否具有技术特征。[51] 这个步骤完成之后,紧接下来将审查发明相较于现有技术的相对新颖性和创造性。而只有在创造性审查时才会运用到“用技术手段解决技术问题”这一原则。[52]

(2)“IBM 案”(案号 T1137/97)

欧洲专利局技术上诉委员会在 1998 年判决的“IBM 案”中明确了德国和欧洲专利局司法解释的区别。[53] 在该案中确认了《欧洲专利公约》第 52 条第 2 款第 c 项中以开放性、排除性列表的形式将计算机程序包括在不受保护的发明之内。因为在这个列表里有些项目明显不属

---

[50] BGH (X ZR 47/07) GRUR 2011, 125, 127 (Tz. 24, 31) - Wiedergabe topografischer Informationen.

[51] Entscheidung der Technischen Beschwerdekammer 3. 5. 1 vom 15. November 2006 T 154/041-3. 5. 01.

[52] Richtlinien für die Prüfung im Europäischen Patentamt G-IIV, 5.

[53] Entscheidung der Technischen Beschwerdekammer 3. 5. 1 vom 1. Juli 1998 T 1173/97-3. 5. 1.

于技术领域,所以对于计算机程序本身可专利性的排除应该限制在那些完全不涉及技术标的的计算机程序上。也就是说,被该法条明确排除可专利性的"计算机程序本身"(Programm als solches)必须是一个非技术性的计算机程序。而只要一个计算机程序在计算机上运行时能产生超出程序(软件)和计算机(硬件)之间的"正常"物理交互作用的另外一个技术效果,那么就不应该排除其可专利性。上述的技术效果无需新颖也无需具有创造性。在是否具有可专利性的审查阶段无需将涉案发明与现有技术进行直接比对。[54]

(3)"COMVIK 案"(案号 T641/00)

在 2002 年的"COMVIK 案"中,欧洲专利局技术上诉委员会判决认为,对于那些技术和非技术特征混合在一起,并且作为一个整体来看显示出技术性特征的发明,应当在审查其创造性时考虑所有有助于技术特征实现的特征,而那些对技术特征的实现不起作用的特征不能用来作为整个发明有创造性的依据。[55] 从这个判决可以看出,上诉委员会倾向于采用宽松的标准使计算机程序相关的发明通过技术性要求的这一关卡,但在后续判断创造性时需要严格把关计算机程序在整个发明的创造性上发挥的作用。如果一项计算机程序并不对技术特征的实现起作用,那么无论其本身的创造性程度有多高都不能用来提升整个发明的创造性水平。

四、计算机程序可专利性的原则在数学方法可专利性上的应用——"飞行器状态(Flugzeugzustand)案"

1. 案件概要

2015 年的"飞行器状态案"涉及一种用于解析众多测量数据从而确定飞行器方位的数学方法。[56] 联邦最高法院在该判决中需要决定的是该方法的可专利性。

---

[54] Baldus in Auer-Reinsdorff/Conrad, Handbuch IT-und Datenschutzrecht, 2. Auflage 2016, § 5, Rn. 127.

[55] Entscheidung der Technischen Beschwerdekammer 3. 5. 1 vom 26. September 2002, T 641/00-3. 5. 1.

[56] BGH, Urteil vom 30. 06. 2015, X ZB 1/15-Flugzeugzustand.

在此问题上,联邦最高法院借鉴了判断计算机程序可专利性的方法。按照两步分析法,[57]在第一步中,联邦最高法院"短平快"地认可了该发明是技术性的解决方案,因为权利要求中写明了需要使用计算机。在第二步中,法院否定了前审法院的判决,认为该发明具有可专利性。

联邦最高法院认为,对待数学方法应该像对待计算机软件一样,当其用技术手段来解决技术难题时,可以认为其有可专利性。此外,法院还强调,一个数学方法不能被当然认定为不具有技术性:技术操作就是运用自然力来工作,而作为这些自然力基础的自然规律很多情况下都是借助数学方法来阐释的。一个数学方法只有当与其结合申请的技术方案没有显示出对于自然力的刻意使用时,才能被认为是非技术性的。在该案中法院认为,涉案发明足够显示出对于自然力的刻意使用。合议庭还进一步解释到,用于申请专利的技术方案将测量数据进行数学的总结分析,其目的是获得对飞行器状态的可靠认知,从而操纵用于查明飞行器状态的系统的运行方式。[58] 法院还进一步认定,对于可专利性的判断并不取决于需要解决的问题是否已经通过现有技术被解决,或者申请专利的发明是否显示出对已知方法的改进。只要当该发明相较于现有技术展示出一种别样的解决方法,就足以认定其可专利性的存在。[59]

2. 数学方法与计算机程序在可专利性问题上的相通性

之前德国联邦最高法院一直致力于回答以计算机程序为基础的发明是否具有可专利性的问题。这个案件是第一次回答在类似情形下数学方法是否具有可专利性的问题。

这两个问题确实具有很大的相关性,因为在用于申请专利的权利要求中包含的数学方法显然应当是可以通过软件来实施的。所以说,看上去其"原则上不能认为数学方法不具有技术性从而不能从一开始就排除其可专利性"的表达像是开创性的,但实际上,如果将该判

[57] 参见上文一、3.。

[58] BGH, Urteil vom 30. 06. 2015, X ZB 1/15-Flugzeugzustand.

[59] BGH, Urteil vom 30. 06. 2015, X ZB 1/15-Flugzeugzustand.

决的思路与以计算机程序为基础的发明可专利性判断的思路加以比较,很容易看出,对数学方法可专利性的判断是对计算机程序可专利性判断的延伸。[60]

对于软件进行可专利性判断时关键是判断是否在虚拟的软件和现实的物理世界之间存在一个相互作用。此处对于数学方法来说,明确要求其使用必须用来实现某一特定的技术上的成功效果。对这一要求仔细分析也就是要求在数学理论和物理世界之间需要存在一个相互作用。[61]

将软件和数学方法同等对待是非常可以理解的,因为二者同样被作为可专利性的特例规定在《德国专利法》第1条第3款中。

---

[60] Eisenführ Speiser, Neueste Rechtsprechung im deutschen Patentrecht, 2015, S. 22.

[61] Eisenführ Speiser, Neueste Rechtsprechung im deutschen Patentrecht, 2015, S. 22.

第五章 生物技术发明的可专利性——红色羽毛鸽子案

第一节 “红色羽毛鸽子案”裁定原文

运用法条:《德国专利法》第1条

一、裁定要旨

1. 一个有计划地利用可支配之自然力达成一个因果关系可预见之结果的技术方案可以被视为具有可专利性。有计划地利用生物学上的力和现象的技术方案原则上不被排除专利保护。

2. 一个育种程序之可专利性的必要前提是其可复制性。

联邦最高法院于1969年3月27日对“红色羽毛鸽子”一案(案号X ZB 15/67,前审法院联邦专利法院)作出的裁定。

二、裁定理由

Ⅰ. 上诉人以一种“养成红色羽毛鸽子之方法”提交了名为“鸽子养成法”的专利申请。该专利只有一个权利要求:

该发明中的红色羽毛鸽子相较于其他同颜色鸽子体型显著较大,翼展显著更长,羽毛颜色明显更艳丽、更强烈，气囊就其与头部之比例而言极为庞大。养成该红色羽毛鸽子之方法为：第一步以“旧日德国气囊鸽”（Altdeutscher Kröpfer）与“红色罗马鸽”（Rote Römertaube）杂交，就杂交所得之鸽子依体型与颜色加以筛选；第二步再将筛选出的鸽子与“红色黑森气囊鸽”（Roter Hessenkröpfer）杂交，并就配种所得之鸽子加以多次筛选；第三步将筛选出的鸽子再与“旧日德国气囊鸽”杂交。

德国专利局第45h类专利审查处驳回了该专利申请。专利之权利要求中列明的特征过于不确定，以致无法形成一个清晰的专利权。在权利要求第二部分提到的育种程序步骤并非技术手段，欠缺可复制性，而且欠缺创造性及发明高度。由于动物与植物在生物学的发展阶段不同，所以在本案中不可援用之前关于植物育种之专利法司法判决。

专利申请人提起的异议被联邦专利法院第10合议庭（第5技术上诉合议庭）于1967年5月5日以裁定形式驳回，而法律上诉获得批准。上诉合议庭在论证时主要引用其于1965年7月30日在另一个专利授权程序中作出的生效裁定（BPatGerE 8,121）。

专利申请人就联邦专利法院作出的上述裁定提起上诉。其辩称裁定违反了《德国专利法》第1条的规定并解释到，出于平等对待的考量，动物育种应当与植物育种以同样的规格受到专利的保护。

Ⅱ. 该上诉获得批准，但是上诉理由不能得到认可。

A. 涉案专利申请的标的是一种动物育种方法。该方法通过从现有的众多动物品种中选取样本多次利用杂交、筛选、回交等程序步骤创造出一个新的物种，该物种的个别体貌特征得以改变。该方法以活的生物体和更为重要的在生物体内起作用的生物能量作为起点、途径和目的，对于该方法的可专利性，正如上诉中反驳前审程序裁定的结论一样，不能从根本上进行反对。

1. 根据《德国专利法》自1877年制定以来就未经更改的第1条第1款的规定，具有新颖性的发明创造只有在可供产业利用时才具备可专利性。早先人们对可供产业利用的技术性方案的理解限于对立法当时已付诸产业应用的可支配之物理和些许情况下的化学手段的运用。

然而当时的观点现如今已经不能被用来权威地解读专利法,因为随着自然科学及技术的重大发展,特别是连农业也大幅度技术化,化学程序变得更加可控,生物学上的表现形式和自然力早已被纳入精密自然科学的范畴。对于"发明"一词的历史性解释(该解释已经被联邦专利法院公布的判决 BPatGerE 8,121 和 BPatGerE 10,1 否定)越发不能满足专利法的需要,特别是"发明"一词是一个法律领域[专利法][①]的核心概念,而这一法律领域的最主要任务是根据科学和研究的最新进展得出一项发明是否值得受专利保护的结论。因此,依据自然科学知识的最新进展来解释立法者并未详加界定而且其本身也不确定的"发明"一词,不仅是被允许的,而且是根据专利法的精神所必要的。

2. 被提出异议的裁定中提到:单单是因为其无关"技术上的"方法这一点,动物育种就不能被授予专利,该观点不能被得到认同。《德国专利法》第 1 条在定义可授予专利的发明时并没有用到"技术"一词。与此相对,《德国专利法》第 17 条、第 36b 条第 2 款却要求,专利局和专利法院的"技术"成员必须是某个"技术"领域的内行人士。一般的法律理论和法律实践中也将专利法中的发明阐释为一个用于"技术"操作的技术方案,然而当时技术只被理解为根据物理和化学的理论运作(RG in GRUR 1933,289,290)。不同于此,在最新的判决中,联邦专利法院将其解释为对"自然现象"的更宽泛的利用,这些现象不仅包括狭义上的物理学上的作用力,而且也应当包括所有以物质、力量和能量的形式产生的作用(力)(BPatGerE 6,145,147;7,78)。在上述所有的表现形式当中,应当注意可专利化的内涵和对可专利化界限的定位。在本案中,问题的关键并不是将技术作为纯精神世界(对人类精神的指示、纯粹的知识、科学理论)或者艺术(著作权、设计等)的对立面来对待,而是回答鲜活自然的现象和力量是否也能被平等地视为技术领域这一问题。对这个问题起决定性作用的不是立法者 1877 年的时候如何理解"技术"一词,而是生物学上的现象和力量应当如何在现有的科学背景下被理解和归类。

---

① 本书笔者补注。

3. 根据科学认知的现状,有生命的有机体从单细胞的细菌到高度进化的生命形式,根据迄今为止确定的自然法则在其结构和生命表现的基本原则上有共同之处。其细胞结构的组成上除了无机物以外以碳化合物为主,该化学领域被称为“有机化学”。生长和能量供应通过新陈代谢实现。也就是说,生命体通过摄入无机物或者有机物,并将这些物质通过化学反应、借助酵素的参与和根据催化剂的种类被转化为身体组成物、垃圾物质和能量(Vogel-Angermann,dtv-Atlas zur Biologie,Band 2,S. 277)。生命物体之维持与繁衍经由细胞分裂、繁殖及突变,期间发生的程序主要可以从孟德尔定律、进化论和染色体理论中找到科学依据(Vogel-Angermann,a. a. O. ,Band 2,S. 416,440,455)。根据对细胞核的构造和意义的研究,特别是继 1953 年的沃森和克里克的发现之后,个体的遗传特征的维持与传递主要依靠来自细胞核中脱氧核糖核酸(DNA)的双分子,在细胞分裂时通过分化将在其中存储的物种信息传递下去(Bogen,Knaurs Buch der modernen Biologie,S. 34;Vogel-Angermann,a. a. O. ,S. 29,437;Haber bei Watson,Die Doppel-Helix,S. 15)。根据主流观点,可以这么认为,有生命的有机体也由物质组成,就像是地球上其他的物质表现形式一样由地球上存在的基本建构材料(元素)构造而成。自 1828 年成功合成尿素以来,有机物可以通过合成的方式被大规模生产。此外,科学界的主流观点认为,生物的物质构造和能量释放所导致的新陈代谢通过各种反应实现,经研究表明,其法则也可以被纳入物理与化学的一般法则之下。根据前述科学研究现状,基因学之法则亦起源于复杂的物理与化学过程。无论如何,根据迄今为止已经确定的生物学现象与力量之法则能够得出下面的一般结论,即这其中存在广泛的因果联系,而这些因果关系与非生命物质领域自然现象的因果关系至少有可比性。因此,将有计划地运用生物自然力及现象原则上排除在专利保护之外显然欠缺充分理由。对此,不能确定的是有计划地运用生物自然力及现象的行为是否和在多大程度上可以被直接归类到“技术”这一概念之下,或者说,是否必须在从事对生物力量和现象的专利法操作时相应地使用技术这一概念。

无论如何,根据目前的观点,生物学上的方法基于因果联系能达成一个特定的结果,因此可计算并且能够被控制,这一认知导致之前的理论向下述的方向发展:即一个可供产业利用、新颖的、进步的以及有创造力的有计划利用可支配之自然力达成一个因果关系可预见之结果的技术方案可以被视为具有可专利性。

4. 生物上的力和现象在这一领域内原则上也能产生可专利的发明,这一观点遵循了法律实践和法律理论的发展方向,而需要探讨的问题是,生物上的影响因素在技术事件的发生过程中以何种方式呈现。发明是指一种借助特定的方法解决一个特定问题的技术方案,根据该定义,生物因素呈现的方式有如下几种可能:第一种是利用非生命物质影响生物现象的进程;第二种是反过来用生物上的方法来影响非生命物质;最后一种情况是用以借助的手段和产生的结果可能都属于生物现象领域。

a) 上述第一种可能主要涉及人工养殖程序,在该程序中,特别是植物的生长、特质和果实被通过化学和物理手段施加影响。该程序的可专利性在很早的时候曾经被否定(PA in Bl. f. PMZ 1914,257)。之后这样的程序却被不断地被授予专利保护(PA in Bl. f. PMZ 1932,240-GRUR 1932,1114)。该观点也在理论界被认可(Reimer, Patentgesetz, 3. Aufl., § 1 Anm. 7; Benkard, Patentgesetz, 5. Aufl., § 1 Rdn. 9)。诸如此类的程序有一个共同的前提,即对生物的改变不涉及其遗传结构。在基因不改变的前提下,那些只改变相关个体的程序,必须应当能够在每一个希望使其改变的个体上复制。

b) 上述第二种可能也已经在长期的实践和法学理论中被视为具有可专利性。其涉及受细菌和其他微小生物影响的特别是食品行业常用的发酵程序。这些程序通常由被称为微生物的最微小的生物参与。特定的微生物能够分解出含有对人体有益物质的产品,而当今用于技术应用的生物程序很大一部分都用来服务这一目的。这其中包括用于生产酸奶、催熟奶酪以及在制作酸面团、酸化动物饲料(青贮饲料)和在发酵工业用来生产醋酸和乳酸的细菌,还有用于生产啤酒,酵母糕点和有机酸比如柠檬酸和草酸的真菌(Vogel-Angermann, a. a. O., Band 2, S. 297, 309)。有些微生物,特别是某些细菌和真菌还可以用来生产珍贵的抗生素。这些程序也以具有可复制性并且使用的取自自然的有机体可供每个人自由取用为前提(Robbins, GRUR Int. 1961, 117 ff.)。对于所有这些程序的可专利性,帝国法院和联邦最高法院虽然迄今为止都没有明确决定,然而 Ephraim 在 GRUR 杂志 1919 年刊第 34~36 页、Schade 在 GRUR 杂志 1950 年刊第 312~313 页、Benkard 在《专利法法律评论》第 5 版第 1 条第 10 边码中都已经表达了法律实践中的肯定态度。国际上专利法的发展也总体上积极地认可微生物程序的可专利性。1963 年 11 月 27 日,《统一发明专利实体法的若干方面(斯特拉斯堡)公约》(Bl. f. PMZ 1964, 372)要求缔约国承认微生物程序和借此程序获得的产品的可专利性。

c)上述第三种可能性是指只利用或者主要利用生物方法获得一个生物上的成果或者产品,该案中的繁殖鸽子程序专利申请就属于这一可能性。既然对于前面的 a)和 b)中提到的程序原则上都可授予专利,那么只有不排除动物育种的可专利性才是符合逻辑的,因为其无论是在方法还是结果上都属于生物领域。然而,正如众多意见不一致的学说所表明的,问题的关键在于(即将在下文的 B 段讨论的):是否认为育种程序在结果上的可繁殖性特征将育种程序的可复制性这一可专利性的必要条件变得不再必要,详见 Herzfeld-Wuesthoff, Der Züchter 1932, 202; Pinzger, GRUR 1938, 733; v. d. Trenck, GRUR 1939, 437; Botschaft des Schweizer Bundesrates, Schweizer Bundesblatt 1950 Band 1, S. 977; Schade, GRUR 1950, 312; Schmidt, GRUR 1952, 168; Freda Wuesthoff, GRUR 1957, 49; Franz Wuesthoff, GRUR 1960, 517; ders. in Festschrift für Philipp Möhring, 1965, S. 315。

B. 一个提起专利申请的育种程序的可复制性是其可专利性的必要前提。

1. 依据《德国专利法》(当时版本)第 26 条第 1 款第 4 项(现在为第 35 条第 2 项)的规定,只有当相关领域的专业人士根据此发明中展示的技术方案可以任意重复操作并得出相同的结果时，这一属于技术领域的发明才可以被认为公开了一种可实现的解决问题的方法（RG in MuW 1929，177. GRUR 1936，539，541）。一般来说，这一前提条件对于一个发明的可专利性而言是显而易见的。因为只有当某一操作可以被随时重复时才可以认为该技术理论对专业领域的技术人员而言是可执行的（ausführbar）。正因为发明人在专利申请书中向一般专业人士公开了以何种途径和何种手段可以达到希望之结果，由此对技术进步做出了贡献，所以才值得授予专利。

2. 对于植物育种程序，对其可专利性的探讨不是本案需要决定的问题。理论界有观点认为，育种程序的可复制性不是必要的，因为育种的结果本身就带有繁殖的性质，因此，从育种结果中得出的技术方案能够通过继续繁殖获得实施（参见 Pinzger，a. a. O.；Kirchner，GRUR 1951，572 und GRUR 1952，453 ；Wuesthoff，GRUR 1953，230 ；1957，49，52；Marx，GRUR 1952，456 ，458；Benkard，a. a. O.，§ 1 Rdn. 158 für Vermehrungsansprüche）。与之持相反观点的、认为可复制性是育种程序所必需的有 Tetzner，GRUR 1952，176 ；Lindenmaier，GRUR 1953，12，14 ；Benkard，GRUR 1953，97；Schmidt，a. a. O。折中说认为，若没有理由证明复制不可能，则应当“理论上”推定具有可复制性（Schade，GRUR 1950，312，317 ；DPA in Bl. f. PMZ 1959，70，71）。

对此争论无需展开全面讨论。因为此处只是关乎由申请人提起的动物育种程序的授予专利请求。

上述折中说提出的“理论上推定的可复制性”观点是自相矛盾的，除非这个观点指的是，专利授予机关无须确切地证明通过专利申请文件公开的育种程序的可复制性，而只要求该发明在专利局日常用语的意义上达到“使［可复制性对专利授权机关而言］②具有可信性”并且同时能够显示出，该发明是关于一个新的育种程序产品而不是一个在自然界新发现的物种。在此暂不考虑上述观点［在程序法上］③减轻了

② 本书笔者补注。

③ 本书笔者补注。

证明责任的问题，从实体法上来看对育种程序的可复制性的要求是不能被放弃的。此处申请专利的技术方案涉及一种通过杂交和遴选的方式从已知的物种中繁育一个新的动物品种的程序性方法。

技术方案表明，利用这些步骤能够使特定的起始品种经过程序步骤得到一个特定的育种结果。根据《德国专利法》第6条第2句，对该技术方案的专利保护延展到程序的直接产物上。但是这不能改变申请专利的技术方案存在于程序之中这一事实。要想获得专利保护，这一技术方案必须具有“可复制性”，也就是说，能被其他专业人士实施。从专利法的原则中无法找到可以允许放弃对申请专利的程序性技术方案的可复制性要求的理由，因为育种的结果从自身来看就是具有遵循遗传规律的可繁衍性的，因此，其相比于重复一个通常既费时又费力的自我繁衍程序来说更能保证其对人类社会的贡献。④ 假如这样一个程序是不具有可复制性的，那么上述的“对人类社会的贡献”将会仅限于事实上只曾经成功实现过一次的结果中。那么，该育种人就没有给相关领域的专业人士提供一个如何生产新物种的技术方案，而是只不过向社会展示了一个仅掌握在他手中的以物质实体⑤为表现形式的繁育结果。这种情况没有实现让每一个专业人士都能达到同样的结果这一（专利法追求的）原则，而只是形成了一个事实上的对结果的独占，该结果从一个一次性的繁育过程中得出。这样一种形式的垄断并不是专利法所追求的。

C. 在本案中，正如从专利局的结论中可以得出的，提出专利申请的鸽子育种程序不具有可复制性。

1. 提出注册申请的（鸽子）品种的育种程序，正如前面提到的，类似于一个化学生产程序，以初始品种、程序步骤和最后结果为特征。在本申请中从初始品种出发需要经过下面的程序：

1）初始品种个体：（a）旧日德国气囊鸽；（b）红色罗马鸽。

2）将1（a）和1（b）进行杂交。

---

④　该程序在遵循遗传规律的基础上加速了新物种自我繁衍产生的程序。

⑤　该物质实体就是指成功实现过一次的育种结果。

3)对2的产物依体型与颜色加以筛选。

4)将3的结果与(c)红色黑森气囊鸽杂交。

5)对4的产物加以筛选。

6)将5的结果与(a)旧日德国气囊鸽回交。

最终结果是:

一个鸽子品种:

a)根据前述程序育成;

b)并且具有以下特征:

aa)红色的羽毛;

bb)体型显著较大;

cc)翼展显著更长;

dd)羽毛颜色明显更艳丽更强烈;

ee)气囊就其与头部之比例而言极为庞大。

2. 在本案中(鸽子)品种的(育种)程序中纯粹的程序步骤由杂交和筛选组成。前者是纯粹的生物学上的措施,产生的结果是父母将其基因根据孟德尔法则传递给其后代。接下来的筛选是一个非生物程序步骤,目的是为下一个杂交步骤选择初始品种个体。这些(筛选—杂交—筛选—杂交等)进程的交替显示了一个混合程序,该程序根据不同的案例有不同数量的步骤,其目的是,根据特定的遗传因素利用育种结果中增加的纯种度,以接近一个生物上希望得到的结果。

3. 如果专利局认为一个这样的程序没有可复制性,那么对于本案可以得出如下结果:公开专利说明和专利权利要求中的育种程序特征之后,并无法确保可重复得出基因相同的育种成果,而且可重复得出此项育种成果的可能性也不高。初始品种个体被非常粗略地根据其种类所标记,没有指出每一个的来源血统,所以专业人士在试图重复这样的育种时就无法根据相关的指示来使用那些外观(表型)与所述品种相符的个体。分为两步的筛选措施指向两个特征,但仅在大方向上(大小和颜色)确定。对于发明中提到的筛选措施的实施不仅因为上述理由,而且也因为缺乏可明确确定的方法留下了很大的自由裁量余地,更不用说(大小和颜色)这两个特征也只是表型指向型,因此也没有提出一个足以确保成功的措施。至于根据当下的科学发展现状,从一个个体的外在显性表现形态出发,总体或者具体判断其基因特征的确定性是否存在,此处无需更多的解释。在该案中,根据前述情形不能十分确定地得出育种程序具有可复制性的结论,何况此处涉及一个遗传关系复杂的较高等动物物种的育种。

D. 即便申请人当时不是申请的方法专利而是产品专利,其专利请求同样不能被批准。正如上文 B 段落特别是《德国专利法》第 6 条第 2 句所述,即使对于产品专利也必须公开一个用于生产产品专利中提及的生物产品(根据申请所述通过育种得到的有一些特性的鸽子)的可以复制的程序。正如 C 段中所述,这一点并没有得到满足。

第二节 “红色羽毛鸽子案”案件评论

一、“红色羽毛鸽子案”的意义

德国对于与生物技术相关的发明之可专利性问题的解决道路可谓坎坷又漫长。在德国,长期以来生物技术发明都不能受到专利保护。但是在个案中涉及具体发明不可专利性的论证时,法院的判决理由往往并非总能让人信服。[⑥] 直到 1969 年德国联邦最高法院再无法承受科技发展和知识进步的压力,承认了对于生物性的自然力和自然现象的符合规律的使用也可以受到专利的保护。这正是具有开创性意义的“红色羽毛鸽子案”。[⑦] 该案不仅在德国意义重大,其确立的基本原则甚至获得了整个欧洲乃至世界各国的认可。

在这个案件中,德国联邦最高法院主要回答了两个问题,一是涉案发明对生物技术的运用是否满足《德国专利法》对于专利的技术性要

⑥ Heydt, GRUR 1969, 672, 675.

⑦ Melullis in Benkard, Patentgesetz, 11. Auflage 2015, PatG §2a, Rn. 5; BGHZ 52, 74, 79-Rote Taube.

求，二是涉案发明的技术方案是否具有可复制性。

1. 技术性问题

在该判决的前审程序中，德国联邦专利法院延续传统的观点，否定了动物育种程序的技术性，从而认为其不具有可专利性。

在联邦最高法院的司法解释中，发明的标的一直被定义为一项有计划利用可支配的自然力达成一个因果关系可预见之结果的技术方案。⑧ 这里的关键点是对“自然力”的定义。联邦最高法院在“红色羽毛鸽子案”中将生物方法与作为专利保护传统标的的物理和化学方法进行类比，认定生物方法也是遵从物理和化学的基本原则进行操作的，因此不应当对其区别对待。⑨ 同时，联邦最高法院还认为运用何种自然力是无关紧要的，对那些在生物进程中呈现的自然力和自然规律的运用原则上也符合上述发明的定义。⑩ 正如该定义适用于通过服用化学制剂（药物）来影响人类身体的生物进程一样，该定义也同样适用于培育和繁殖语境下的生物进程。⑪ 所以，就像其他自然科学和技术领域一样，生物技术发明之可专利性的客观前提也是存在的。

而且，上述基本原则不仅适用于动物育种也适用于植物育种的可专利性问题。⑫ 从此，新的动物和植物品种不会再因为其解决发明问题时运用了生物技术而被排除在专利保护之外。⑬

2. 可复制性问题

对于育种程序的可复制性问题，在此判决之前学术界一直有不同

---

⑧ BGH GRUR 69,672,673-Rote Taube;GRUR 76,96,98-Dispositionsprogramm;GRUR 77,152,153-Kennungsscheibe;GRUR 80,849,850-Antiblockiersystem;GRUR 86,531,533-Flugkostenminimierung st. Rspr. ;ähnl. EPA 26. 1. 2006-T 748/03-Pyramiden-Generator.

⑨ Heydt,GRUR 1969,672,675.

⑩ Melullis in Benkard,Patentgesetz,11. Auflage 2015,PatG § 2a,Rn. 6.

⑪ Melullis in Benkard,Patentgesetz,11. Auflage 2015,PatG § 2a,Rn. 6.

⑫ Hesse,GRUR 1969,644,652.

⑬ Heydt,GRUR 1969,672,675.

的观点。[14] 联邦最高法院在判决中明确，要想获得专利保护，育种的技术方案必须具有“可复制性”，即能被其他专业人士实施。假如其不具有可复制性，那么该技术方案“对人类社会的贡献”将会仅限于事实上只曾经成功实现过一次的结果中。那么，该育种人就没有给相关领域的专业人士提供一个如何生产新物种的技术方案，而是只不过向社会展示了一个仅掌握在他手中的以物质实体为表现形式的繁育结果。这种情况造成了一个事实上的对结果的独占，而这样一种形式的垄断并不是专利法所追求的。

在“红色羽毛鸽子案”中，联邦最高法院并没有肯定涉案发明的可复制性。其在判决中分析到，专利权利要求中公开的育种程序并不能确保可重复得出基因相同的育种成果，而且可重复得出此项育种成果的可能性也不高。在选择初始品种时，发明人仅仅通过大小和颜色这种非常粗略的评价标准进行筛选，给使用该技术的专业人士留下了太大的自由裁量空间。因此，并不能确保该技术方案的重复成功实施。即使按照当时的科技发展情况，联邦最高法院也意识到不能单从一个个体的外在显性表现形态出发判断该个体的具体基因特征。结合此处涉及一个遗传关系复杂的较高等动物物种的育种，只借助个体的大小和颜色的标记方法更显其不足，因此法院否定了该技术方案的可复制性。

但是，德国联邦最高法院在此案中以对待选品种的描述不够详细来否定其可复制性应当作为该特殊个案的理由来看待，而不应当引申为一个原则。[15] 欧洲专利局扩大上诉委员会也认可，技术的进步使育

---

⑭ 认为育种程序的可复制性要求非必要的否定说如 Pinzger, a. a. O.; Kirchner, GRUR 1951, 572 und GRUR 1952, 453 ; Wuesthoff, GRUR 1953, 230 ; 1957, 49, 52; Marx, GRUR 1952, 456 , 458; Benkard, a. a. O. , § 1 Rdn. 158 für Vermehrungsansprüche; 认为育种程序的可复制性要求必要的肯定说如 Tetzner, GRUR 1952, 176 ; Lindenmaier, GRUR 1953, 12, 14 ; Benkard, GRUR 1953, 97; Schmidt, a. a. O; 认为若没有理由证明复制不可能，则应当“理论上”推定有可复制性的折中说 Schade, GRUR 1950, 312, 317 ; DPA in Bl. f. PMZ 1959, 70, 71。

⑮ Heydt, GRUR 1969, 672, 675.

种程序的可复制性显著提高。[16] 随着当今技术的发展，非传统型的育种程序完全可以通过纯粹技术的手段实现发明的可复制性。

从整个案件的判决结果来看，虽然德国联邦最高法院专利合议庭最终没有认定涉案发明的可专利性，但却首次确认了动物育种结果在原则上具有可专利性。该判决确立的原则受到了实务界的热烈欢迎。[17]

自从"红色羽毛鸽子案"在关于生物技术发明的可专利性问题上打开了思路之后，对这个问题的探讨从未间断过。特别是欧盟法在相关问题上的规定更是深深地影响着德国法的发展方向。

二、德国在生物技术发明可专利性领域的法律发展

1. 德国早期司法解释的继续发展

在"红色羽毛鸽子案"之后，德国的司法解释在生物技术发明的可专利性问题上进行了更多的探索。值得一提的比如 1975 年的"烘焙酵母(Bäckerhefe)案"[18]，在此案中，德国联邦最高法院认可了对新的微生物产品的保护，前提是发明人能够通过专利文件展示一个可复制(以足够大的成功概率可重复)的方法，要么通过诱导突变，要么通过繁殖，该方法应该展示新的微生物如何被生产出来。[19] 再如 1987 年的"狂犬病病毒(Tollwutvirus)案"[20]，在该案中德国联邦最高法院还承认了对一个新创造(而不是新发现)的病毒的专利保护，在此法院只审查了该病毒的生成过程是否被明确表述并获得保障，并没有考虑病毒生产的过程是否有可重复性。[21] 通过这一系列的司法解释，德国法从基本原则上认可了生物技术发明的可专利性。[22]

---

[16] EPA (GBK), Entsch. v. 9. 12. 2010-G1/08 unter 6. 4. 2. 1 (S. 60)-Tomaten/STAAT ISRAEL.

[17] Heydt, GRUR 1969, 672, 675.

[18] BGHZ 64, 101, 108-Bäckerhefe.

[19] Melullis in Benkard, Patentgesetz, 11. Auflage 2015, PatG §2a, Rn. 5.

[20] BGHZ 100, 67, 70ff. -Tollwutvirus.

[21] Melullis in Benkard, Patentgesetz, 11. Auflage 2015, PatG §2a, Rn. 5; BGHZ 100, 67, 70ff. -Tollwutvirus.

[22] Melullis in Benkard, Patentgesetz, 11. Auflage 2015, PatG §2a, Rn. 5.

2.《关于生物技术发明的法律保护指令》对德国专利法的影响

在欧盟层面，尽管当时的反对意见强大，欧洲议会和欧盟理事会还是于1998年7月6日通过了《关于生物技术发明的法律保护指令（以下简称《保护指令》）》（ec/98/44），该指令已于1998年7月30日生效。根据该指令，生物技术发明原则上受到专利的保护。

《保护指令》明确规定了对生物技术发明可以通过专利进行保护，从而进一步完善了德国司法解释在生物技术可专利性问题上的发展。[23] 根据指令的规定，成员国虽然在个别情形下可以有保留地作出特殊规定，但是原则上有义务通过专利制度保护生物技术领域的发明。德国2005年1月21日才将该指令内国化。从此以后，指令的原则以《德国专利法》第1条第2款第1句的形式得到确认。与此同时，生物技术发明不再以实用新型的形式在德国受到保护，在此之前非方法性的发明还有可能获得实用新型保护。[24]

《保护指令》和《德国专利法》中对生物技术发明进行了明确地定义，生物技术发明是指标的是由生物材料组成或者包含生物材料的产品，或者用于生产、加工或使用生物材料的方法的发明。[25] 生物材料是指那些包含基因信息并且可以自我复制或者在一个生物系统中被复制的材料。[26] 借助技术性的方法从其自然环境中分离或者生产出来的生物材料也可以成为发明的标的，即使该生物材料在自然中已经存在。[27]

三、与生物技术相关的三种方法性发明及其可专利性

理论界将与生物技术相关的方法性发明划分为三种类型：利用非生命的（化学或者物理的）技术手段作用于生命进程的发明、利用生物技术手段作用于非生命物质的发明以及利用生物技术手段作用于生命进程的发明。[28] 下文将对这三种类型及其可专利性问题进行探讨。

---

[23] Melullis in Benkard, Patentgesetz, 11. Auflage 2015, PatG §2a, Rn. 5.

[24] Ann in Kraßer/Ann, Patentrecht, 7. Auflage 2016, §14, Rn. 4.

[25] 《保护指令》第3条第1款，相当于《德国专利法》第1条第2款第1句。

[26] 《保护指令》第2条第1(a)款，相当于《德国专利法》第2a条第3款第1项。

[27] 《保护指令》第3条第2款，相当于《德国专利法》第1条第2款第2句。

[28] Ann in Kraßer/Ann, Patentrecht, 7. Auflage 2016, §14, Rn. 1.

1. 利用非生命的(化学或者物理的)技术手段作用于生命进程的发明

该类型的典型例子是农业上的养殖方法,比如通过人工辅助光照这样的方法来影响植物的长势和产量,通过施用化学制剂抵抗植物病害,通过喂食药物提升母鸡的产蛋量或者促进牲畜的生长,[29]以及利用化学化合物治疗疾病或真菌感染的方法等。[30]

对于这类技术方案而言,由于其不涉及《德国专利法》第 2a 条中规定的可专利性排除的情形,所以可专利性的判断并不复杂,只要符合可专利性的一般要求就会被认为具有可专利性。[31]

2. 利用生物技术手段作用于非生命物质的发明

该类型的典型例子是利用微生物的代谢活动的发明,比如通过发酵程序获取酒精和醋酸,[32]利用微生物的代谢消除油污、制作酸奶、酸面团或者酸菜,[33]利用细菌青贮饲料,利用真菌(酵母、霉菌)来生产啤酒、面包、抗生素,通过在营养基上培育细菌获取药物、生产疫苗等。[34]

用生物技术手段作用于非生命物质的发明原则上也具有可专利性。[35] 根据《德国专利法》第 2a 条的字面表达,这些方法不被排除在可专利性之外。[36] 因此,只要其他前提也被满足,这类发明是具有可专利性的。

3. 利用生物技术手段作用于生命进程的发明

该类型的典型情况是例如繁殖动植物的生物性方法。对于该类方法的可专利性问题,继"红色羽毛鸽子案"之后,德国和欧洲的立法和

---

[29] 比较 DPA (BS) 12. 12. 1958 BlPMZ 1959,71。

[30] 参见 MGK/Moufang Art. 53 Rdn. 73; BGH GRUR 70,601; BlPMZ 73,257; GRUR 70,361; GRUR Int. 74,257。

[31] Melullis in Benkard, Patentgesetz, 11. Auflage 2015, PatG § 2a, Rn. 7.

[32] Duttenhöfer, Über den Patentschutz biologischer Erfindungen, in: Zehn Jahre Bundespatentgericht, 1971, 181.

[33] BPatG 5. 4. 1978 GRUR 1978, 586.

[34] Melullis in Benkard, Patentgesetz, 11. Auflage 2015, PatG § 2a, Rn. 8.

[35] Melullis in Benkard, Patentgesetz, 11. Auflage 2015, PatG § 2a, Rn. 100ff.

[36] Melullis in Benkard, Patentgesetz, 11. Auflage 2015, PatG § 2a, Rn. 8.

司法解释处于不断的发展当中。

(1)传统性的育种方法原则上不可专利

根据《保护指令》第4条第1款也即《德国专利法》第2a条第1款第1项,植物和动物品种以及用于繁殖动植物的从本质上来看是生物性的方法,原则上被排除在可专利性之外。㊲ 根据《保护指令》第2条第2款也即《德国专利法》第2a条第3款第3项,典型意义上的从本质上来看是生物性的方法,是指该方法只是基于诸如杂交和遴选这样的以自然现象为导向的方法。㊳

早在《保护指令》出台之前德国就已经在使用“红色羽毛鸽子案”中发展出来的基本原则,以缺乏可复制性为由拒绝对该种发明授予专利。㊴ “红色羽毛鸽子案”的判决将对于技术性的要求与方法的可复制性紧密地联系在一起,从而创造了一个与技术发展的动态可以没有关联的“超级规则”。㊵ 虽说技术性是一个动态变化的过程,但德国法院迄今为止都倾向于利用对技术性的灵活解读来扩展而不是可专利性的范围。㊶ 也就是说,如果技术的发展使得育种程序的可复制性成为可能,法院将倾向于认可其可专利性。

之所以不允许对动植物品种进行专利保护,立法者背后的考量在于,在当时《保护指令》做出这样的规定时,㊷能制造出新物种的繁殖方法的可复制性被认为不具有足够可信的成功概率。㊸

(2)利用基因标记技术的育种程序不可专利

那么鉴于当下基因技术的发展,如果能借助比如基因标记来精确

㊲ Ann in Kraßer/Ann, Patentrecht, 7. Auflage 2016, § 14, Rn. 8

㊳ Tilmann, GRUR 2009, 361, 364; Ann in Kraßer/Ann, Patentrecht, 7. Auflage 2016, § 14, Rn. 1.

㊴ BGH 27. 3. 1969 Rote Taube BGHZ 52, 74, 81ff.; BPatG 16. 10. 1973 Usambara-Veilchen GRUR 1975, 654.

㊵ Kock/Zech, GRUR 2017, 1004, 1006.

㊶ BGHZ 78, 98 = GRUR 1981, 39.

㊷ 对此法律政治上的考虑参见 Moufang, EPÜ-GK, Art. 53 Rn. 4, 58ff.; Straus, GRUR Int. 1990, 920f.; Benkard/Melullis § 2a PatG Rn. 17f。

㊸ 根据有些学者的观点,这并不能成为对此排除可专利性的原因,参见 Benkard/Melullis, § 2a PatG Rn. 17f。

选择初始品种能否保证可复制性？对于这个问题欧洲专利局扩大上诉委员会在2010年的"西兰花和西红柿－Ⅰ"案的判决中作出了否定的回答。

欧洲专利局在审查专利时认为基于遗传标记的遴选技术是技术性的因而是可专利性的方法，因为该遴选技术在传统的育种步骤之外还使用基因标记来选择特定的品种。

由此，Plant Bioscience公司于2002年获得了一项欧洲专利的授权（专利号EP1069819），该专利涉及一个遴选方法，通过这一方法栽培西兰花时可以提升植物中抗癌有效成分的含量。在该方法中，西兰花的遗传物质中相关的基因会被查明，并且用所谓的遗传标记来标记该基因。接下来，那些抗癌有效成分含量高的西兰花植株会被借助遗传标记遴选出来用于繁殖。尽管该专利含有传统的育种步骤，但一开始还是获得了授权。2003年4月，瑞士公司Syngenta Participations AG对此提起异议，认为该遴选方法构成了"从本质上来看是生物性的方法"，不应该具有可专利性。

一个类似的案例涉及欧洲专利EP1211926。以色列农业部于2000年就一种水分含量很低的西红柿之种植方法及其产品提起专利申请。就此荷兰公司Unilever N. V. 于2004年提起异议，以与"西兰花案"同样的理由主张专利不应当被授权。

2007年，负责处理两个案件的欧洲专利局技术上诉委员会就两个案件共同关心的"从本质上来看是生物性的方法"的解释标准问题提交欧洲专利局扩大上诉委员会进行解答。在审理过程中讨论了借助遗传标记的遴选方法是不是一个技术性的方法还是只是一个生物性的繁殖方法。

欧洲专利局扩大上诉委员会得出结论，根据《欧洲专利公约》，从本质上来看是生物性的方法（包括与整个基因组相关的有性杂交步骤以及育种者随后对所得植物的遴选）都不具有可专利性。即便是使用技术性的方法来实施或者辅助实现植物基因组的有性杂交步骤和之后的植物遴选步骤，也不能改变技术方案不具有可专利性的事实。虽然诸如遗传标记这类技术性的辅助手段本身可能根据《欧洲专利公约》的规定成为可专利性的发明，但是其在一个从本质上来看是生物性的方法中的使用并不能导致后者产生可专利性。

通过该司法解释，基于遗传标记遴选技术的繁殖方法与传统的杂交和遴选方法一样也被排除在可专利性之外。

（3）通过本质上是生物性的动植物繁殖方法生产出来的动植物的可专利性

在德国法中，联邦立法者在2013年10月19日对专利法和其他知识产权相关的法律进行修改时对《德国专利法》第2a条第1款第1项进行了补充，明确规定对于本质上是生物性的对动植物的繁殖，不仅繁殖方法本身，而且根据此方法生产出来的动植物都是不可专利的。

在欧洲层面，《保护指令》虽然将本质上是生物性的繁殖方法排除在可专利性之外，但是没有明文规定将借助该方法获得的动植物也排除可专利性。而且《欧洲专利公约》第53条第b项也只将动植物品种作为产品排除其可专利性，那么问题是，对于育种方法的排除是否也影响到对该方法的产品的权利要求。欧洲专利局扩大上诉委员会于2015年3月25日在G2/12和G2/13西红柿和"西兰花案Ⅱ"（Tomaten & Brokkoli-Ⅱ）两个法律程序中否定了该观点，认为即便是一项发明描述了生产出该产品的唯一方法，只要该方法本质上表现为生物性的方法或者其权利要求是"方法限定的产品权利要求"（Product by process claim），而该权利要求建立在一个本质上是生物性的方法之上，也不能当然排除该产品的可专利性。㊹

政治界和育种协会对该判决进行了强烈的抨击，由此导致欧洲委员会2016年11月对《保护指令》作出解读意见。欧洲委员会在此意见中表明，《保护指令》的立法者在立法当时就有意不仅将繁殖方法而且也将借助该方法获得的产品排除在专利保护之外。该意见获得了欧洲专利局行政理事会（Verwaltungsrat）的一致同意，后者决定对《欧洲专利公约》的执行方针进行修改，明确规定对于通过本质上是生物性的

㊹ Kock/Zech, GRUR 2017, 1004, 1008.

方法获得的动植物品种不能授予专利。该新规定于2017年7月1日生效。

此次修改一方面消除了欧盟和德国在此问题上的法律冲突,[45]有助于促进欧洲专利法一体化的发展进程。另一方面也使欧洲专利局专利审查实践更加细化,提高了欧洲专利系统的法律安全性。在对该问题的探讨过程中,欧洲相关的专利审查和异议程序曾经被暂停。如今这些程序重新启动,根据最新的实践标准进行审查。

欧洲专利组织的行政理事会借此决议给动植物保护开启了新的篇章。但是也有学者认为,在植物育种领域的争论不会因此而终止,因为如今《欧洲专利协议》的实施规则与欧洲专利局大上诉委员会的司法解释相互冲突。[46]

四、基于公序良俗原则排除可专利性——对人类胚胎以工业或者商业为目的的使用

在生物技术发明的可专利性问题上,还有一个不可回避的问题是克隆技术的可专利性问题。

1. 基本法律规定

如果一项发明的工业应用有违公序良俗,那么该项发明便不能被授予专利。落入这一法律规定的技术包括对人类的克隆、用于改变人类种系遗传特征的方法、对人类胚胎以工业或者商业为目的的使用、用于改变动物基因特征的方法[该方法会导致动物遭受折磨而不会对人类或者该动物带来医学上的重大好处(wesentliches medizinisches Nutzen)]以及借助该方法生产的动物。[47] 其中,对以工业或者商业为目的使用人类胚胎的专利授予之禁止还延伸到:如果生产某产品的程序根据现有技术以摧毁胚胎为前提,那么这些产品的可专利性也受到限制。[48]

---

[45] Kock/Zech,GRUR 2017,1004,1008.

[46] Kock/Zech,GRUR 2017,1004.

[47] 《保护指令》第6条,对应《德国专利法》第2条。

[48] GBK EPA Entscheidung von 25. 11. 2008 (G 02/06) – Verwendung von Embryonen/WARF.

不无争议的是如何定义“人类胚胎”以及如何界定以工业和商业为目的的使用。对于这些问题，德国联邦最高法院以“祖细胞的可专利性（Patentierung von Vorläuferzellen）案”[49]为契机向欧洲法院寻求了解答。

2.“人类胚胎”的定义

“祖细胞的可专利性案”是德国联邦最高法院于2013年作出的判决。在该案中，一个保护范围涉及借助从胚胎干细胞取得的祖细胞对人类和动物进行治疗的专利被请求宣告无效，根据该专利要求，只要祖细胞是从人类胚胎干细胞取得，那么就落入该专利的保护范围。在该案的一审程序中，德国联邦专利法院主要依据《德国专利法》第2条第2款第1句第3项和欧盟《保护指令》第6条认可了无效请求。[50] 对此专利权人向德国联邦最高法院提起上诉。[51]

在《保护指令》中对于“人类胚胎”一词的解释，结合本案在不同的发育阶段其含义不一致。即便是将其限制在以工业和商业为目的的研究上，含义也不明确。为了弄清这个涉及对《保护指令》进行解释的问题，德国联邦最高法院在作出判决之前根据《欧洲联盟运作条约》第267条第1款第b项和第3款提请欧洲法院对此问题做出解释。[52]

首先欧洲法院明确，因为各个成员国之间传统价值观念和社会政治理念的不同，所以对待人类胚胎的态度也多有不同，而且这个话题在很多国家是敏感的政治话题，因此，欧洲法院在此无意从医疗或者自然伦理的角度回答此问题，而只是从法律的角度对《保护指令》进行解释。[53]

该《保护指令》的目的虽然在于鼓励对生物技术领域的投入，但是在使用生物材料时应该保证基本权利特别是人性尊严。[54] 这一点在

---

[49] BGH（X ZR 58/07）GRUR 2013,272-Patentierung von Vorläuferzellen.

[50] BPatG（3 Ni 42/04）GRUR Int. 2007,752-Humane embryonale Stammzellen.

[51] BGH（X ZR 58/07）GRUR 2013,272-Patentierung von Vorläuferzellen.

[52] BGH（Xa ZR 58/07）GRUR 2010,212-Neurale Vorläuferzellen.

[53] EuGH,GRUR2011,1104-Oliver Brüstle/Greenpeace e. V. Rn. 30.

[54] EuGH,GRUR2011,1104-Oliver Brüstle/Greenpeace e. V. Rn. 32.

《保护指令》中已经有具体的体现。根据《保护指令》第5条第1款,人体在形成和发育的各个阶段都不能成为可授予专利的发明。《保护指令》第6条进一步补充到,对人类的克隆、用于改变人类种系遗传特征的方法、对人类胚胎以工业或者商业为目的的使用都属于有违公序良俗的方法,因此不具有可专利性。而且上述列举性的条款并不是穷尽的,也就是说,除此之外所有其他将危及人性尊严的方法同样不具有可专利性。[55]

从该指令的立法本意中可以得出,只要一项技术可能会危及对人性尊严的重视,那么就不能对其授予专利。因此,对《保护指令》第6条第2款第c项下"人类胚胎"的定义应当进行广义的解读。据此,每一个人类的卵细胞,从受精阶段开始都应当被视为"人类胚胎",因为受精之后这些卵细胞都适合用于启动人类发育的程序。

上述同样适用于未受精的人类卵细胞,当这些细胞的细胞核由成熟的人类细胞的细胞核移植而来,或者已经通过单性生殖刺激而开始分裂和发育时,尽管这些卵细胞严格来说并没有被受精,但使用相关技术获取到的这些卵细胞,正如通过对卵细胞受精之后产生的胚胎一样,也适合用于启动人类发育程序。

总而言之,《保护指令》第6条第2款第c项下"人类胚胎"包括:从受精阶段开始的人类卵细胞、细胞核由成熟的人类细胞的细胞核移植而来的未受精的人类卵细胞、已经通过单性生殖刺激而开始分裂和发育的未受精的人类卵细胞。

同时,欧洲法院还指出,判断从囊胚阶段的人类胚胎中获取到的干细胞是否适合用于启动人类发育程序从而落入《保护指令》第6条第2款第c项下"人类胚胎"的定义之中是成员国法院的任务。

关于《保护指令》第6条第2款第c项下的"对人类胚胎以工业或者商业为目的的使用"这一表达是否也包括以科研为目的的使用的问题,欧洲法院做出了肯定的答复。欧洲法院强调,即使允许将科研目的从工业或者商业目的中区别开来,当以科研为目的的对人类胚胎的使

---

[55] EuGH, GRUR2011, 1104-Oliver Brüstle/Greenpeace e. V. Rn. 33.

用被注册为专利之后，科研的目的并不能脱离专利和专利权而独立存在。

如果一项发明本身不将使用人类胚胎作为发明的标的，但是其涉及一项产品专利，而该产品的取得是以破坏人类胚胎为前提的；或者其涉及一项方法专利，而该方法所需要的原料需通过破坏人类胚胎取得，[56]那么在这种情况下是否可以对该发明授予专利？欧洲法院在其司法解释中进行了否定的回答。而且欧洲法院还补充到，无论作为前提的破坏人类胚胎的行为离最终的发明技术方案有多远，都可以成为不可专利性的理由。也就是说，即使在破坏人类胚胎行为和技术方案之间存在无数个中间步骤，而且这些步骤或者对人类胚胎的破坏这一前提条件根本没有写在专利文件之中，只要破坏人类胚胎的行为是该技术方案得以实现的必要条件，那么该发明就被排除可专利性。

在获得了欧洲法院的解答之后，德国联邦最高法院继续对该问题进行审理。专利申请人辩解到在其技术方案中提到的对人类干细胞的获取不一定要通过破坏人类胚胎实现，因此，即使要对专利宣告无效也应该只对涉及破坏人类胚胎的部分宣告。联邦最高法院接受了这一辩解并进一步解释到，只要对人类胚胎干细胞的获得可以通过其他途径而不需要破坏人类胚胎，那么就可以认定发明技术方案的可专利性。

通过将人类的干细胞与其他细胞结合很有可能会制造出一个有发育能力的胚胎，但这并非将即使不通过破坏人类胚胎而获取的人类干细胞视为《德国专利法》第 2 条第 2 款第 1 句第 3 项和《保护指令》第 6 条第 2 款第 c 项意义上的“人类胚胎”的原因。无论目前的科学技术是否已经能够实现这一目标，一个本身没有启动人类发育程序能力的细胞通过与其他细胞结合并且经过重新编排或者其他干预方法，最后实现启动人类发育程序这一单纯的可能性还不足以将该细胞视为专利法意义上的人类胚胎。因此，涉案专利中对该细胞的使用并不是《保护指令》意义上的对人类胚胎的使用。[57]

---

[56] EuGH, GRUR2011, 1104-Oliver Brüstle/Greenpeace e. V. Rn. 74ff.

[57] EuGH, Rs. C-34/10, EU:C:2011:669-Brüstle/Greenpeace.

有学者认为该判决的作出不无争议,因为在很多欧盟成员国以科研目的使用(进口的)人类胚胎干细胞,甚至是(使用多余的活体外胚胎)生产这些细胞都是被允许的。[58] 有学者批评这一决定的作出不利于科学研究的发展。[59] 但同时也有学者指出,因为这一判决否定了对于该领域科学研究成果的专利保护,从而对该领域的基础问题研究产生很大的积极推动作用。[60]

另外,由于该判决作出的可专利性排除之决定也适用于那些已经被允许使用的发明,所以有学者认为这与 TRIPS 协议相矛盾,因为根据协议的第 27 条第 2 款,只有当对一个发明的任何有意义的使用都被禁止时才能以违背公共秩序为由排除其可专利性。[61]

---

[58] Herdegen, Internationales Wirtschaftsrecht, 11. Auflage 2017, § 15, Rn. 14.

[59] Timke, GRUR Int. 2015, 319; Taupitz, GRUR 2012, 1; Groh, EuZW 2011, 910.

[60] Schneider, ZGE 2011, 475, 492.

[61] Herdegen, Internationales Wirtschaftsrecht, 11. Auflage 2017, § 15, Rn. 14.

第六章　间接导致专利侵权之行为的归责原则——MP3播放器进口案

第一节　"MP3播放器进口案"判决原文

运用法条:《德国民事诉讼法》第138条;《德国专利法》第9条、第139条第1款、第140a条第1款

一、判决要旨

1. 被请求销毁涉嫌侵犯专利权的货物的承运人没有为了能合格地回应上述请求而主动获取关于货物详细特征的必要信息的程序上的义务,因此承运人原则上可以以不知道货物的特征与涉案发明的技术方案一致为由回应上述请求。

2. 不作为和销毁请求的债务人不只是那些自己实现了《德国专利法》第9条规定的使用这一构成要件的人,或者是故意帮助或者促成第三人实现使用这一构成要件的人。侵权人,也就是因此而负担债务的人更包括那些(事实上)帮助或者促成第三人实现使用这一构成要件的人,这些人只要付出合理的努力就可以知道受他支持的行为侵犯了专利所有人的绝对权利。

3. 承运人没有审查其运输的货物是否构成权利侵害的一般审查义务（在德国联邦最高法院 1957 年的 Taeschner/Pertussin Ⅱ一案中确认，参见 GRUR 1957，352，354）。

4. 当承运人知道了权利侵害的具体线索之后有义务进行问询调查，并且在适当情况下自己对货物进行检查。

联邦最高法院于 2009 年 9 月 17 日对"MP3 播放器进口案"（案号 Xa ZR 2/08，前审法院杜塞尔多夫州高等法院）作出的判决。

二、案件事实

原告是于 1990 年 5 月 29 日申请注册、效力及于德意志联邦共和国的专利号为 402973 的已授权专利之独占许可人，该专利涉及一种数字传送系统，其权利要求 1 内容如下：

一种数字传送系统，包括一个发射机（1）和一个接收机（5），它用于经由传送介质（4）发送一种具有特定抽样频率 Fs 的宽带数字信号，例如一种数字音频信号，这个发射机（1）具有一个用于接收这个宽带数字信号的输入终端（2），这个输入终端被耦连到一个信号源（3，9，6）的一个输入端，这个信号源构成了这个发射机（1）的一部分，并且被设计产生一种第二数字信号且把所说信号提供给一个输出端（7），这个第二数字信号包括连续的帧，每个帧包括多个信息组（P），每个信息组包括 N 位，N 大于 1，这个接收机（5）包括一个译码器，它具有一个用于接收第二数字信号的输入端（10），这个译码器具有一个输出端，它被耦连到一个输入终端（8），从而提供这个宽带数字信号，其特征在于，如果在公式

$$P=\frac{BR}{N}\times\frac{ns}{Fs}$$

中的 P 是一个整数，公式中 BR 是这个第二数字信号的位速率，ns 是这个宽带数字信号的抽样的数目，这个宽带数字信号相应的信息属于第二数字信号并且被包括在这个第二数字信号的一个帧中，那么在一个帧中的信息组［information packets（IP）］的数目 B 就是 P，其特征还在于，如果 P 不是一个整数，那么在多个帧中的信息组（IP）的数目就是 P'，P' 是跟随 P 的下一个较小整数，而在其他帧中的信息组（IP）的数

目就是 P' +1,从而严格遵守下述要求,即这个第二数字信号的平均帧速率应该基本等于 Fs/ns 并且一个帧应该至少包括一个第一帧区,该帧区包括同步信息。①

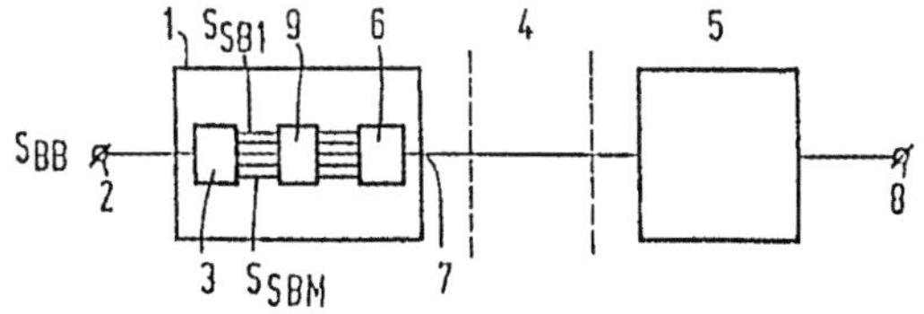

图 6-1

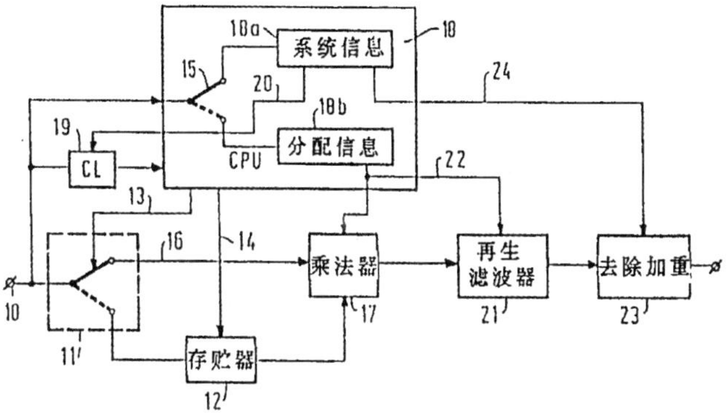

图 6-2

原告要求被告因侵犯涉诉专利同意销毁于 2005 年 11 月被法兰克福机场主海关扣押的 107 件 MP3 和 MP3/4 播放器(下文统称 MP3 播放器)。

被告甲是从位于上海的公司寄出的货物的申报人和申报收货人。被告乙是 TN. V. 的德国子公司,主营业地位于 H,从事快递业务。被扣留的快件是一批集装运载货物的一部分,该部分由中国 T 公司收件。在海关文件中的“货物所有人”一栏可以找到“T 全球快递……法兰克福机场”字样。

① 权利要求的翻译来源于专利权人就同样的技术方案在中国申请的专利,内容上未作修改。权利要求中的数字对应图 6-1、图 6-2 中的数字,图非判决自带,乃为本书笔者从涉案专利对应的中国专利文件中添加。

被告甲接受了诉讼请求。

州法院按照诉讼请求对被告作出判决。上诉法院驳回了被告乙的上诉。被告乙(在不明确说明的情况下,下文的被告皆指被告乙)对此驳回上诉的判决继续提起上告。

被告的上告获得成功。

三、判决理由

被允许的上告导致撤销上诉判决并且将案件发回上诉法院重审。

Ⅰ. 上诉法院根据《德国专利法》第 140a 条支持了原告要求被告同意销毁被海关扣押(下文统称没收)的 MP3 播放器的要求。主要判决理由如下:

被没收的设备实现了涉诉专利权利要求 1 中字面上表述的受保护的技术方案。原告尽管没有对具体的设备做分析也没有将其与权利要求中的技术特征做对比,但是其通过比较和陈述权利要求 1 的技术方案和动态图像专家组-音频层 III(MP3)国际 ISO/IEC 标准确凿地展示了(被没收设备)字面意义上的(对受保护方法的)实现:为了能像侵权设备那样解码 MP3 文件并且重放其内容,该 MP3 播放器必须符合上述标准。被告不能以不知道为由反驳原告的陈述。最迟当其收到提示涉诉专利的警告信时,被告就应该主动通过调查和从其委托人处寻求指示来处理(对其)侵权的指责。如果相应的尝试没有结果,那么被告合理的行为应当是寻求专家的帮助对 MP3 播放器进行查验。

被告是妨害人(Störer),因此作为专利侵权人是合格的被告。根据《德国专利法》第 140a 条第 1 款,专利侵权会导致产生要求销毁或者同意销毁[侵权产品][②]的请求权,而该请求权可以指向因为其专利侵权行为而导致该请求权产生的任何人。对此《德国专利法》第 139 条第 1 款中的不作为请求权足以用来支持权利人的请求权。同时,原告无法基于《德国专利法》第 9 条第 2 句第 1 项意义上的对专利侵权产品的占有而向被告乙主张相应的请求权,因为仅凭运输业中的承运人、货运代理或者仓储业中的仓库管理人(所拥有的对货物)的支配权尚不足以

② 本书笔者补注。

论证其通过占有行为构成对专利的使用。《德国专利法》第 139 条意义上的侵权人也包括那些导致妨害专利情形发生并予以维持、由此需要承担不作为或者排除义务的人，尽管排除义务在《德国专利法》第 140a 条中被另行规定为一个特别形式的销毁请求权。当其运输或者仓储侵权货物时，上述情形可以适用于承运人或者货运代理人。虽然承运人或者货运代理人没有一般的检查义务［没有义务检查每件货物侵权与否］③。但当相关人指出了一个具体的侵权情况并且承运人或者货运代理人因此具备知道的可能性时，上述原则便不再适用。正如前审州法院的观点，在这种情况下承运人虽然无需寻求专家的帮助［来鉴定产品侵权与否］④，但是，充分也是必要的做法至少是问询其委托人并从委托人处寻求指示。同时，承运人应该告知其委托人或寄件人，如果他们不在规定的期限内提起对扣押的异议，那么将视为同意销毁货物。如果承运人在未获得其委托人销毁的指示的情况下仍旧不愿意同意（销毁），那么就会对其产生一个强制性的更进一步的检查义务。因为被告在本案中没有同意销毁被扣押的设备，因此违反了上述义务，成了妨害人。

被告是《德国专利法》第 140a 条意义上的占有人，因为其至少间接占有 MP3 播放器。这些设备到达机场之后由被告（被告不仅仅是 T 中国公司的占有辅助人）保管并且因此构成直接占有。通过海关的扣押措施，被告更变为被官方选定的间接占有人，这一占有事实已足够用来实现销毁请求权。

Ⅱ. 上述理由中并非每个点都经得住上告的核查。

1. 上诉法院既没有对侵权设备的事实特征也没有对动态图像专家组音频标准的具体内容作出详细说明。关于其对控告陈述的引用是否可以理解为上句所述的说明，无需作出判断。无需作出的结论还包括：上诉法院的“对于（MP3）标准的使用同时也是对涉诉专利的使用”这一决定是否足以导致启动上告法律核查程序。因为即便上述决定不足

③　本书笔者补注。

④　本书笔者补注。

以用来启动上告程序,前审上诉法院对于被告的判决也可以因为其他的原因不成立。

2. 上告成功的质疑。上诉法院不应当认为被告以不知道侵权产品与动态图像专家组音频标准一致为由的辩护不重要。

尽管上述问题涉及侵权实施例的构造这一事实问题,其不同于在专利权利要求框架下进行的技术比对之讨论,而是属于《德国民事诉讼法》第 138 条第 3 款的拟制自认范畴。然而上诉法院对于被告之主动陈述(Vortrag des Beklagten)的要求有些过度。被告以不知情为由根据《德国民事诉讼法》第 138 条第 4 款具有程序正当性进行辩护,因此该辩护应当被考虑。

a)从原则上看,原告在侵权诉讼中有义务阐述所有用来支持其请求权的案件事实要素,也包括对受保护客体使用的事实。而被告原则上无需对原告的前述阐述提供便利(参见 Benkard/Rogge/Grabinski, PatG,10. Aufl. ,§139 Rdnr. 116)。除非当被告根据《德国民事诉讼法》第 138 条第 2 款负有次级阐述责任时。此外,允许被告在《德国民事诉讼法》第 138 条第 4 款的框架之内对一个可以用于论证侵权与否的事实以不知情来辩解。

b)被告没有因为一个次级的阐述责任而有义务详细地阐述侵权 MP3 播放器是否因为其根据动态图像专家组音频标准运行就可以用于解码 MP3 文件,根据上诉法院的法律意见,(MP3 播放器根据动态图像专家组音频标准运行)这一点同时也意味着对一个有发明价值的技术方案的使用。

这样一个具体阐明事实的义务可能存在,当且仅当负有阐述和举证责任的一方当事人无法或者只有当克服不成比例的困难时才能获取这些信息时,同时对方当事人对其公开信息既很容易做出又是可以忍受的(BGH,GRUR 2004,268,269-Blasenfreie Gummibahn Ⅱ)。上诉判决中对这些前提要件并未提及。

一方面,原告在阐述和举证时并没有遇到困难:根据欧盟理事会于 2003 年 7 月 22 日出台的《欧盟理事会条例第 1383/2003 号》即“海关对涉嫌侵犯知识产权货物的行动指南以及对已确定侵权的货物可以采取的措施”，结合《德国民法典》第 809 条（现在是《德国专利法》第 142b 条第 8 款，结合第 142a 条第 2 款第 3 句；比较 Schulte/Kühnen, PatG, 8. Aufl., § 142b Rdnr. 20）的规定，原告有机会对产品进行查验。另一方面，被告作为承运人自己并不了解侵权产品的特征，而自己必须先[花费时间和精力]⑤去了解。

c）被告所辩驳的涉案产品和（动态图像专家组音频）标准是否一致的问题也不属于《德国民事诉讼法》第 138 条第 4 款意义上的自己行为或者自我认知的标的[通过自己行为或自我认知知道或者应当知道]⑥。

被告作为承运人所从事的活动并不能使他对其运输的产品的技术特征有更深的了解。但是他完全可以获取到为了能合格答辩（qualifiziertes Bestreiten）所必需的知识。一方当事人的这样一个程序上的获取信息的义务会被假设存在于自己经营范围或者职责范围的工作程序当中，即说一方当事人有义务设立一道工作程序，借此从其公司内部或者人员当中获取必要的信息，该人员是指在其领导、监管或者责任之下从业的人员（BGH, GRUR 2002, 190, 191 = NJW-RR 2002, 612-DIE PROFIS）。本案中被告并没有这样的程序义务。作为委托人，无论是寄件人、收件人，还是 T 中国公司，都不在被告的领导、监管或者责任之下从业。被告也跟货物的寄件人或者收件人没有任何组织上或者合同上的关联，以至于让被告有可能从他们那里获得索取关于运输货物技术特征的更进一步的信息。虽然被告跟 T 中国公司有这样的关联。但是 T 中国公司没有能力为被告提供关于运输的 MP3 播放器的更详细技术信息。此处没有足够的依据使被告负有为了能合格答辩主动获取必要信息的程序上的义务。

Ⅲ. 合议庭不能完全从下述事宜本身得出最终结论：即当控诉正确地指出播放设备实现了涉诉专利的技术特征时，被告（正如上诉法院

⑤　本书笔者补注。
⑥　本书笔者补注。

正确认为的一样)便有义务同意销毁货物。

根据《德国专利法》第 140a 条第 1 款,当侵权人违反《德国专利法》第 9 条至第 13 条的规定使用受保护的发明时,被侵权人有权要求侵权人销毁其占有或者所有的侵犯专利的产品。上诉法院认为的被告是此处规定的侵权人并且占有侵犯专利的产品这点,根据作为上告程序法律审查基础的案件事实来看在法律上没有错误。

1. 销毁请求权(正如《德国专利法》第 139 条第 1 款规定的不作为请求权)的债务人也是《德国专利法》第 139 条(比较第 2 款第 2 句和第 3 句)中描述的侵权人。属于"侵权人"这一概念的另一种说法即"合格的被告"的还包括那些承运人或者货运代理人,他们客观上运输专利侵权货物,并且知道或者能够根据情形以合理的方式获知此处涉及未经专利权人的同意而制造、供应、投入流通、使用或者出于上述目的进口或占有的货物。

a)侵权人首先是那些《德国专利法》第 9 条意义上亲自直接使用注册为专利的发明的人,或者是作为《德国民法典》第 830 条第 2 款意义上的参与人⑦使《德国专利法》第 9 条意义上的第三方的直接使用成为可能或者为其提供帮助的人(BGHZ 159, 221, 230f. = GRUR 2004, 845 - Drehzahlermittlung)。正如上诉法院正确认为的一样,这些前提在被告身上不存在。

aa)特别是被告没有以销售为目的占有侵犯专利的产品(《德国专利法》第 9 条第 2 句第 1 项)。根据上诉法院的事实认定,虽然被告获得了对 MP3 播放器的占有,但只有当占有的目的是在德意志联邦共和国境内许诺销售、销售或者使用时,对一个产品的占有才构成一个被禁止的使用行为。被告本身并没有上述目的,其仅仅是对设备进行运输。仓库管理者、货运代理人或者承运人纯粹的仓储或者运输侵犯专利权货物的行为在通常情况下不构成上文所言的目的(Benkard/Scharen, PatG, 10. Aufl., § 9 Rdnr. 48; Kraßer, PatentR, 6. Aufl., § 33 IIf.)。然而商标法理论中主流观点认为,为第三人仓储或者运输货物的目的指

⑦ 即共同侵权人,如帮助人。

向非常重要，并不取决于直接占有人对于该使用意图的知情与否。据此观点仓库管理人、承运人或者货运代理人也构成《德国商标法》第 14 条第 3 款第 2 项意义上的合格的占有（Ingerl/Rohnke, MarkenG, 2. Aufl., § 14 Rdnr. 194; Ströbele/Hacker, MarkenG, 8. Aufl., § 14 Rdnr. 95; Fezer, MarkenR, 3. Aufl., § 14 Rdnr. 475; ebenso OLG Köln, GRUR-RR 2005, 342 = WRP 2005, 1294, 1296 - Lagerkosten nach Grenzbeschlagnahme; a. A. v. Schultz/Schweyer, MarkenR, 2. Aufl., § 14 Rdnr. 215）。但是这些观点不适用于专利法。如果在判断直接占有人的使用行为时将间接占有人的使用意图视为是重要的，那么将会导致在没有足够的法律理由的情况下，超越根据《德国专利法》第 9 条划定的占有人责任的界限。

bb）上诉法院还正确地否定了，被告本可以作为帮助人通过《德国专利法》第 9 条意义上的第三人的行为实现或者促成对受专利保护发明的间接使用。

只要被告在 MP3 播放器被扣押之前对其构成事实上的控制，那么他在客观上就确实起到了促进侵权产品进口的效果（《德国专利法》第 9 条第 2 句第 1 项）。但是不能确定的是，被告是否知道这些 MP3 播放器是侵犯专利权的产品，因此其基于主侵权行为的帮助行为的主观故意无从谈起。

在货物被扣押之后，承运人应该想到这些 MP3 播放器可能是侵犯专利权的设备，因为扣押正是基于侵犯专利权的嫌疑作出的（Art. 9, Abs. I der Verordnung Nr. 1383/2003）。但是由此尚不能认定帮助侵权所必要的基于主侵权行为的间接故意（bedingte Vorsatz）的存在。上诉法院并没有确认被告仅仅依据被告知扣押的产品涉嫌侵犯专利权，就应当认定专利侵权的确实存在。上告的被告没有指出此处涉及的诉讼请求本应当被忽视。

b）不作为和销毁请求的债务人不只是那些自己实现了《德国专利法》第 9 条规定的使用这一构成要件的人，或者是故意帮助或者促成第三人实现使用这一构成要件的人。侵权人（也就是因此负担债务的人)更包括那些帮助或者促成第三人实现使用这一构成要件的人,这些人只要付出合理的努力就可以知道受他支持的行为侵犯了专利所有人的绝对权利。德国联邦最高法院负责知识产权保护的合议庭通过文初提到的各种不同的利益衡量来限制非故意参与侵权行为的参加人的责任,与此处得出的结果无异。

aa)德国联邦最高法院第一民事合议庭在商标权问题上持有如下不同的观点:《德国商标法》第14条意义上的对商标侵权的不作为请求权和排除侵权行为请求权仅仅适用于商标侵权的侵权人或者共同侵权人。与此相对,那些有意识地参与侵权并且与侵权结果的发生有必然的因果联系、同时又不是侵权人或者共同侵权人的行为人只能作为妨害人根据《德国民法典》第1004条被相应地请求承担不作为或者排除侵权的责任。为了防止妨害人责任过分地延伸至本身没有从事违法侵害行为的第三人,在妨害人的责任设置时规定了违反审查义务这一前提,审查义务的范围应当在个案当中根据合理性标准确定(BGHZ 148,13,17ff. =GRUR 2001,1038=NJW 2001,3265-ambiente.de;BGHZ 158,236,251=GRUR 2004,860=NJW 2004,3102-Internet-Versteigerung I;BGH, GRUR 2008, 702, 706 = NJW-RR 2008, 1136 - Internet-Versteigerung III;vgl. auch Hacker, in: Ströbele/Hacker, § 14 Rdnrn. 202ff.; Ingerl/Rohnke, Vorb. §§14-19 Rdnrn. 29ff.; Ekey, in: Ekey/Klippel/Bender, MarkenR, 2. Aufl., §14 MarkenG Rdnr. 56; v. Schultz/Schweyer, §14 MarkenG Rdnr. 255)。对于专利法也相应地部分参考商标法和著作权法中发展出来的司法解释,区别侵权法上的行为人和共同行为人的责任,以及类推适用《德国民法典》第1004条规定的妨害人责任(Busse/Keukenschrijver, PatG, 6. Aufl., §139 Rdnr. 27; Keller, in: Festschr. f. Ullmann, S. 449 [458ff.]; Schulte/Kühnen, §139 Rdnr. 21 und §140a Rdnr. 11; Kühnen/Geschke, Die Durchsetzung von Patenten in der Praxis, 3. Aufl., Rdnrn. 350ff.)。

bb)在竞争法领域联邦最高法院在过去的几年里没有再提及妨害人责任,而是根据《德国反不正当竞争法》第3条将因违反竞争法上的交易安全义务(Verkehrspflicht)而造成间接损害竞争的行为认定为侵权人性质的责任(täterschaftliche Haftung)。该责任的认定参考了从妨害人责任中发展出来的基本原则(BGH, GRUR 2007, 890 Rdnrn. 36ff. = NJW 2008, 758 - Jugendgefährdende Medien bei eBay; dazu eingehend Leistner/Stang, WRP 2008, 533)。联邦最高法院的卡特尔法合议庭在一个联邦州违反图书价格约束规定的指控中,用妨害人责任进行了论证,但是在担责义务的说理时却依据侵权责任法上的(《德国民法典》第 830 条第 2 款)共同侵权人的规定(BGH, GRUR 2003, 807, 808 = NJW 2003, 2525 - Buchpreisbindung)。

cc)引入妨害人责任这一法律机制的做法招致一些学者的批评,他们更偏向于认为竞争法上发展出来的间接导致权利侵害的侵权责任这一概念更适合用于知识产权法(比较 Ahrens, WRP 2007, 1281; Fürst, WRP 2009, 378; Köhler, in: Hefermehl/Köhler/Bornkamm, WettbewerbsR, 26. Aufl., § 8 UWG Rdnrn. 2. 11ff.; Köhler, GRUR 2008, 1, 6f., 每个参考文献中还有更进一步的参考文献指示)。

能得出同样结果的观点还有,一些学者在专利法中也只将专利侵权行为的行为人或者共同行为人作为侵权人予以考虑。违反审查义务的主体也包括那些对侵权行为的发生只增添了一个进一步的诱因的侵权人,但是此观点明确指出不牵扯到《德国民法典》第 1004 条意义上的妨害人概念(Benkard/Rogge/Grabinski, § 139 Rdnr. 19)。然而,这(至少原则上)与适格被告范围在狭义上的定义或其他维度上的定义无关。

根据德国联邦最高法院第 10 民事审判庭的司法解释,为专利侵权行为承担责任的前提不包括被请求人亲身从事了《德国专利法》第 9 条第 2 句描述的行为(BGHZ 107, 46, 53 = GRUR 1990, 997 - Ethofumesat)。不作为、损害赔偿、公开信息和销毁侵权产品这一系列请求权的债务人也包括那些人,他们仅仅对侵权行为的发生增添了一个进一步的诱因,而正是这一诱因导致了第三人的侵权行为没有得到遏制,尽管这样的遏制是可以期待的(BGHZ 142, 7, 12f. = GRUR 1999, 977 = NJW 2000, 213 - Räumschild)。在《德国专利法》第 139 条规定的构成要件中

(《德国专利法》第 140a 条也同样适用),自己(对发明)的使用和实现他人(对发明)使用的区别被认为是无关紧要的(BGHZ 159,221,230f. = GRUR 2004,845 – Drehzahlermittlung)。因为每一个侵权参加人,有些情况下作为《德国民法典》第 840 条第 1 款意义上的同时侵权人(Nebentäter)中的一个,已经需要对一个过失的专利侵权行为负责,第 10 民事审判庭认为对于一个基于侵权行为而生的损害赔偿义务(täterschaftliche Schadensersatzverpflichtung),从本质上来看,每一个可被指责的造成侵权行为发生的行为,包括不充分的预防措施,都足以被认定为侵权行为(BGHZ 171,13 Rdnr. 17 = GRUR 2007,313 – Funkuhr Ⅱ;GRUR 2002,599 – Funkuhr Ⅰ)。据此合议庭已经考虑到这种情况,即侵权行为在一个过失侵权行为中无需一个主动行为的存在作为前提,同样适用于过失侵权行为的统一的侵权人概念已经使侵权行为人和帮助人之间的区别变得可有可无(Dannecker/Biermann, in:Immenga/Mestmäcker, GWB,4. Aufl., Vorb. § 81 Rdnr. 69;eingehend Cramer/Heine, in:Schönke/Schröder, StGB,27. Aufl., Vorb. §§ 25ff. Rdnrn. 112f.)。

类似的情况,第 1 民事合议庭不久前在 2009 年 3 月 11 日的一个判决中(GRUR 2009,597 = NJW 2009,1960 – Halzband, für BGHZ vorgesehen)将某涉案人视为商标侵权的侵权行为人,该人为 eBay 网络平台的会员账户的持有人,因为他没有做出充分的预防措施防止其妻子使用其个人登录信息而被判决促成了侵权行为的发生。第 1 民事合议庭在此找到了一个特有的、与引进的妨害人责任基本原则和竞争法领域在特定情况下存在的交易安全义务不同的独立的归责理由(GRUR 2009,597 Rdnr. 16 = NJW 2009,1960 – Halzband)。

dd)这些从个体来看多有不同的法律上的利益衡量在结果上有一致性,一项非故意的行为不能排除其因为支持第三人从事的权利侵害行为而产生的责任;另外,单单因为行为人引入了侵权发生的诱因之一尚不足以确认行为人责任的存在,对第三方侵权行为担责的认定还需要一个额外的正当化理由。这一理由通常是对法律上规定的某项义务的违反,该义务原本用于保护绝对权利不受侵害,并且正当履行该义务之后就不会造成侵权行为诱因的发生或者至少会导致行为人认识到第三人的违法行为是被禁止的,从而不会做出有助于违法行为实现的行为。

因为如果没有这样一个归责理由将会造成对因导致[第三方][8]侵权行为构成要件的实现而生的担责义务变得没有边界,从而导致那些给专利侵权人提供厂房、提供其生产所必需的电力从而使侵权产品的生产成为可能的人也会被涉及。另外,那些因为违反了法律义务而事实上导致了[第三方][9]侵权行为构成要件满足的人,将会为此像故意帮助侵权人一样担责。同样,第10民事合议庭用更加简洁的表述说明,原则上每一个可受指责的造成侵权行为发生的行为,包括对这些侵权行为的不充分的预防措施,都足以被认定构成过失侵权人的(损害赔偿)义务。

因为对该法律义务的违反不仅使行为人成为《德国专利法》第139条第1款和第140a条意义上的侵权人,而且根据第10民事合议庭的惯常司法解释,也可以用来肯定对其《德国专利法》第139条第2款意义上的过失侵权行为的指责,对于那些像专利侵权一样也可以过失做出的侵权行为,在原则上来说,侵权人被定义为《德国民法典》第1004条第1款中的妨害人还是侵权行为人从结果而言没有差别。与此一致的还有根据《德国专利法》第139条的字面解释,对于《德国专利法》第139条第1款中的不作为请求权的债务人和第139条第2款中的损害赔偿请求权的债务人,除去对其过错(Verschulden)的要求不同之外,在其他方面不加区分。从这一点上来看,第10民事合议庭的司法解释与第1民事合议庭的不一致,根据后者的观点,被认定为妨害人的侵权行为参加者不应当有支付损害赔偿的义务(BGH, GRUR 2002, 618, 619 = NJW-RR 2002, 832-Meißner Dekor I, m. w. Nachw.)。但因为在本争议案件中只涉及与过错无关的销毁请求权[而不涉及损害赔偿请求权][10],所以对因为过失地诱发侵权行为发生而需要承担损害赔偿义务的前提条件问题在此无须作更进一步的解释。

---

⑧ 本书笔者补注。

⑨ 本书笔者补注。

⑩ 本书笔者补注。

c)之后上诉法院在结果中正确地认为,被告违背了义务,即支持第三人也就是被告甲的专利侵权行为,即被告甲出于违法销售的目的——通过被告和海关间接——占有专利侵权产品。

aa)正如上诉法院确认的一样,被告对由T中国公司寄出的MP3播放器为作为合法收件人的被告甲进行保管,而没有事先考察这些设备是否是涉及专利侵权的产品,在这些行为中不存在被告违反义务的情形。

尽管承运人或者货运代理人从事的业务会提高专利侵权的风险,但是固然不能因此对其附加一个对于其运输货物是否构成权利侵害的一般审查义务(BGH,GRUR 1957,352,354-Taeschner/Pertussin Ⅱ)。承运人或者货运代理人在通常情况下自身不具备审查受其委托运输的货物侵权与否的能力。给其附加一个相应的法律义务不仅会使其业务价格严重上扬并且业务内容变得十分复杂,而且不具有合法性,因为要求其保护知识产权不是必要的。这一保护更应该由每一个生产、提供、销售、使用或者以此为目的进口或者占有受保护产品的人通过尊重专利所有权人的排他性权利来实现(比较 BGHZ 75,96,106f. =NJW 1979,1823;Köhler,in:Hefermehl/Köhler/Bornkamm, § 8 UWG Rdnr. 2. 15)。

bb)但是,被告从事了违反义务的行为,因为其在从原告或者海关处得知货物是或者涉嫌侵犯专利权的产品之后,继续支持被告甲客观上的侵犯专利权的占有行为。

(1)避免侵权行为发生的法律义务是否应该存在以及义务的范围如何,取决于在个案中对所有涉及的利益和相关的法律价值的衡量。其中起决定性作用的是,根据案件情况是否并且在多大程度上能够期待被请求人从事某种行为(BGHZ 107,46,63=GRUR 1990,997-Ethofumesat;BGH,GRUR 2007,890,894=NJW 2008,758-Jugendgefährdende Medien bei eBay)。此处在对被侵权人的保护需要和对第三人应当遵守的审查和行动义务的可期待性之间,存在一个相互影响关系:被侵权人越应当受到保护,就越应当期待第三人关注其权益;反之,被侵权人受保护的需要越低,在审查是否必须期待第三人发现权利侵害行为,并且根据情形需要去终止或者去阻止时就越具有争议。

(2)上诉法院认为,当承运人知道了权利侵害的可能性之后,有义务进行问询调查并且在适当情况下自己对货物进行检查,以及做出其他必要的干预行为(参见 Cordes,GRUR 2007,483,488)。这一点无论如何都适用于本案。

当承运人在结果上参与了针对第三人的违法行为,但是没有具体的线索指出该第三人的绝对权利在事实上没有被尊重,那么承运人就可以无条件地相信寄件人或者收件人尊重了这些绝对权利。如果有这样的线索存在,承运人就必须采取必要的措施,查明侵权的嫌疑。如果经过查明确实存在侵权行为,那么正如不允许承运人故意支持一个侵权行为一样,也不允许其向针对第三人的客观的违法行为提供合作。反之,如果侵权的嫌疑被消除或者承运人利用可能的和合理的措施无法实现对法律状况的查明,并且侵权行为不能被明确地肯定,那么不能阻止承运人完成其受托的任务,即使这意味着其客观上帮助了专利侵权。因为在这种情况下对承运人支持明显违法行为的指责是不成立的。

因此,上告意见中关于审查义务以肯定地知道侵权行为为前提的假设是错误的。如果承运人知道了侵权行为,那么他就不再需要审查确认。审查义务是一个次级的义务,只有当侵权行为有可能存在但是又不确定是否真的存在时才会起作用。这时承运人就应当从事对他来说合理的行为,查清其是否被允许完成其受托的服务还是应当不作为,因为如果其继续完成服务将会构成帮助行为或者促成侵犯第三人绝对权利的行为。

当然,对于承运人的审查义务,在此不能提出对其商业活动而言不合理的过重过高的要求。对于合理性的判断是判案法官在个案中的义务,本上告程序中只需要弄清楚在衡量双方的利益时是否包含所有法律上重要的观点。

此处经过衡量之后无可指摘地得出,上诉法院认为被告告知其委托人关于专利侵权的嫌疑并且从委托人处收集更进一步的信息和指示是合理的。在信息正如被告陈述的一样无法被获取的情况下,上诉法院认为:被告通过前述途径排除专利侵权的可能性无果之后不应当就此罢手,而是必须尝试通过其他的途径查明事实和法律状况,这一观点也是无可指摘的。如果上诉法院在现有情形下作出的作为上告法律审查程序基础的假设成立,即与相关标准一致的播放设备的构造表明有侵犯涉诉专利的行为,那么就具体情况而言被告本应当借助专家的帮助,获取进一步相关的信息。

(3)在获知专利侵权的嫌疑之后被告没有对被告甲的占有行为通过积极的行动提供支持,但是即使不考虑这一因素也可以认定被告继续为被告甲专利侵权的占有行为提供帮助。货物被海关扣押,因此被告在此情况下对货物继续的占有构成专利侵权、形成妨害状态,专利权人有权根据《德国专利法》第140a条的规定对侵权货物请求销毁。这一妨害状态只能通过销毁侵犯专利的产品而结束,因为专利权人无需无条件地接受其他形式的侵权排除方法,特别是无需满足于侵权者(承诺的)单纯放弃销售侵权产品的意图。

(4)上诉法院没有要求原告向被告甲主张请求权,这一点在结果上也经得起上告程序的法律审查。当直接侵权人已经被权利人提出请求或者权利人可以无需面对大的困难提出请求,并且这些措施对于排除妨害状态和避免其他即将发生的侵权行为而言看上去是合适并且充分时,要求承运人对被没收货物做更进一步的审查(还有之后的销毁)便不再合理。尽管如此,上述前提在涉诉案件中并不存在。原告尽管知道被告甲是《第1383/2003号欧盟理事会条例》第9条第2款意义上的申报人并且同时也是侵犯专利权产品的收件人,但是根据州法院的事实认定,被告甲对于侵权的指责既没有接受也没有消除,而是通过律师信的形式告诉原告,他(被告甲)对于销毁被扣押的MP3播放器没有异议,因为他与邮寄的这批货物没有任何关系,既不是所有权人,对这些标的物也没有任何其他权利。因此,正如州法院正确说明的一样,一方面原告从被告甲处不能实现对扣押货物的销毁,另一方面货物收件人对其责任的否定更加证实而不是消除对于其专利侵权的嫌疑。因此,被告不能据此免除自己的责任。⑪

⑪ 更确切地说是将其责任转嫁给作为货物收件人的被告甲。

2. 上诉法院也正确地认定,就被告而言,其处于对侵犯专利产品的占有状态,因此满足了成为合格被告的前提条件。

对此,在 MP3 播放器被扣押之前,被告是否先对其获得直接支配还是货物从航空货运公司直接到达海关的直接支配范围是无关紧要的。一个占有媒介关系(Besitzmittlungsverhältnis)的成立不以间接占有人事先的直接占有为前提(BGH,NJW-RR 1999,1239,1240;Palandt/Bassenge,BGB,68. Aufl.,§ 868 Rdnr. 6)。重要的是占有媒介关系是否(合法)成立。

上诉法院正确地认定了这个关系是成立的。在一个海关程序中转运货物的框架下,根据欧盟理事会 1992 年 10 月 12 日《确定共同体关税法典第 2913/92 号(EWG)条例》(以下简称《关税法典》)第 73 条第 1 款的规定,申报人原则上有权请求转让根据《关税法典》第 50 条被临时保管的货物,只要对此没有其他的禁止或者限制。海关和《关税法典》第 4 条第 18 项意义上的货物与申报人之间的关系,表现为承认海关相对于申报人的一个有时间限制的并且内容具体的占有权利,由此构成一个公法上的占有媒介关系。该法条意义上的申报人是被告甲,因为根据被告自己的表述,他从被告甲处获得了处理海关事宜的委托。因为被告代被告甲申报,并且在经过海关转让货物之后将(重新)收到货物,并且应当将其运给被告甲,所以在被告和被告甲之间存在另一个占有媒介关系,这样就存在一个多级的占有媒介关系,被告以海关为媒介间接占有货物,被告甲又以被告为媒介间接占有货物。

由于海关作出的扣押指令不会改变该占有媒介关系的存在。据此仅会根据《关税法典》第 73 条第 1 款的规定推迟转让的时间点,直到《第 1383/2003 号欧盟理事会条例》第 13 条第 1 款的前提条件得到满足,要么根据某一具体的国家法律规定认定货物不构成侵权。根据以上理由,上告人关于被告的占有因主海关的扣押指令而灭失的辩解不能成立。

Ⅳ. 对于发回重审的上诉程序,合议庭指出:只要没有线索显示对于 MPEG 文件的解码也能够不触及涉诉专利中使用的方法即可完成,那么上诉法院在具体情况下就可以认定,单单基于诉讼的提起就足以让当事人肯定侵权设备根据动态图像专家组音频标准运行这一论断。

第二节 “MP3 播放器进口案”案件评论

一、案情简介和案件的意义

该案主要涉及承运人由于运输专利侵权产品而产生的专利侵权责任问题。案件的主要被告⑫是一个国际货运公司的德国子公司,该货运公司在中国的子公司承接了一个为营业地位于中国的公司运送 100 多个 MP3 播放器的订单,由被告负责将货物运送给位于德国的收货人。这批货物被安置在一个集装箱中运输,在抵达德国后因涉嫌专利侵权被法兰克福海关查获并扣押。原告为涉案专利的排他性专利许可的被许可人,以被扣押货物涉嫌专利侵权为由向被告和该批货物的收货人被告乙提起请求,要求双方同意销毁扣押货物。

其中收货人被告乙对于侵权的指责既没有接受也没有辩解,而是通过律师信的形式告诉原告,其接受关于销毁被扣押的 MP3 播放器的请求,并指出其与邮寄的这批货物没有任何关系,既不是所有权人,对这些标的物也没有任何其他权利。

相反,货运公司拒绝接受原告销毁货物的请求。

经过一审审理,地区法院批准了原告对被告提出的销毁货物的诉讼请求。被告对此决定提起的上诉被上诉法院驳回后,又将该案上告至德国联邦最高法院。德国联邦最高法院第 10a 民事合议庭在所有关键点上认可了前审法庭的判决,只是因为杜塞尔多夫州高等法院对被告作为诉讼参加人的事实陈述义务提出了过度的要求,所以联邦最高法院判决

---

⑫ 承运人本来只是案件中的被告乙,但是因为其是主要被告,出于表述方便的目的联邦最高法院在判决原文中将被告乙统一简称为被告。而作为第一被告的收货人继续被称为“被告甲”。本评论中继续沿袭判决中的表述,在没有特别说明的情况下,所有的“被告”都指作为承运人的被告乙。

撤销前审法院的判决并要求其重新审理。

“MP3 播放器进口案”判决的核心是确定《德国专利法》第 140a 条规定的销毁请求权的被请求人，也即专利法意义上的侵权人的范围。⑬

在联邦最高法院对该案的判决中，法院首先排除了被告作为直接侵权人的所有可能性，认定作为承运人的被告不构成《德国专利法》第 9 条意义上的对涉案专利的亲自使用，因为其没有以《德国专利法》第 9 条第 2 句第 1 项规定的销售之目的占有 MP3 播放器。

同时，法院在该案中也排除了作为《德国民法典》第 830 条第 2 款意义上的共同侵权人责任⑭的可能性。因为在本案中不能确定被告知道并且纵容专利侵权的存在。

但是，合议庭认为本案中的承运人作为侵权人的责任是完全可以成立的，因为侵权人不仅包括直接侵权人和帮助侵权人，还包括那些使第三人非法使用专利的行为成为可能或者帮助该行为实现的人，这些人只要付出合理的努力就可以知道受他支持的行为侵犯了专利所有人的绝对权利。作为一个与“直接的专利侵权行为”相对的概念，这里可以用“间接导致专利侵权的行为”来描述承运人在此案中的行为。

关于间接权利侵害的责任问题很久以来一直是德国联邦最高法院判决的重点。在该案判决之前，联邦最高法院内部的各个合议庭对于不同的知识产权类型的侵权责任问题通过司法解释的形式规定了截然不同的责任产生基础、归责的前提条件和责任后果。⑮ 在本案中，联邦最高法院第 10a 民事合议庭首次综合全面地分析了其他合议庭认可的传统及新创的各种责任形式，并且根据从中得出的共同之处总结出专利法语境下间接地侵害专利权行为的构成要件和责任形式。⑯

通过列举联邦最高法院其他合议庭在商标法、著作权法、工业设计权法、竞争法和专利法领域的一系列判决，联邦最高法院第 10a 民事合

⑬ Gärtner, GRUR 2009, 1147.

⑭ 因为帮助、教唆行为构成共同侵权而应当承担侵权责任。

⑮ Leistner u. Stang, LMK 2010, 297473.

⑯ Leistner u. Stang, LMK 2010, 297473.

议庭不仅在归责原则的多样性领域为人们打开了视野，[17]而且通过其分析也展示了合议庭通过运用不同的侵权概念可以在多大程度上左右判决的结果。[18]

二、间接导致专利侵权之行为的归责思路

1. 不存在一般审查义务

早在1957年的“Taeschner/Pertussin Ⅱ”一案中德国联邦最高法院就明确承运人没有审查其运输的货物是否构成权利侵害的一般审查义务。[19] 也就是说，原则上承运人可以默认其运送的货物没有专利侵权的情形。

在“MP3播放器进口案”中，联邦最高法院传承了其关于承运人责任的司法解释。[20] 法院认为被请求销毁涉嫌侵犯专利权的货物的承运人没有为了能正确地回应原告的销毁请求而主动获取关于货物详细特征的必要信息的程序上的义务。因此，承运人原则上可以以不知道货物的特征与涉案发明的技术方案一致为由回应上述销毁请求。此处的不知道的辩护根据《德国民事诉讼法》第138条第4款具有程序正当性。

从原则上来看，原告在侵权诉讼中有义务阐述所有用来支持其请求权的案件事实要素，而被告原则上无需对原告的前述阐述义务提供便利，除非当被告根据《德国民事诉讼法》第138条第2款负有次级阐述义务时。当且仅当负有阐述和举证责任的一方当事人无法或者只有当克服不成比例的困难时才能获取这些信息，同时对方当事人对其公开相关信息既很容易做出又是可以忍受的时，被告的具体阐明事实的义务才可能存在。本案中的原告并没有面临上述困难。

2. 有线索证明侵权时的行为义务

在承运人的行为义务方面，合议庭明确地否定了在商标法理论界持有的观点，即为第三人保管或者运输货物时，可以完全无视保管物或者

---

[17] “Tour d'Horizon”.

[18] Gärtner, GRUR 2009, 1147.

[19] 参见BGH, GRUR 1957, 352, 354。

[20] Beyerlein, BGH EWiR § 140a PatG 1/10, 263, 264.

运输物的使用目的[21]来认定承运人的行为义务。合议庭认为,尽管承运人没有一般的审查义务来审查所有由其运送的货物是否涉及侵权,但是当有具体的线索显示第三人的权利将受到侵害时上述默认的情形应该到此结束。这时,货运公司就有义务采取合适的调查措施进行问询探听,视情况还要自己去审查货物来澄清怀疑并且确认其是否可以继续履行其服务还是必须不作为,以避免自己作为侵权人承担责任。

根据合议庭的观点,如果具体的情形需要,被告甚至应当寻求专家的帮助来澄清专利侵权的怀疑是否成立。[22]

3. 违反行为义务而生的责任

如果像本案的被告一样对上述义务没有尽到足够的注意,那么就会产生一个与传统的专利侵权行为一致的责任。

在该案中,原告的请求限于销毁侵权产品,该请求的法律基础是《德国专利法》第 140a 条第 1 款第 1 句。根据该条法律规定,“对任何违反第 9 条至第 13 条规定实施发明专利的人,被侵权人可以请求销毁侵权人占有或者所有的受专利保护的产品。”从法条的字面意思来看,该条并没有明确规定销毁侵权产品这一请求权的被请求人是谁,所以在本案中需要解决的一个问题是负责运输专利侵权货物同时也临时占有侵权产品的承运人是不是销毁侵权产品请求权的合格债务人。

德国联邦最高法院对这一问题作出了肯定的答复。法院认定,被告是《德国专利法》第 140a 条第 1 款意义上的权利请求的债务人。销毁侵权产品的权利要求的债务人原则上是专利侵权人,但只要负责运输专利侵权货物的承运人知道或者可以知道其承运的货物由于未获专利权人的许可而不得被生产、供应、销售或者使用,那么该承运人也是该请求权的合格债务人。[23]

联邦最高法院在本案中总结道,《德国专利法》第 140a 条第 1 款意

---

[21] Ingerl/Rohnke, MarkenR, 2. Aufl. [2003], § 14 Rdnr. 194; Ströbele/Hacker, MarkenG, 9. Aufl. [2009], § 14 Rdnr. 95; Fezer, MarkenG, 4. Aufl. [2009], § 14 Rdnr. 475.

[22] Gärtner, GRUR 2009, 1147, 1148.

[23] Beyerlein, BGH EWiR § 140a PatG 1/10, 263.

义上的请求权的债务人不只是那些自己实现了《德国专利法》第9条规定的使用这一构成要件的人(直接侵权),以及故意帮助或者故意促成第三人实现使用这一构成要件的人(共同侵权),更包括那些只要付出合理的努力就可以知道受他支持的行为侵犯了专利所有人的绝对权利,但是仍然帮助或者促成第三人实现使用这一构成要件的人(间接侵权)。

4. 将行为义务内容限制在合理范围之内

但是上述被认可为承运人行为义务的审查措施应当是符合比例原则的,不允许提出与其营业内容不相适合的过分的要求。将承运人的责任限制在与受保护权利相关的义务违反的情形有利于避免承运人义务的过度扩散。

除此之外,德国联邦最高法院还确认,如果直接的侵权人已经被权利人提出请求权或者可以不费力地并且有很大成功概率地被提出请求权,那么再让承运人去更进一步地审查被没收的货物就是不合适的。

三、该案的责任类型与其他民事合议庭判决中责任类型的比较

第10a民事合议庭在该案中引用了联邦最高法院其他合议庭在商标法、竞争法和专利法领域的诸多相关判决,[24]他们需要解决的共同问题是作为非直接侵权人又非共同侵权人的间接侵权责任人的概念界定以及责任范畴问题。[25]

1. 商标法、著作权法和工业设计权法中的妨害人责任

妨害人是指那些既不是侵权人也不是侵权参加人(共同侵权人),但是对权利侵害的发生有意识地贡献了足够的诱因的人。妨害人责任这一机制是用于认定责任的一项非常灵活的措施,其以对可期待的适当的审查义务的违反为前提,具体审查义务的范围需要在个案中结合具体案情确定。[26]

关于妨害人责任的司法解释由德国联邦最高法院第1民事合议庭

---

[24] Gärtner, GRUR 2009, 1147.

[25] Gärtner, GRUR 2009, 1147.

[26] Leistner u. Stang, LMK 2010, 297473.

通过若干个指导性的判决发展而来,[27]过去几年被集中应用于判定网络交易平台对于其用户的商标侵权行为应负的责任,并且通过在个案中的应用获得学术界和实务界的广泛认可。[28] 鉴于著作权和工业设计领域的侵权行为与商标侵权的可比性,该机制也在前述两个领域获得了普及。这些领域侵权行为的认定通常只需通过外观比较,比较容易判断,不像专利领域的侵权行为需要专业背景知识的支撑,所以对网络交易平台提供商的注意义务要求不会过高,比较适合用于网络交易平台上的用户侵权情形。通过一系列的司法解释,妨害人责任逐渐成为用于判决商标法、著作权法和工业设计权法领域的网络侵权责任的核心基本原则。[29]

第 1 民事合议庭将商标法、著作权法和工业设计专利权领域的间接导致的权利侵害依照妨害人责任的标准类比适用《德国民法典》第 1004 条进行判断。[30] 权利救济的途径包括不作为请求权和排除妨害请求权。[31] 妨害人责任的承担不需要以过错为要件。相应地,妨害人责任的类型也比较温和,从迄今为止的司法解释上来看,妨害人不需要承担损害赔偿责任。在"MP3 播放器进口案"中,第 10a 民事合议庭在有侵权嫌疑时承运人的审查义务问题上明显比照适用第 1 合议庭在三个"网上拍卖案"(Internet-Versteigerung)[32]中关于妨害人责任的判决。[33]

2. 竞争法上的侵权人性质的责任

妨害人责任也有很长一段时间被德国联邦最高法院在竞争法领域

---

[27] BGH, GRUR 2004, 860 – Internet-Versteigerung Ⅰ; GRUR 2007, 708 – Internet-Versteigerung Ⅱ; GRUR 2008, 702 – Internet-Versteigerung Ⅲ; s. auch GRUR 2009, 597 – Halzband.

[28] NJW–RR 2008, 1136 – Internet-Versteigerung Ⅲ.

[29] Leistner u. Stang, LMK 2010, 297473.

[30] BGH, GRUR 1999, 418, 419 – Möbelklassiker; GRUR 2001, 1038, 1039 – ambiente. de; GRUR 2004, 860, 864 – Internet-Versteigerung Ⅰ; GRUR 2008, 702, 706 – Internet-Versteigerung Ⅲ.

[31] BGH, GRUR 2002, 618, 619 – Meißner Dekor Ⅰ.

[32] 参见 BGH, GRUR 2004, 860, 864 – Internet-Versteigerung Ⅰ; GRUR 2007, 708 – Internet-Versteigerung Ⅱ; GRUR 2008, 702, 706] – Internet-Versteigerung Ⅲ。

[33] Gärtner, GRUR 2009, 1147.

使用,但是由于经受不住理论界对其不断增加的批评意见,不得不在使用机制上有所收敛,最终在一项判决中使用另一种责任形式取而代之,即因为侵犯竞争法上的交易义务(Verkehrspflicht)而产生的责任。[34]根据该责任形式,那些通过自己在商业交易中的行为制造风险,从而使第三人受竞争法保护的利益可能被市场参加者侵害的人,有采取可能的和适当的措施来限制这一风险的竞争法上的义务,并且如果违反这些义务就应当作为《德国反不正当竞争法》第3条意义上的违反竞争法的侵权行为人承担责任。[35]在网络服务提供商的情形,上述竞争法上的交易义务具体表现为对于侵权的第三方内容的审查义务,该义务的范围根据妨害人责任中发展出来的基本原则确定。[36]

妨害人责任与违反竞争法上交易义务的分析思路得出的结果是相同的。一方面,行为人不能以其行为非故意为辩解理由排除其因支持第三方从事侵权行为而产生的责任;另一方面,单单因为其对第三方侵权在诱因方面有所贡献尚不足以构成其责任的承担。要想将第三方的侵权行为归结到间接侵权人身上还需要一个额外的合法性理由,该理由的形式在两种归责思路中都是对法定义务的违反,该法定义务的目标应当是致力于保护绝对权利不受侵害。[37]

3. 专利法上的可受指责的诱因行为的侵权人责任

与上述两种责任模式不同,第10民事合议庭在专利法领域从一开始就选取了另一个角度。[38]根据其司法解释,很多请求权的被请求人一开始就不只限于直接侵权人,还包括那些只是为侵权的发生增添一个更进一步的间接的诱因的人,而正是这一诱因导致了第三人的侵权行为没有得到遏制,尽管可以期待他们做出该遏制行为,而且这些期待是可能

---

[34] 参见 BGHZ 173,188 = NJW 2008,758 = LMK 2007,242952 = GRUR 2007,890,894 - Jugendgefährdende Medien bei eBay。

[35] Leistner u. Stang, LMK 2010, 297473; Köhler, GRUR 2008, 1; BGH, GRUR 2007, 890,893.

[36] Leistner u. Stang, LMK 2010,297473.

[37] Beyerlein, BGH EWiR § 140a PatG 1/10,263,264.

[38] Leistner u. Stang, LMK 2010,297473.

的并且是适格的。[39] 只要从间接诱因提供者角度来看有可能的并且合适的措施可以被采取用于预防直接专利侵权行为，那么每一个对第三方专利侵权提供便利和使其成为可能的行为都足以导致由于间接的权利侵害而生的帮助侵权人性质的责任的成立。[40]

第 10 民事合议庭没有采用妨害人责任的思路，而是把“妨害人”理解为“侵权人”，认为从本质上来看，每一个可受指责的造成侵权行为发生的诱因行为(包括不充分的预防措施)都足以被认定为侵权行为。[41] 在这种情况下专利权人就可以向参与影响权利侵害的人主张包括不作为、公开信息和销毁侵权产品等这一系列请求权，尤其也能主张损害赔偿请求权。[42] 值得期待的是，自从第 1 民事合议庭将妨害人责任制度发展起来之后，是否也会像第 10 民事合议庭判决的一样，在商标法，著作权法和工业设计专利权法领域将妨害人责任作为侵权人性质的责任来执行。[43]

4. 附属的侵权人性质的责任

本案的判决中还提到了一种形式的间接侵权行为，即把本人的账户登录信息提供给第三人使用，而第三人利用该账户从事侵权行为的情形。第 1 民事合议庭对此情景创设了一种新的责任形式：[44]当账户的所有人过失地没有做好防止其账户登录信息被第三人使用的防护措施，而直接行为人违反了著作权法、商标法或者竞争法时，账户的所有人需要承担一个附属的侵权人性质的责任(eine akzessorische täterschaftliche

---

㊴ 参见 BGHZ 142,7 = NJW 2000,213 – LM H. 11/1999 § 9 PatG 1981 Nr 7 [m. Anm. Vinck]–Räumschild。

㊵ Leistner u. Stang, LMK 2010,297473.

㊶ BGH, GRUR 2002,599,599–Funkuhr I; GRUR 2007,313,314–Funkuhr II; GRUR 2004,845,845 – Drehzahlermittlung; BGH, GRUR 1990,997,999, unter Hinw. auf GRUR 1958,179,182–Resin.

㊷ 具体而言是指 täterschaftliche Schadensersatzverpflichtung，即一个基于侵权行为而生的损害赔偿义务，参见 BGH, GRUR 1999,977,979–Räumschild; s. auch Köhler, GRUR 2008,1,7。

㊸ Gärtner, GRUR 2009,1147,1148.

㊹ BGHZ 180,134 = NJW 2009,1960–Halzband.

Haftung)。[45]

5. 小结

作为对上述众多责任形式的分析,第 10a 民事合议庭在该判决中肯定了这些责任的一个共同点同时也是核心点,即对于作为法定义务的审查义务的违反,上述法定义务至少应当服务于保护受侵害的绝对权利,并且在结果上表现为对一个责任的非法定的归责理由。[46] 在这一基础之上,第 10a 民事合议庭确立了专利法中的间接侵权责任。作为该间接侵权责任的后果,第 10a 民事合议庭在"MP3 播放器进口"案中强调,被指责参与影响权利侵害的人应当有责任承担不作为义务或者排除妨害,销毁侵权产品。[47]

该判决表现为对德国联邦最高法院民事合议庭关于间接侵权责任的众多不同司法解释的统一化。将承运人的责任在此案中认定为一个位阶相对靠后的停止侵权或者排除妨害的责任,在解决本案法律问题的同时也保证了法律的确定性。[48] 但遗憾的是,对于间接侵权责任是否包含损害赔偿义务的问题,第 10a 民事合议庭以其不是"MP3 播放器进口案"争论的焦点为由没有作出回答,而只是确定了第 10 民事合议庭与第 1 民事合议庭在此问题上司法解释的不一致,前者认可了一个基于侵权行为而生的损害赔偿义务(täterschaftliche Schadensersatzverpflichtung),而根据后者的观点,被认定为妨害人的侵权行为参加者不应当有支付损害赔偿的义务。第 10 民事审判庭和第 1 民事审判庭的司法解释在这个问题上的差别将继续存在下去。[49]

从理论上来看,本案意义上的间接侵权人完全有可能被判决承担损害赔偿责任。损害赔偿责任的归责前提是过错的产生,间接侵权人故意或者过失地不履行其交易义务或者行为义务本身就构成一个可受指责的过错行为,间接侵权人对于该可受指责的过错行为承担损害赔偿责任

㊺ Leistner u. Stang, LMK 2010, 297473.

㊻ Leistner u. Stang, LMK 2010, 297473.

㊼ Gärtner, GRUR 2009, 1147.

㊽ Beyerlein, BGH EWiR § 140a PatG 1/10, 263, 264.

㊾ Leistner u. Stang, LMK 2010, 297473.

便理所当然。这一点也在事实上获得了联邦最高法院第 10 民事合议庭的认可。但需要注意的是,该归责理由不会将间接侵权人的责任上升到与直接侵权人相同的高度,也就是说,即使间接侵权人因为其违反义务的行为需要承担损害赔偿责任,其责任范围也应当限于赔偿因为违反该义务的行为而额外导致的损害。

悬而未决的一个问题是:从该案的结果上来看,法院将一个间接的诱因贡献的责任,普遍地承认为因为交易义务的违反这一非法定的归责事由而导致的间接侵权责任,那么是否可以将该间接侵权责任的概念从该案的专利法领域延伸开来,适用到整个知识产权法领域?[50] 有学者认为这一想法是值得欢迎的。[51] 但是,同时考虑到作为潜在法律后果的损害赔偿责任这一较严厉的责任类型,应该在判断交易义务的范围时适用适当严格的标准来避免对行为人带来太多的责任。[52] 对于交易义务范围的判断标准至少要与妨害人责任框架下的审查义务具有可比性。[53] 另外,对于损害赔偿责任还可以通过严格执行过错要求来进行限制,例如在上面提到的将自己的登录信息泄露给他人的案件中,要以过失这一过错要求来判断侵权存在。只有在上述提到的可能发生的过分解读都能得到有效地控制和限定时,才可以考虑将以违反交易义务为基础的间接侵权责任扩展到商标法和著作权法领域,即在这些法律领域内也放弃现在一直使用的妨害人责任。[54]

总结来看,负责审判知识产权案件的诸多合议庭在侵权概念的认定上目前还存在很大的差异。[55] 因此值得怀疑的是,是否能在一个可以预见的时期内在知识产权法和竞争法内部建立一个统一的归责系统。[56]

四、对实践的影响

第 10a 民事合议庭判决的意义已经远远超出本个案的范围,从而对

---

[50] Beyerlein, BGH EWiR § 140a PatG 1/10, 263, 264.

[51] Leistner u. Stang, LMK 2010, 297473.

[52] Leistner u. Stang, LMK 2010, 297473.

[53] Leistner u. Stang, LMK 2010, 297473.

[54] Leistner u. Stang, LMK 2010, 297473.

[55] Gärtner, GRUR 2009, 1147, 1148.

[56] Leistner, GRUR-Beil. 2010, 1.

整个专利法领域都有重要的意义。[57] 审判使当时热门讨论的话题——是否应当从基本原则上确定将违反一般交易义务作为一项归责基础——通过判决得到更进一步的肯定。[58] 在实践中可以看到,有些地方法院已经在一些原本需要适用妨害人责任基本原则的案件中适用违反交易义务而生的责任来解决问题,并由此也认可了损害赔偿请求权。[59] 值得期待的是,德国联邦最高法院第1民事合议庭在今后的妨害人责任案件中关于损害赔偿请求权是否会作出不一样的司法解释。

从货运公司的角度来看,"MP3 播放器进口案"明确指出哪些责任风险是货运公司需要面对的。[60] 如果货物被扣押之后货运公司仍不采取合适的措施澄清侵权嫌疑,那么货运公司就有可能面临自己作为专利侵权人被追究责任的风险。[61] 如果嫌疑被证实并且货运公司为了不被认定为专利侵权而不再能按合同要求保证交付货物,那么其也将面临由于合同的不履行而承担损害赔偿责任的风险。[62] 因此,值得推荐的是,承运人根据法院的这一判决修改其一般交易条款,写明在发生货物被扣押的情况下,如果寄件人或者收件人无法证明货物的交易合法性(Verkehrsfähigkeit),在什么情况下货运公司有权根据权利人的请求同意销毁该货物。[63]

该判决也应当可以适用于货物运输关系之外的情形。[64] 一般来说,每一个公司,无论使用从第三方获取的机器还是对第三方供货的产品进行深加工,原则上都可以默认其使用或者加工行为不构成对专利权的侵害。[65] 但是如果有线索表明侵权行为的存在,那么该公司就应该积

---

[57] Leistner u. Stang, LMK 2010, 297473.

[58] Leistner u. Stang, LMK 2010, 297473.

[59] 参见 LG Berlin, BeckRS 2009, 04780 = MMR 2009, 348 sowie LG Düsseldorf, BeckRS 2009, 29906 = MMR 2009, 780。

[60] Gärtner, GRUR 2009, 1147, 1148.

[61] Gärtner, GRUR 2009, 1147, 1148.

[62] Gärtner, GRUR 2009, 1147, 1148.

[63] Beyerlein, BGH EWiR § 140a PatG 1/10, 263, 264.

[64] Braun, GWR 2009, 380.

[65] Braun, GWR 2009, 380.

极地行动起来,仔细地审查事情的原委。保险的做法是与涉嫌侵权的机器和产品的生产者、销售者或者供货商直接取得联系,查明侵权事实。否则在有些情况下企业将面临民事上的不作为或者损害赔偿请求权。[66]

[66] Braun,GWR 2009,380.

第七章　住所地在国外的供货商之间接侵权责任——音频信号编码案

第一节　“音频信号编码案”判决原文

运用法条：《德国专利法》第10条第1款

一、判决要旨

1. 一个元件被用以实现某程序步骤，而该程序步骤是某个方法专利的权利要求中描述的步骤的前置程序步骤，那么这并不当然意味着该元件涉及《专利法》第10条第1款意义上的发明关键因素。这同样适用于该前置程序步骤对实现专利权利要求中描述的步骤是必要的情形，也适用于该元件因为其特殊的设计适合专门用于上述目的的实现的情形。

2. 一个在传输音频信号时利用其可以实施某些特定程序步骤的元件与发明的关键因素没有关联的结论可以在下述情形中得出：该专利尽管保护一个传输方法，但是在专利权利要求中只详细地描述了该方法的前述特定程序步骤之外的其他程序步骤，并且与元件有关的程序步骤的设计对于发明的实现不起作用。

3. 从德国国外向第三人供应一个涉及发明关键因素的元件会导致当事人供应该元件的行为落入《德国专利法》的适用范围,前提是前述第三人明知并且有意识地以使用该发明为目的在德国境内转运该元件。

联邦最高法院于 2015 年 2 月 3 日对音频信号编码一案(案号 X ZB 69/13,前审法院卡尔斯鲁厄州高等法院)作出的判决。

二、案件事实

原告因被告间接侵犯一个方法专利而提起诉讼。

原告是专利号为 568532 的欧洲专利在德国境内的独占被许可人,该涉案专利涉及一个传输数字化音频信号的方法并且已于 2011 年 6 月 27 日因专利保护期届满而失效。专利的权利要求 1 内容如下:

用于使用标度因子(Skalenfaktor)传输数字化的、块编码的音频信号的方法,该标度因子在对数字化的音频信号进行块编码时从信号值序列(块)的峰值的量中产生并且以量化的形式被导入所涉及序列的采样信号值。

在编码器一边

a)从数量为 k 的时间上连续的,要么是每一个频率子带中的,要么是被划分为 n 个子带或 n 个频谱值(Spektralwerte)的声音信号(其中 $n \geq 1$)的一组频谱值中的标度因子(scf_{11}、scf_{12} 到 $scf_{1k} \cdots scf_{n1}$、scf_{n2} 到 scf_{nk})中根据符号和数量生成如下的差:

$$d_{12-11} = scf_{12} - scf_{11}$$

bis

$$d_{1k-1(k-1)} = scf_{1k} - scf_{1(k-1)};$$

$$\vdots$$

$$d_{n2-n1} = scf_{n2} - scf_{n1}$$

bis

$$d_{nk-n(k-1)} = scf_{nk} - scf_{n(k-1)}$$

b)根据步骤 a 形成的(k-1)* n 个差被分为至少两个值类别,每个值类别包括数量上为一个或多个可能的差。

c）基于步骤b形成的（k-1）*n个值类别（分别对应n个子带或频谱值组中的一个），选择标度因子并使用一个识别码（Kenninformation）对其进行标记，在序列中这些连续的、多样化选取的标度因子的数量小于或者等于那些连续的、被考虑的子带及频谱值组中不同的标度因子的数量，并且识别码用于确定被选出来的标度因子与相关子带或频谱值组的采样信号值的一个或多个k（序列）块的对应关系。

在解码器一边

d）根据识别码将采样信号值的（序列）块对应到其所属的选择出来的标度因子上。

e）并且从采样信号值以及所属的选择出来的标度因子中再度生成与最初的声音信号大致对应的声音信号。

其特征在于，在减少不相关和冗余音频数据的程序中进行块编码时会用到以下的方法步骤：

f）根据步骤a形成的（k-1）*n差会被分成至少两个值类别。

g）在根据步骤c选择标度因子的过程中，会根据心理声学中与人类听觉的前期和后期遮蔽效应（Vor-und Nachverdeckungseffekte）相关的观点对n个子带或频谱值组中的每一个分别确定一个新标度因子的传输模式。

h）作为识别码使用的控制信息会指出新标度因子的位置。

住所地位于中国的被告生产能够根据“DVB（数字视频广播）标准”接收和处理电视信号的设备。伴随该电视信号的音频信号根据MPEG-2（动态图像专家组-2）标准被编码。其中定义的编码程序显示了专利权利要求1中阐述的技术特征。

被告于2010年和2011年将其产品在汉诺威消费电子、信息及通信博览会（以下简称CeBIT展会）上展出。此外，被告还使用“中国离岸价格”这一贸易条款将设备供应给一家住所地位于德国的公司。作为其销售商的另外一家中国公司也将设备供应给另外一家同样位于德国的公司。

这些设备中有一些(特别是移动电视设备)包含一个可以对接收到的信号进行解码的装置。在其他设备(特别是USB盘,USB电视盒和扩展卡)中信号仅仅是被解调,即(仅仅是将信号)从为了传输需要而设置的载波频率中恢复。随后的解码程序通过用计算机操作的软件来完成,设备通过USB接口或者扩展卡与计算机连接。该设备的一部分附加了一个软件,通过该软件可以启动解码程序。

原告主张,供应所有被诉实施例和对这些实施例做出出售要约的行为都构成对原告专利的间接侵犯。原告的诉讼请求——在涉诉专利效力终止之后仅要求被告公布账目和确认其损害赔偿义务,在专利效力终止之前还要求被告不作为(即停止侵权)——在一审程序中未获支持。与此相反,(二审的)上诉法院认可了(原告的)诉讼请求并对被告作出(不利的)判决(参见 OLG Karlsruhe, GRUR 2014, 59 - MP2 - Geräte)。针对此二审判决被告提起反对原告主张的上告程序,该上告程序获得合议庭的批准。

被告的上告程序获得部分成功。

三、判决理由

三个被诉实施例中只有一个在被允许的上告中被成功论证。由此导致一审判决应当被重新作出。

Ⅰ.涉诉专利涉及一个用于传输数字化的、块编码的音频信号的方法。

根据涉诉专利文件中的描述,在音频质量一定的情况下,为了减少传输数据量需要建立比例因子,据此传输值的大小范畴得以确定,这属于公知的现有技术。这一方法使得对冗余数据的传送在一定范围内变得可有可无。公知的还有一种方法,据此信号在次频带中被分流并且借此将对人耳无关的信息筛除。众所周知的还有,通过获知连续出现的比例因子的区别并且将其转换成一个识别码,需要传输的数据量在比例因子的传送过程中会得到进一步的缩减。在涉诉专利文件中还阐述了对比例因子进行压缩的公知方法只能减少冗余信息,不能筛除从感知角度来看无关的信息。

在这一背景下,涉诉专利涉及的问题是如何设计一个传输方法,借此使所需数据的数据量能够被进一步地降低。

为了解决这一问题,涉案专利提出一个使用比例因子传输数字化的、块编码的音频信号之方法,包括专利权利要求 1 中的程序步骤 a 到步骤 h。

Ⅱ. 上诉法院对其判决进行如下论证:

与被告的(管辖权)抗辩相反,单就原告所主张的被告直接向一个德国的用户供货就足以认定德国法院对该案的国际管辖权。被诉侵权行为的侵权结果发生地在德国。

被诉实施例中使用的方法指向受保护发明的一个根本特征。一个方法专利的保护范围通常包括在专利权利要求中提到的用于实现该方法所用到的所有装置。这一前提在所有被诉实施例中得到满足。

有内置解码器的设备适合用于将经过 MPEG 编码的信号根据特征 d 和 e 进行解码。设备的最终用户只能实施解码程序而不能进行编码程序的事实在此无关紧要。受保护的方法需要编码器和解码器的协作,该协作正是发明的价值所在。无论如何,在这种情况下一个直接的专利侵权也能以共犯和同时犯(Mit-und Nebentäterschaft)的形式被作出。

同样的道理也适用于没有解码器但是供货范围包括一个具有解码功能的软件的设备。对于这些设备,具有发明价值的解码程序通过一个附随供应的软件来实现。

没有内置解码器并且没有附随供应软件的设备同样可以为解码程序提供显著的贡献。如果没有一个事先的解调,那么解码程序根本无法实现。这一点是被诉设备和一个纯粹的数据载体,例如一个 DVD 的区别。

被告对在德国营销此类设备负有责任,因为其已经知道由其供应的设备会在德国被使用。因为 DVB 标准的国际化,这些设备将会被用于实现受专利保护的方法也是显而易见的。被告还将这些设备在 CeBIT 展会上营销。当时在展会上询价的购买者仅仅是转售商这一事实在此处无关紧要。

被诉的使用行为没有获得原告的同意。对于有争议的、附随设备供应的软件使用作为专利被许可人的微软公司的 Windows Media Player 所自带的解码器用于解码这一点,被告没有提供证据。无论如何,由被告供货的那家公司也没有涉诉专利标的的使用权。

没有内置解码器也没有附送软件的设备的用户使用 Windows Media Player 进行解码不会导致作出不同的结论。对于方法专利来而言,当像这种情况一样只是售出一个适合使用该方法的装置不能构成专利权的穷尽。对微软公司授予的专利许可也不能视为[对被告使用专利的][1]默认许可,因为 Windows Media Player 只是为了实现专利方法而必需的众多组件之一,并且被告的解调器毫无争议并非源于被许可的渠道。

原告是否对能将信号以受专利保护的方式编码的广播机构授予许可在此处无关紧要。在不考虑其他要素的情况下可以默认原告的许可只限于编码方需要实施的程序步骤。

Ⅲ. 该判决经不住本上告推敲的点仅仅在于:此处仅涉及那些既不具有为实施受专利保护的解码步骤而需要的组件,又不会与可以启动解码的软件一起出售或者供应的设备。

1. 上诉法院正确地并且不受上告质疑地肯定了(德国法院)对被告向住所地在德国境内的用户供应货物的国际诉讼管辖权。

根据在有争议的情况下适用的基本原则,当根据原告的陈述在德国境内存在权利侵犯时,德国法院根据《德国民事诉讼法》第 32 条拥有国际诉讼管辖权(比较 BGHZ 194,272,Rn. 9 = GRUR 2012,1230-MPEG-2-Videosignalcodierung;BGH,NJW-RR 2010,1554,Rn. 8)。上诉法院正确地认为该前提成立,因为根据原告为此作出的相关表述,被诉行为的结果发生地在德国。侵权行为的实施地在国外(这一事实在此处)无关紧要(比较 BGH,NJW-RR 2010,1554,Rn. 10)。

2. 上诉法院正确地得出结论,由被告从中国作出的供货行为在德

---

① 本书笔者补注。

国国内表现为[与专利侵权][2]相关的使用行为。

a)根据合议庭的司法解释,当一个位于德国国外的供货商将一个受保护的产品供货给一个位于德国的用户时,该国外供货商应当对发生在德国的专利侵权行为承担责任。该原则的适用与被运送货物的所有权、占有关系和风险在何处让与给用户无关(BGH, GRUR 2002, 599-Funkuhr I)。

b)不同于上诉人的观点,该原则也适用于那些根据《德国专利法》第10条第1款的规定属于间接专利侵权的行为。

《德国专利法》第10条规定的间接专利侵权的构成要件与《德国专利法》第9条规定的直接专利侵权的构成要件一样有一个共同的连接点,即一个特定的标的被运往德国境内。二者构成要件的区别仅在于在《德国专利法》第9条的情况下被运送的标的从本身来看就已经落入专利的保护范围,而该标的在《德国专利法》第10条的情况下只是表现为一个与发明关键要素相关的元件(Mittel)[3]。在对于与该案相关问题的回答上,即涉案货物是否被成功运达国内,二者并无区别。

c)在这一背景下,上诉法院在争议情况下正确地肯定了运达国内的供货行为。

aa)从被告自发从事运送这一事实已经可以认定将设备直接运送给一个住所地在德国的购买者这一行为。根据合议庭引用的司法解释,货物已经根据约定的"中国离岸价格"贸易条款在中国被交付这一事实无关紧要。

bb)对于(被告)向另外一家住所地位于中国的公司的供货,该公司又将设备供应给一家位于德国的公司的情形,适用的原则与前述情形并无二致。

根据上诉法院的事实认定,被告事先知道由其供货的公司也有可能向德国出口产品。除此之外,被告还在其网站上将位于德国的购买

---

② 本书笔者补注。

③ 翻译参见杨宏晖:《论专利权之间接侵害与竞争秩序之维护》,载《公平交易季刊》第16卷第1期(97/01),第124页,脚注128。

者描述为其在欧洲市场的经销商。据此，上诉法院得出的被告通过自己可受指责的行为参与了由其直接购买者发起的向德国运货的行为这一结论无可辩驳。

3. 此外，上诉法院还正确地判决，有内置解码器或者附送软件的被诉设备所呈现出的元件适合并且注定用于实现对发明的使用。

a）一个元件是否适合用于对发明的使用要根据被出售或者被供应的标的的客观特性来判断。该元件必须原则上被如此设计以至于可以认定购买者对受保护技术方案及其所有技术特征的直接使用（BGHZ 115，204，208 = GRUR 1992，40，42 – Beheizbarer Atemluftschlauch；BGH，GRUR 2005，848，850–Antriebsscheibenaufzug）。

对于那些涉及多个步骤的方法专利，当其购买者并非独自实施所有的方法步骤时，该涉案的元件也可以被认定为适合用于对专利的使用。无论如何，在这样的情形下一个直接的专利侵权行为不仅可以由独立侵权人通过实现所有的方法步骤来实施，而且可以通过共同侵权人和同时侵权人共同实施（BGH，GRUR 2007，773，Rn. 19 – Rohrschweißverfahren）。

b）就此上诉法院在争议情形下正确地得出，即使当被诉实施例的购买者只能用此实施例操作专利权利要求阐明的解码步骤，而编码需要通过其他人实现，也可以认定被诉实施例适合用于对专利的使用。

c）与上告人的观点不同，上述的司法解释的适用不仅局限于一个不能被普遍化的个案。

aa）尽管合议庭在上一个引用的判决中提到，“在这样一个案件中无论如何”足够［认定对专利的使用］④，即使在这个案件中不是所有的方法技术特征都被出售或者供应设备的购买者实现（BGH，GRUR 2007，773，Rn. 19–Rohrschweißverfahren）。此处表述的基本原则并不是只适用于合议庭所引用的这一个个案的判决，而是适用于所有的（此类）情形，即受保护的是一个多步骤的方法，并且每个步骤都构成下一个、对发明来说起关键作用的步骤实施的必要前提。

---

④　本书笔者补注。

bb)争议案件的案情并无可以导致其被作出不同判决的特别之处。此处讨论的专利权利要求中的技术特征也以上述提到的方式互相关联。

专利权利要求中载明的接收和解码信号以其事先以同样在权利要求中载明的方式被编码和被发送为前提。反过来对编码信号的发送在一般意义上是以在另一处接收和解码该信号为目的的。对本案具体提到的使用(接收电视信号)来说,前述的关联性更加明显。

cc)与上告人的观点不同,合议庭引用的上述司法解释不仅仅涉及共犯(共同侵权)的情形。

上告人正确地认为,根据上诉法院认定的事实在争议案件中不存在共犯(共同侵权)的情形,像教唆犯(教唆侵权)和帮助犯(帮助侵权)一样,共犯(共同侵权)也以一个明知的、有意的并且最终导致侵权的合作为前提(BGH,NJW 1988,1719,1720)。而根据上诉法院的事实认定,在争议案件中仅存在一个对涉诉专利的过失侵权。

但是联邦最高法院[在之前的司法解释中][5]判定,在每一个方法步骤的实现这一问题上不仅要考虑共犯(共同侵权),也要考虑同时犯(同时侵权)的情形(BGH,GRUR 2007,773,Rn. 19-Rohrschweißverfahren)。上诉法院正确地认定了这一前提也存在于争议案件当中。

d)与上告人的观点不同,同时犯(同时侵权)不以每个行为人都满足自身专利侵权的全部构成要件为前提。

aa)根据一般侵权法基本原则,当多个侵权行为人通过每个人的单个行为在没有意识的合作下共同导致损害的发生,那么就可认定同时犯(同时侵权)成立(BGH,NJW 1988,1719,1720)。由此可以得出,就如上告在其基本观点中正确认为的一样,每个同时犯(同时侵权人)原则上不依赖其他人的行为贡献对因自己的行为而导致的损害负全部赔偿责任(比较 BGH,NJW 2011,292,Rn. 9)。

bb)与上告人的观点不同,不能得出如下结论,即只有当每一个同时犯(同时侵权人)自己实施所有专利相关的方法步骤时,才能构成同

---

⑤ 本书笔者补注。

时犯(同时侵权人)的方法专利侵权。

应当作为过失专利侵权的行为人承担责任的还有那些通过自己可受指责的行为导致了权利侵害的人。这种意义上的可受指责的行为可以是,例如没有履行制止第三人对专利的使用行为的义务(BGH, BGHZ 182,245,Rn. 34 = GRUR 2009,1142-MP3-Player-Import;BGHZ 171,13,Rn. 17 = GRUR 2007,313-Funkuhr II;BGH,GRUR 2002,599-Funkuhr I)。

在这种意义上的一个可受指责的行为还可以是当一个人制造以下情形来使用一个方法时:将受保护的方法的某些特定步骤让第三方能够实施并且使[第三方实施的结果][⑥]能够纳入自己的行为中来。该前提在争议案件中得到满足。

cc)正如上诉法院正确判定的,上告人强调的侵权人主从关系的判断问题(Frage der Tatherrschaft)与本案无关。

此处不是关于被诉设备的购买者是否能够或者必须阻止一个(信号)发射机构发射其电视节目。如果一个使用者将由发送者根据涉诉专利的方法编码并且发射的信号以专利中阐明的方式进行解码,那么无论如何他利用了发送者的贡献以实现从总体上对专利中阐明的方法的使用。这足以肯定其同时犯(同时侵权)的性质。一个在没有许可的情况下发射按照专利的方法编码的信号的发射机构是否也应当作为同时犯(同时侵权人)承担责任这一问题无关紧要。如前所述,每个同时犯(同时侵权人)原则上都无限制地并且以不依赖于其他参加者当前责任承担状况的方式承担责任。

e)与上告人的观点不同,涉诉专利并不只保护所有步骤都由同一个使用者实施的方法。

上告人引证的专利权利要求1的原文并不能成功地支撑其预想的解读。专利权利要求只定义了方法的个别步骤,但并没有明确说明哪个个人或者机构应当来实施这些步骤。

从专利权利要求中使用的"传输"一词中也无法得出不同的结论。

---

⑥ 本书笔者补注。

这个概念在普通技术语言使用的语境下应当作何解释无需置评。无论如何从专利权利要求1的关联关系中可以得出，只要一个信号被发送者以专利权利要求中定义的方式编码，并且在传输成功后被接收者以相应的方式解码，那么就构成对涉诉专利意义上的一种用于传输音频信号的方法的使用。

上告人并没有指出其他据其可以对专利权利要求得出一个更局限的解释的情形。

f）与上告人的观点不同，本案的情形并不是关于一个下位的或者部分的［权利要求］[⑦]组合是否会落入专利的保护范围的问题。根据上文引用的并且被上诉法院正确地作为判决基础的司法解释，［要判断侵权成立］[⑧]被保护方法的所有特征必须总是被全部实现，只不过不一定强制要求是由同一个人来实现。

4. 上诉法院正确地得出结论，内置解码器或者附送软件的设备就是《德国专利法》第10条第1款意义上的指向发明中的一个关键因素的“元件”。

a）根据合议庭的司法解释，什么属于发明的关键因素这一问题应当从发明标的的角度来回答。

因为专利权利要求主要是用来探讨哪些标的受专利保护，所以通常情况下所有在权利要求中提到的特征都是《德国专利法》第10条第1款意义上的发明的关键因素。因此在一个方法专利中，专利权利要求中提到的用来实施该方法的设备（Vorrichtung）通常涉及发明的关键因素（BGH，GRUR 2007，773，Rn. 14-Rohrschweißverfahren）。例外情况只针对那些虽然在使用发明时可以被用到，但是对受保护的技术方案的实现并没有任何贡献的元件。反之，如果一个元件能做出前述贡献，那么到底该元件是与专利权利要求的哪一个或者哪几个技术特征共同作用而实现在原则上来说是无所谓的（BGHZ 194，272，Rn. 32 = GRUR 2012，1230 - MPEG - 2 - Videosignalcodierung；BGHZ 171，167，

⑦ 本书笔者补注。

⑧ 本书笔者补注。

Rn. 18 = GRUR 2007, 769 – Pipettensystem; BGHZ 159, 76, 86 = GRUR 2004,758,761–Flügelradzähler)。因此一个与该元件共同作用的技术特征是否可以通过现有技术被预见到或者显而易见或者其是否涉及发明的“核心”在原则上来说是无关紧要的(BGHZ 171, 167, Rn. 20 = GRUR 2007,769–Pipettensystem; BGHZ 159,76,86 = GRUR 2004,758–Flügelradzähler)。

b)在这一背景下,上诉法院正确地将被诉设备认定为是与发明关键因素相关的元件。

根据上诉法院没有遭受异议的事实认定,该设备适合用于实施专利权利要求 1 中提到的解码步骤。这一点足以用来肯定《德国专利法》第 10 条第 1 款中有争议的构成要件。

c)上诉法院同样正确地决定了,对于那些没有内置的解码器但是附售或者附送软件的设备,前述前提同样获得了满足。

aa)与上告人的观点不同,被出售或者被供应的包括软件的此类设备属于被诉实施例。

根据上诉法院的事实认定,在出售若干被诉设备时有解码功能的软件在供货范围之内。这一认定根据《德国民事诉讼法》第 314 条有法律约束力并且根据《德国民事诉讼法》第 559 条第 1 款应当作为上告程序法律审的依据。

bb)在此基础之上,上诉法院正确地得出结论,这一设备涉及发明的一个关键因素,因为其同样适合用于实施专利权利要求 1 中预见的解码步骤。

cc)上告人申诉到,上诉法院错误地将(对如下事实的)说明和举证责任指派给被告,即附送的用于解码信号的软件用到一个由用户从微软公司购买的解码组件。

该申诉不成立。

(1)在这个问题上,被告的相关陈述是否足以被证实无关紧要。

上诉法院并非因为缺少具体化的陈述而不考虑(被告的)主张,而是因为其将被告视为举证失败(本证懈怠)。上告人没能呈现出上诉法院在此忽视了被告的证据提供。

(2)上诉法院正确地认定了被告的说明和举证责任。

对于通过附送的软件使用微软公司的解码组件这一说法,被告并没有辩解由其销售和供货的软件适合用于实施有发明价值的解码步骤。相反,被告在此主张的观点是,因为微软公司被授予了专利许可,所以其对该方法步骤的实施并非违法。许可授予或者其他对涉诉专利的合法使用的前提需要由主张相应权利的一方说明和举证。在争议案件中这一方正是被告。

5. 根据被告的陈述,其在所有被诉实施例的操作说明书中将 Windows 操作系统和 Windows Media Player 指定为系统前提,上诉法院并没有因此就否定其出售或者提供内置解码器或者附送软件的设备这一间接专利侵权行为。

不能因为这样一个指定就否定间接专利侵权,因为根据上诉法院无可争议的事实认定,利用这一设备可以在无需依赖其他附加软件的情况下实施受专利保护的方法。据此,对也同样适用于实施受专利保护的解码步骤的其他软件组件的必要性的指示不能被理解为要求(用户)只用该方式实施解码。

6. 上诉法院正确地得出结论,在没有其他线索的情况下可以推定,原告对于广播组织行为的同意无论如何也适用于编码方实施的方法步骤。

a)上告人认为,根据广播组织使用涉诉专利的标准这一现实情况,可以推定其已经获得了相关的授权。

据此(上告人)并没有揭示出任何法律错误。

根据上诉判决中的事实认定,被告在一审程序中无争议地表明,广播机构无论如何通过默示的容忍被授予一个专利许可,从中不能得出原告或者涉诉专利的其他权利人与一个或者多个广播组织以书面的形式订立了专利许可合同或者其他类似的协议。尽管原告作出了不同的陈述,上诉法院无论如何可以推定一个因容忍而生的默示的专利许可的授予。

上告人没有指出被告其他的、上诉法院可以据此而肯定专利许可合同的订立的陈述。其(被告)在上诉庭审中引用的原告的陈述,即广播机构对涉诉专利没有获得专利许可,不能用来支持其论证。

b)与上告人的观点不同,由上诉法院作出的、默示的专利许可只涉及编码过程而不涉及解码过程的衡量,并不会因为一个局限于单个部分或者部分特征的专利许可比较罕见并且被法律人士认为不恰当就被认为是法律错误。

局限于一个方法专利的各个分步骤的专利许可是否常见的问题可以暂且不议。在争议案件中,根据可作为判断依据的原告的表述,其没有与广播机构订立许可合同,而是默示的容忍了他们的行为,单单因此法律原因就不该质疑上诉法院的认定。(上诉法院的)在这样的一个默示中不一定就存在一个对其他人使用行为的同意的认定是可能的并且没有什么法律错误。与上告人的观点不同,特别是既不能从收取广播电视费也不能从其他情形推导出,广播机构有意向更不用说有义务赋予潜在的观众一个针对运行接收设备的专利法上的使用权限。

c)与上告人的观点相反,从联邦最高法院关于默示授予使用方法专利许可的司法解释中不能得出相反的结论。

根据联邦最高法院的司法解释,只要没有明确的相反约定,从方法专利的所有人那里获得用于实施该方法所必要的设备的个人被允许按照预期使用该设备(BGH,GRUR 1980,38,39-Fullplast)。如果一个专利所有人授予第三人专利许可,许可其对这些设备进行营销,那么在没有相反约定的情况下,第三人有权允许其购买者实施该方法(BGH,GRUR 2007,773,Rn. 29-Rohrschweißverfahren)。

上诉法院只在探讨,可能授予了微软公司专利许可这一问题上正确引用的司法解释在当下这个问题上没有关联性,因为广播机构在发射按照专利的方法编码的信号时并没有出售任何适合使用该方法的设备。无论如何,发明的解码步骤可以被应用到作为客体的被发射的信号之上。但是不同于被诉的有解码功能的设备,这些被发射的信号并不是可以用于实施该步骤的元件。

7. 相比之下，上诉法院错误地将那些没有内置的解码器或者不附送软件出售或者供货的设备也看作涉及发明关键因素的元件。

a）正如上诉法院也没有误解的一样，这些设备不适合用于实施属于专利方法的解码步骤。

对于这些设备来说，解码只能在计算机上或者借助于软件实现，二者都不是被诉实施例的组成部分。在供应的设备上实施的解调尽管对于能够实施解码来说是必要的，但是其不属于专利权利要求中阐述的方法步骤。

b）此外，上诉法院正确地得出结论，解调器不应当被视为受保护方法的单独标的或者出发点。

根据上述引证的合议庭的司法解释，当一个被供应的设备同时可以被作为元素或者基石所利用，用于像“传动装置中的一个小齿轮”一样将受保护的发明全面地运转起来时，其与发明关键因素的必要关联性可能存在。《德国专利法》第 10 条没有规定的却是那些仅仅涉及一个受保护方法的标的或者出发点的元件。销售或者供应一个含有适合用于解码数据的数据载体，不足以用于认定涉及数据解码方法的专利间接侵权。即便少了将一个数据载体嵌入一个事先为此设计的播放器中，该解码程序既不会不完整也不会功能欠缺，这种情况下只不过缺少了实施该方法步骤的需求和动机（BGHZ 194，272，Rn. 34 = GRUR 2012，1230-MPEG-2-Videosignalcodierung）。

正如上诉法院正确认识到的，争议程序中需要被判决的解调器并不仅仅构成了受保护方法的标的或者出发点。专利权利要求中阐明的解码步骤的客体是被编码的信号，该信号在传输电视信号时根据 DVB 标准被调制到一个载波频率上。附属于被诉实施例的解调器用于将这些信号从传输的信号中解压。因此，它们不是传输方法的标的或者出发点，而是用于实施传输的设备。

c）不同于上诉法院的观点，这不足以肯定《德国专利法》第 10 条第 1 款规定的与发明的关键因素的必要关联性。

aa）专利权利要求中阐明的解码步骤虽然表现为发明的关键因

素,但是不同于上诉法院的观点,解调器并不能单单因为受专利保护的、对按照 DVB 标准传输的电视信号的解码没有事先的解调就无法实现这一点就可以展现出其与上述因素有足够的关联性。

根据上述引证的合议庭的司法解释,当一个元件的使用与专利权利要求中预见的某一程序步骤的实现有因果关系时,该设备可以被视为"传动装置中的一个小齿轮"。但通常情况下此处要求元件被使用于实施该程序步骤,在一个前置程序步骤上的使用原则上不足以构成该条件的满足。

在争议案件中解调表现为一个尽管必要但仅仅是权利要求中提到的解码步骤的前置程序步骤。在此欠缺必要的关联性。

在上告法律审中被认定为有争议的、关于被诉设备仅仅适合对 DVB 信号处理的被告陈述并不会在此得出相左的结论。根据这一陈述虽然可以很明显地得出设备被设定用于将接收到的信号为接下来的解码的目的进行解调。但是,根据一个元件被设定用于实现一个受保护程序的前置程序步骤这一情形不能得出其与发明的关键因素存在关联的结论。

bb)对接收到的信号的解调是否可以解读为专利权利要求中提到的"传输"特征,在此无须作出最终决定。这一特征无论如何不是《德国专利法》第 10 条第 1 项中规定的发明的关键因素。

根据合议庭的司法解释,当一个元件虽然在使用时可以被用到,但是只具有一个完全处于次级的意义(untergeordneter Bedeutung,参见 BGHZ 171,167,Rn. 20 = GRUR 2007,769 - Pipettensystem)并且对于受保护技术方案的实现没有任何贡献(BGHZ 194,272,Rn. 32 = GRUR 2012,1230 - MPEG - 2 - Videosignalcodierung;BGHZ 171,167,Rn. 18 = GRUR 2007,769 - Pipettensystem;BGHZ 159,76,86 = GRUR 2004,758 Flügelradzähler)时,该元件与发明的关键因素不存在关联。

鉴于争议设备只用于接收和解调发射出来的信号,但是并不适合用于专利权利要求中提到的解码,上段提到的前提在争议案件中得到满足。

对于编码信号的传输虽然属于专利权利要求中的技术特征。然而,根据专利权利要求,位于有发明意义的编码和有发明意义的解码之间的程序步骤并不具有本质的意义。特别是根据涉诉专利的技术方案,经过何种通道以何种形式并且用何种元件进行传输本质上无关紧要。据此,仅仅用于对该传输阶段的进一步组织和实现的元件只具有完全次级的意义。因此,该元件与发明的关键因素没有关联。

Ⅳ. 只要该被撤销的判决之后将被判决驳回,那么合议庭就可以对此案件作出决定,因为对该案的判决已经成熟(《德国民事诉讼法》第563条第3款)。

从上诉法院没有法律错误的事实认定中可以得出,正如上文已经阐述的,那些没有内置的解码器或者不附送软件被出售或被供货的设备与发明的关键因素无关。因此间接专利侵权不存在。本案的诉讼请求是否因为涉案设备的使用人使用 Windows Media Player 进行解码并且微软公司对涉诉专利有专利许可就不能成立,在此无需作出判决。

V. 对于诉讼费用的判决根据《德国民事诉讼法》第92条第1款作出。

第二节 "音频信号编码案"案件评论

一、案情简介

一家中国企业生产移动电视设备以及带有解码 DVB 电视信号软件或解调软件的 USB 盘。该中国企业一方面通过一个欧洲的进口商将这些产品进口到德国,另一方面还将产品提供给另外一家中国公司,该公司也将这些产品供应到德国。该中国生产企业因为间接专利侵权在德国被起诉。⑨

涉诉专利在欧洲被成功注册,效力及于德国,是一个用于传输数字化的 MPEG-2 音频信号的方法专利,专利中受保护的方法包含多个涉

⑨ 参见 BGH, GRVR 2015, 407。

及音频信号的编码和解码的程序步骤。中国企业被诉侵权的实施例有三个，第一个实施例包含一个解码装置，涉诉专利中提到的 MPEG-2 音频信号包含在 DVB 信号当中，可以通过涉诉电视设备被解码；对 MPEG-2 信号的解码还可以通过一个计算机软件进行，比如微软公司的 Windows Media Player，第二个被诉实施例即是那些附送了该解码软件的 USB 盘；被诉的第三个实施例是一个既没有解码装置，供货时也不附送解码软件的信号接收设备，这些以 USB 盘为载体的设备只能用于对电视信号进行接收和解调，不能进行解码。但是，如果没有这一解调步骤，涉案专利中描述的根据 DVB 标准对传输的电视信号的解码没有可能实现，可以说第三个被诉实施例可以实施的解调步骤是受保护专利中解码步骤的前置步骤，但是涉诉专利的权利要求中并没有对解调步骤进行详细的描述。另外，专利中描述的编码步骤皆由广播机构实施，也就是说所有的被诉实施例都不能全部实施专利中的全部步骤，受保护的编码和解码步骤将由不同的行为人实施。

在第一审程序中原告的请求没有得到法院的支持。在上诉程序中卡尔斯鲁厄州高等法院全面认可了原告的诉讼请求，撤销一审判决并判决中国企业有出示会计记录和支付损害赔偿的义务。德国联邦最高法院在判决中对三款接收设备区分对待，针对第三款被诉实施例撤销了认定被告侵权的判决。

法院在判决中主要依据《德国专利法》第 10 条第 1 款的规定。根据该条规定，专利权的效力表现在：在本法的适用范围内，任何第三人未经专利权人的同意不得向无权使用受专利保护的发明的人提供（Liefern）或许诺提供（Anbieten）涉及发明关键因素（sich auf ein wesentliches Element der Erfindung beziehen）的元件（Mittel），当其明知这些元件适于且就是用于发明的使用，或者上述情形根据情势显而易见时。法院认为被诉的第一款和第二款实施例涉及解码方法这一发明的关键因素，并且被告中国企业明知其产品的购买者会用其产品实施专利侵权行为，因此其对该两款产品的供货行为构成间接专利侵权。对于被诉的第三款实施例，法院认为其并不涉及解码方法这一发明的关键因素,虽然该实施例可以实施的解调步骤是解码步骤的前置条件,但是一则专利文件中并没有对解调步骤进行详细的描述,二则该步骤对于发明的实现不起作用(nichts beiträgt),所以被告对该款实施例的供应行为不构成专利侵权。

鉴于编码和解码步骤分别由广播机构和元件的购买者实施,关于判断专利侵权时是否要求由一个人实施所有受保护的程序步骤的问题,德国联邦最高法院作出了否定的回答。在其以前的司法解释中,联邦最高法院就已经认定,专利侵权不仅可以通过单独侵权的形式,通过由一个人实现所有程序的步骤被做出,而且在实现每一个程序步骤时可以以共同侵权和同时侵权的形式做出。[10]"音频信号编码案"判决的创新之处同时也是一个很重要的成果在于,联邦最高法院确立了,即使对于方法专利的间接专利侵权行为也不要求专利权利要求的程序步骤必须被同一个人实施。当一个涉及专利关键方法的元件以实现该方法的目的被提供或者许诺提供时,即便是该方法的程序步骤被两个或者更多个主体实施,提供或者许诺提供行为也可能构成间接侵权。

二、案件的意义

德国早在帝国法院时期就确立了专利地域保护的一般原则,即在没有专利注册的国外的专利使用行为不构成对在德国成功注册的专利的侵害。[11]但是随着贸易国际化的推进,经常有在国外生产的侵权产品流入德国国内。对于作为专利所有人的德国企业来说,他们不仅满足于只在德国国内制止侵权行为,而且有很大的经济上的需求追根溯源,找到位于国外的侵权产品生产商,并试图通过在德国进行的诉讼程序达到从源头上制止侵权的目的。[12]针对这个问题,德国联邦最高法院在过去的几年里不断地进行探索,在认定外国公司的专利侵权行为方面作出了诸多司法解释。

该判决不仅是德国联邦最高法院近期关于间接专利侵权的最重要

---

⑩ BGH GRUR 2007,773,Rn. 19-Rohrschweißverfahren.

⑪ RGZ 30,52,55.

⑫ Steininger,GRUR 2017,875.

的判决之一，而且该判决还涉及《德国专利法》对域外专利侵权人的法律规制问题，特别是因为该案的被告恰恰是中国的一家生产企业，所以该判决对于中国企业在与德国商业交往中的知识产权合规问题有着非常典型的指导意义。

前一篇“MP3 播放器进口案”中虽然也有中国生产企业介入，但是案件的主要被告是营业地位于德国的货运企业，原告的诉讼请求是要求被告同意销毁被海关扣押的侵权产品，案件主要涉及货运企业作为承运人对其所运输的涉及专利侵权货物的审查义务的范围，以及违反该义务而产生的责任问题，法院判决的法律依据是《德国专利法》第 9 条，案件追究的是货运公司的专利侵权责任而不是中国企业作为侵权产品生产商的责任。“音频信号编码”案涉及《德国专利法》第 10 条的间接侵权行为，作为该条标的的侵权行为并不是参与到购买者违反专利法义务的直接侵权行为当中，而是一个独立做出的侵权行为。

三、间接专利侵权及其判断标准

1. 预防性的保护

《德国专利法》第 10 条以补充第 9 条关于直接专利侵权行为的规定的形式将间接专利侵权行为以独立构成要件的规定予以禁止，此处有异于多个侵权人直接共同侵权和帮助、教唆侵权的法律机制。[13] 具体而言，《德国专利法》第 10 条在间接侵权构成要件的设计上并不从属于他人的直接侵权行为，[14]因此即使使用专利的直接专利侵权行为尚未发生，也可成立间接侵害。间接侵权的构成要件只能通过间接侵权行为人提供或者许诺提供相应元件的行为实现，不要求其生产、使用或者占有该元件。[15] 正是由于《德国专利法》第 10 条规定的间接侵权

⑬　杨宏晖：《论专利权之间接侵害与竞争秩序之维护》，载《公平交易季刊》第 16 卷第 1 期(97/01)，第 122、123 页。

⑭　BGH GRUR 2001，228-Luftheizgerät.

⑮　Schoenen in Hasselblatt，MAH Gewerblicher Rechtsschutz，5. Auflage 2017，§38，Rn. 51.

行为具有"危害专利的事实"(Patentgefährdungstatbestand)这一天然属性,⑯因此赋予专利权人在这种情况下预防性的排除侵权风险的权利。因此,只要能预见到购买者利用供应元件实施专利侵权的可能性,便可主张供货商的间接侵权责任。这样的法律设计有助于在供应侵权元件的前期就对其加以禁止,以避免将来发生的利用其作出对发明的无权使用行为,这种法律机制提供了从源头切断专利侵害的可能性,特别有助于方法专利和组合专利权利人行使其专利权,⑰在事实上强化了对专利权的保护。

2. 同时犯机制的引进

在此案中,德国联邦最高法院明确地援引了刑法上的同时犯和共犯的法律机制来比较分析被诉侵权人的侵权责任。

同时犯在不具备有意识和有意图的共同作用的情况下致使条件产生,该条件要么互相结合、要么单独适合用于成就犯罪结果。同时犯不同于共犯,他们互相之间没有商议好的共同犯罪行为,每个同时犯因为其犯罪行为独立地被处以刑罚并且在债法上承担因其行为而导致的损害赔偿义务。⑱

类推到民法中,一个同时侵权人是一个损害的共同诱因人,该损害通过多个独立的个体行为在不具备有意识的共同作用的情况下产生。同时侵权人不同于共同侵权人,他们之间没有商议好的共同的侵权行为。每一个同时侵权人原则上不依赖于其他人对侵权的贡献而有义务对因其导致的损害承担全部损害赔偿责任。在评定侵权人的过错时也是针对每个同时侵权人各自进行。如果多个同时侵权人需要对同一个经济利益承担责任,那么这些同时侵权人根据《德国民法典》第 840 条第 1 款作为共同债务人承担责任。联邦最高法院在本案中认定:作为

---

⑯ BGH (X ZR 37/90) GRUR 1992,40-beheizbarer Atemluftschlauch;BGH (X ZR 48/03) GRUR 2004,758-Flügelradzähler.

⑰ 杨宏晖:《论专利权之间接侵害与竞争秩序之维护》,载《公平交易季刊》第 16 卷第 1 期(97/01),第 123 页。

⑱ Murmann,U.,Die Nebentäterschaft im Strafrecht,1993 (Diss.);Otzen,K.,Die Haftung der Nebentäter,1997.

同时侵权人参与专利侵权的行为人应当全额承担损害赔偿义务。对该侵权行为的贡献是否因发生在国外而在《德国专利法》的适用范围之外是无关紧要的。

这一判决是联邦最高法院司法解释的继续发展，在之前的司法解释中联邦最高法院肯定了对于专利侵权也可以适用同时侵权责任。[19]可以被认定为同时侵权人的还包括那些因为自己可受指责的行为共同造就了专利侵权的人。[20] 当行为人没有阻止第三人的行为，而该行为导致了专利侵权的发生时，可以认为对侵权行为的贡献已经存在。[21]在对同时侵权人进行侵权认定时，如果一个具体的案例中涉及一个具有多个程序步骤的方法专利，那么即使当某些受专利保护的步骤被第三方实施并被吸纳到自己的行为中来时，也足以构成同时侵权的认定。[22]

结合本案来看，即便编码程序通过广播机构实施，而购买涉诉元件的人只能利用该元件实施涉诉专利描述的解码步骤，然而这已经可以认定该元件适合用于对涉诉专利的使用，因此即便当其购买者不会自己实施所有的方法步骤，[23]也足以认定元件的提供者对方法专利的间接侵权行为。

3. 过错的判断

(1)“音频信号编码案”的情形

同时犯的认定以过错为要件。在本案中联邦最高法院认定，专利侵权的产品是在德国还是在国外交给德国的进口商对于侵权的判断无关紧要。关键在于本案中的中国企业应当意识到由其供货的德国进口

---

⑲ BGH, Urteil vom 27. Februar 2007 – X ZR 113/04 Rn. 19 – Rohrschweißverfahren; BGH, Urteil vom 17. September 2009–Xa ZR 2/08 Rn. 34–MP3–Player–Import.

⑳ 参见 BGH, Urteil vom 17. 09. 2009, Xa ZR 2/08 – MP3 – Player – Import; Urteil vom 30. Januar 2007, X ZR 53/04–Funkuhr II。

㉑ 关于因义务的违反而承担间接侵权责任的问题详见前一篇“MP3 播放器进口案”的判决和评论。

㉒ 比较 BGH, Urteil vom 27. 02. 2007, X ZR 113/04–Rohrschweißverfahren。

㉓ Kendziur, Mittelbare Verfahrenspatentverletzung bei Lieferung nach Deutschland, GRUR–Prax 2015, 147.

公司可能会将产品进口至德国用于销售和使用。况且该中国企业还在其德文版的网页页面上将该德国进口公司描述为其销售商。由此可以推定其对于在德国可能发生的专利侵权行为是可以预见的,因此对于直接侵权行为的发生具有明显的过错。

同时,对于可能发生的直接专利侵权行为的预见并不要求可能的直接侵权人(元件的购买者)实际上实施了专利侵权行为,只要在供货商提供或许诺提供涉诉元件时知道其购买者有使用的意图就足以。根据德国联邦最高法院的司法解释,购买者是否决定利用该元件实施专利是购买者自己的内部行为,与元件提供者间接侵权的判断无关。㉔当被供应的元件对于供货商或者许诺提供者来说显而易见适合被用于专利侵权时,其间接侵权行为就已经可以被认定。这样的法律设计有助于减轻专利权人的举证负担。

在本案中明知或应知的判断上,联邦最高法院司法解释区分两种情形:一是供货商知道购买者已经决定了将元件用于专利侵权。二是根据案件中的具体情形,这样的一个决定可以被显而易见地预见到。针对第二种情况最高法院特别强调了,当供货商或者销售商自己建议对其供应的元件进行侵害专利的使用时,明知或应知前提条件便得到满足。㉕

(2)“密封系统”(Abdichtsystem)案对过错标准的新发展

在2017年的“密封系统”案中,德国联邦最高法院对供货商的过错问题进行了更进一步的发展。虽然该案的法律依据是《德国专利法》第9条,但是在对于供货商过错的判断上也对第10条的间接侵权行为有借鉴意义,特别是在供货商什么情况下应当知道其购买者会在德国使用其供应的元件,从而存在专利侵权可能性的问题上。

“密封系统”案处理的问题是当身居国外的供货商过失地参与了在德国发生的专利侵权行为时的侵权责任。联邦最高法院首先确认了其在之前的司法解释特别是“MP3播放器进口案”中确立的基本原则

㉔ BGH (X ZR 247/02) GRUR 2005,848,851-Antriebsscheibenaufzug.

㉕ BGH (X ZR 153/03) GRUR 2006,839,841-Deckenheizung.

也适用于行为人在德国国外的情形。[26] 也就是说，那些因为其在德国国外的行为过失地促成了第三人在德国国内的专利侵权行为的人也是《德国专利法》意义上的侵权人。[27]

位于国外的经营者在德国承担专利侵权责任的问题具有越来越多的现实意义。在很多情形下，专利所有人无法证明国外的经营者明知其行为会导致接下来在德国的专利侵权。所以大部分情形只能通过证明过失来解决。[28]

过失以违反审查义务为前提。德国法院认为，要想认定供货商的间接侵权责任，需要证明其知道专利的存在并且知道专利的保护范围。原则上来说，供货商没有一般审查义务，可以默认其采购商不会利用其产品从事专利侵权行为。[29] 这只是说采购商有将产品转运到德国销售的抽象的可能性还不至于使供货商有义务去审查其产品是否在德国造成专利侵权。[30] 一个审查义务产生的时刻，是当有一个具体的线索存在时，这个线索使第三方的侵权行为变得显而易见(naheliegend)。[31]

要想避免在德国承担侵权责任，国外的经营者应当在多大程度上履行其审查义务，对此“密封系统”一案首次发展出了清楚的标准。[32]

其中被认为有具体线索表明被供货商供货的产品会在德国市场上使用的情形有：[33]

a. 供货人知道其所供应货物成功地转运到了德国，或者知道该货物即将被运往德国。

b. 供货人非常大量地运送涉案专利的客体，以至于这些货物几乎不可能只被投入专利不受保护的市场。然而这种情况在实践中很难划清界限。什么时候构成大量？作为供货商应该在多大的地域范围内预

---

[26] BGH, GRUR 2017, 785, 788-Abdichtsystem.

[27] BGH, GRUR 2009, 1142, 1144-MP3-Player-Import.

[28] Steininger, GRUR 2017, 875, 878.

[29] BGH, GRUR 2017, 785, 788-Abdichtsystem.

[30] BGH, GRUR 2017, 785, 788-Abdichtsystem.

[31] BGH, GRUR 2017, 785, 788-Abdichtsystem.

[32] Steininger, GRUR 2017, 875, 878.

[33] BGH, GRUR 2017, 785, 789-Abdichtsystem.

估被其供货的购买者的国际分布情况?[34] 这些问题都还需要通过更多的实践操作来回答。

c. 供货人与购买者的下述行为有明显的关联作用:购买者在国内市场上的、可被感知到的、并且有侵权潜在可能的行为。

d. 供货人知道由自己运往德国的专利产品和在德国市场上能够买到的专利产品之间的巨大差异。[35]

相反,被认为不够具体证明被供货的产品可能被用到德国市场的线索有:

a. 采购者(也)在德国市场上从业的事实。[36]

b. 供货人供应的产品有德语的操作说明,但是因为购买者也在德国市场上从业,所以显而易见也会用德语的产品操作说明销售其产品。[37]

4. 非法提供涉及发明关键因素的元件

(1)管辖权问题

《德国专利法》第10条只规定了在国内从事侵权行为的情形。但是从国外向德国国内销售或者供货的行为也同样包含在第10条的规制范围。[38] 在此只需要满足的前提是,国外的销售商或者供货商知道或者根据具体情形显而易见,该元件适合用于专利的使用或者就是为使用专利而生产的。[39]

(2)元件的定义

作为间接专利侵权的客体的标的,一个元件本身可能不能用于实现专利权利要求的技术方案,但是适合用于发明的使用。[40] 该标的应该能像"传动装置的一个小齿轮"一样作为一个元件来实现受保护发

[34] BGH,GRUR 2017,785,789-Abdichtsystem.

[35] BGH,GRUR 2017,785,789-Abdichtsystem.

[36] BGH,GRUR 2017,785,789-Abdichtsystem.

[37] BGH,GRUR 2017,785,789-Abdichtsystem.

[38] Busse/Keukenschrijver/Schwendy PatG §10 Rn. 15.

[39] BGH GRUR 2016,257-Glasfasern II.

[40] Scharen GRUR 2008,944.

明的正常使用。[41]

《德国专利法》第10条语境下的这样一个“元件”应当被理解为一个有体的但不一定是固体的，也可以是液体的或者气体的标的。[42] 对一个设备专利（Vorrichtungspatent）来说，元件可以是受专利保护的整个设备的每个部分，[43]也可以是用于实现受保护方法的一个装置或者辅助设备。[44] 如果整个设备的使用能导致对发明的使用时，这整个的设备也可能成为适格的元件。[45] 但这并不是说该元件本身必须要与现有技术相比有创造性。[46]

该元件甚至不需要具备新颖性，有些情况下该元件是在日常商业活动中从公开市场上容易取得的产品，比如说像是钉子、螺丝这样的通用商品，它们一般具有多种用途。销售和供应这些元件通常情况下是自由的，只有当这些元件的提供者故意积极地促使被提供者利用这些通用元件去实现专利侵权行为时，例如教唆和帮助侵权的情形，才会被认定为间接专利侵权，[47]这一点被规定在《德国专利法》第10条第2款。

根据杜塞尔多夫州法院的观点，即便是电子编辑的数据也可以考虑作为间接侵权的标的。[48] 例如，那些如何生产某个产品或者如何使用某个方法的指示这样的无体的、无形的、智慧性的元件，从传统上来

---

[41] Benkard in Scharen, Patentgesetz-Kommentar, 11. Auflage 2015, § 10 Rn. 4.

[42] BGH GRUR 2001, 228, 231 - Luftheizgerät; König Mitt. 2000, 10, 12; Cohausz GRUR 99, 690; a. A Mes GRUR 1998, 281, 282; Haedicke/Zech GRUR-Beilage 2014, 52, 56.

[43] BGH GRUR 2001, 228-Luftheizgerät.

[44] 比较 LG Düsseldorf GRUR Int. 1989, 695; Mes Rn. 7; hinsichtlich Verfahren und Hilfsmitteln König MittdtschPatAnw 2000, 10; nach LG Düsseldorf InstGE 1, 26, 32 auch digital aufbereitete Daten; vgl. Kühnen Rn. 62。

[45] BGH GRUR 2001, 228-Luftheizgerät.

[46] Smielick, BGH entwickelt Grundsätze zur mittelbaren Patentverletzung fort, http://www.cmshs-bloggt.de/gewerblicher-rechtsschutz/patentrecht/bgh-entwickelt-grundsaetze-zur-mittelbaren-patentverletzung-fort/.

[47] Mes, PatG/GebrMG Kommentar, § 10 Rn. 33f.

[48] LG Düsseldorf InstGE 1, 26, 32.

看不属于第 10 条规定的元件范畴。[49] 有学者认为这一传统定义在当下数据处理和传播的时代已经不合时宜，如果被供货商提供的信息拥有操作机器的功能，那么它们应当也能成为间接专利侵权的适格客体，比如说可以用来立体打印的 CAD 数据。[50]

(3)涉及发明的关键因素

通常来看，专利保护只及于那些与专利的发明有特殊关系的元件，也就是表现为专利的一个关键因素。[51] 因此间接专利侵权的前提也一直是侵权人供应或者运送一个涉及发明关键因素的元件。[52] 早在"叶轮计数器"(Flügelradzähler)一案中德国联邦最高法院就认定，在专利权利要求中提到的因素在通常情况下(regelmäßig)属于专利的关键因素，特别是无关涉及的权利要求中的特征属于现有技术还是只是上级概念(Oberbegriff)的一部分。[53] 该判决导致在当时的实践中，只要权利要求中提到了某一元件就可以肯定该元件与发明的关键因素相关。[54] 长期以来据此形成的基本原则是，权利要求中的各个特征同等重要，每一个在专利权利要求中被提到的元件都被认为涉及发明的关键因素，因此也就自动满足了间接专利侵权的第一个前提。[55]

从 2015 年的"MPEG-2 视频信号编码"(MPEG-2 Videosignalcodierung)一案开始，该原则被德国联邦最高法院打破。联邦最高法院在"MPEG-2 视频信号编码案"的判决中阐述到，只有当一个元件在实现受保护的发明时与发明专利权利要求的一个或者多个特征在功能上相

---

[49] Benkard in Scharen, Patentgesetz-Kommentar, 11. Auflage 2015, § 10 Rn. 4.

[50] Haedicke/Zech GRUR-Beilage 2014, 52, 56 für CAD-Dateien.

[51] Schoenen in Hasselblatt, MAH Gewerblicher Rechtsschutz, 5. Auflage 2017, § 38, Rn. 51.

[52] Schoenen in Hasselblatt, MAH Gewerblicher Rechtsschutz, 5. Auflage 2017, § 38, Rn. 51.

[53] GRUR 2004, 758, 761.

[54] Hahn, GRUR-Prax 2013, 261.

[55] 比较 BGH GRUR 2004, 758-Flügelradzähler; BGH GRUR 2012, 1230-MPEG-2-Videosignalcodierung; BGH GRUR 2015, 467-Audiosignalcodierung。

互作用,[56]而且通过使用该元件在事实上能实现受保护的发明思想时,才能认定该元件在《德国专利法》第10条的意义上涉及发明的关键因素。那些尽管在使用该发明时会用到,但是对于实现发明思想不会做出贡献的元件不足以用来判断构成间接侵权。

联邦最高法院在"音频信号编码案"的判决中延续了这一司法解释。对于涉案的第一款和第二款被诉实施例,即装备有解码功能以及附送解码软件的接收设备,在判决时最高法院肯定了上诉法院的观点,认为这些设备符合《德国专利法》第10条第1款意义上的元件定义,因为该设备适合用于实施专利权利要求中描述的解码步骤。[57]

(4)发明步骤的前置步骤不涉及发明的关键性因素

该案的难点是第三款被诉实施例的侵权判断问题。第三款实施例是那些既没有解码装置又没有解码软件,而是只有解调器的USB盘信号接收设备,他们不能用于实施受专利保护的解码程序步骤。但是该专利保护的传输行为在狭义上可以被理解为,不仅包括通过广播机构将信号发射出去以及对信号的接收,还包括为此所必要的对载波信号的调制和解调,考虑到第三款被诉设备适合用于对接收到的信号进行解调,而该解调程序对于接下来的解码程序的实现是必要前提,所以本案需要解决的关键问题可以抽象为当一个元件仅仅用于实现专利权利要求中描述的程序步骤的前置步骤时,该元件是否可以被认定为涉及《德国专利法》第10条第1款意义上的发明的关键性因素。

联邦最高法院认为,尽管从原则上来说,当涉诉元件的使用与实现专利权利要求中描述的方法步骤存在因果关系时足以肯定侵权构成要件的存在,但是如果该元件像在本案中一样只是用于受专利保护的程序步骤的前置步骤,那么上述原则便不再适用。即便是试图将接收和解调信号解读为专利权利要求中包含的"传输"这一特征,也不会得出

---

[56] 比较 BGH GRUR 2004,758-Flügelradzähler;BGH GRUR 2012,1230-MPEG-2-Videosignalcodierung;BGH GRUR 2015,467-Audiosignalcodierung。

[57] Smielick, BGH entwickelt Grundsätze zur mittelbaren Patentverletzung fort, http://www.cmshs-bloggt.de/gewerblicher-rechtsschutz/patentrecht/bgh-entwickelt-grundsaetze-zur-mittelbaren-patentverletzung-fort/.

不同的判决结果。因为根据专利的技术方案,传输以何种形式进行是无关紧要的,传输这一特征在专利中仅仅具有次要的意义,传输行为并不会对标的为编码和解码程序的发明的实现做出任何贡献。[58] 传输过程中用到的元件不会涉及《德国专利法》第10条第1款意义上的专利的关键要素。因此,联邦最高法院否定了第三款被诉实施例间接侵权的存在。[59]

由此例子出发联邦最高法院引申出了一个基本原则,即在《德国专利法》第10条第1款规定的间接侵权认定时,起决定性作用的不仅仅是一个元件与一个请求权特征在因果关系上相互作用的事实,更重要的是取决于该特征对于发明的实现是否起到一个功能性的作用。而要判断该功能性作用的存在与否只能在个案中通过分析比较发明的标的进行判断。[60] 在本案中,传输行为不具有该作用。

上述调制和解调的传输行为并没有在专利权利要求中被详细地描述。所以值得思考的是,假如专利的权利要求中更加详细地描述了传输行为的话,法院会不会作出不一样的决定。有学者认为,上述的改变对判决结果的作出不会产生影响。因为仅仅在专利权利要求中对传输行为进行更加详细地描述并不能表明这些相关特征就会对发明有功能性的影响。[61] 但也有实务界人士认为如果专利权利要求中不仅把编码和解码步骤,而且也把调制和解调的步骤写进去,即便只是泛泛地表述,也很有可能导致法院作出不同的判决,并以此案为鉴,提醒实务界在撰写专利时不应该只遵循"少即是多"的原则,将多余的特征从专利

---

[58] 比较 BGH GRUR 2004, 758 - Flügelradzähler; BGH GRUR 2012, 1230 - MPEG - 2 - Videosignalcodierung; BGH, Urteil vom 27.02.2007, X ZR 38/06-Pipettensystem。

[59] Smielick, BGH entwickelt Grundsätze zur mittelbaren Patentverletzung fort, http://www.cmshs-bloggt.de/gewerblicher-rechtsschutz/patentrecht/bgh-entwickelt-grundsaetze-zur-mittelbaren-patentverletzung-fort/.

[60] Smielick, BGH entwickelt Grundsätze zur mittelbaren Patentverletzung fort, http://www.cmshs-bloggt.de/gewerblicher-rechtsschutz/patentrecht/bgh-entwickelt-grundsaetze-zur-mittelbaren-patentverletzung-fort/.

[61] Smielick, BGH entwickelt Grundsätze zur mittelbaren Patentverletzung fort, http://www.cmshs-bloggt.de/gewerblicher-rechtsschutz/patentrecht/bgh-entwickelt-grundsaetze-zur-mittelbaren-patentverletzung-fort/.

权利要求中删除。

四、该判决对实践的意义

1. 方便专利权人主张权利

间接专利侵权法律规定的目的在于方便专利权人行使其权利。[62]通过这一法律制度专利权人不会被限制在只能针对直接侵权人主张权利,因为直接侵权人即侵权产品的直接使用人在很多情况下难以直接确定。相反作为间接侵权人的产品供货商很容易被确定,有助于权利人主张权利。[63]

通过此判决,德国联邦最高法院使得与外国相关的间接侵权诉讼变得更加简单。在此之前,只有当一个无权使用发明的第三方在国内供应涉及发明的关键因素的元件,并且用于在国内使用该发明时才构成间接专利侵权。这个是当时闻名的"双重国内关联":一方面间接专利侵权人必须在国内供应涉及专利关键因素的元件,另一方面该发明必须在国内被购买者非法使用。

在"音频信号解码案"的判决中,德国联邦最高法院扩大了可以因为间接专利侵权而被主张权利的人员范围。法院在该案中判决指出:在德国国外向第三人提供一个涉及发明的重要因素的元件的当事人,当前述第三人明知并且有意识地以使用该发明为目的在德国境内转运该元件时,运送该元件的行为落入《德国专利法》的适用范围。

在此案中,德国联邦最高法院明确了,作为同时侵权人对该侵权行为的贡献是否因发生在国外而在德国专利法的适用范围之外是无关紧要的。当行为人没有阻止第三人的行为而该行为导致了专利侵权的发生时,对侵权行为的贡献可以被认为已经存在。

根据该司法解释,在将来每一个对在德国境内发生的专利侵权做出了明显贡献的人都将承担责任,即使是该贡献行为完全发生在国外。

---

[62] Benkard in Scharen, Patentgesetz-Kommentar, 11. Auflage 2015, § 10 Rn. 2.

[63] 参见 BGH GRUR 61, 627-Metallspritzverfahren; LG München I GRUR 52, 228, 229; BGHZ 115, 205, 208-beheizbarer Atemluftschlauch; BGH GRUR 2004, 845-Drehzahlermittlung; BGHZ 159, 76-Flügelradzähler。

这样一来,直接侵权和间接侵权之间的区别不复存在。对于专利权人来说,这意味着打开了一个新的可能性:即便是对间接专利侵权也可以追究只在德国国外营业的企业和个人的责任。

该司法解释反过来也会影响国外的企业和个人。如果某个个人在没有专利保护的德国国外,将一个在德国受专利保护的发明的关键因素供货给第三人,那么当其知道或者实际上必须知道该产品会在德国导致专利侵权时,该供货人可能会被德国法院判决专利侵权。因此,只在德国国外营业的个人和企业也不能忽视那些只在德国境内有效的专利。

2. 提高了间接专利侵权构成要件的判断标准

从判决中可以明显地看到对于间接专利侵权构成要件要求的提高。[64]

在以后的实践中对于元件特征之判断将更加严格,特别是要考虑该元件是否能在事实上作为一个“系统中的一个小齿轮”对于受保护发明的实现在功能上发挥作用。[65] 之前判决中的该元件是否在权利要求中被明确表述已不再足够用于判断。将来要仔细分析受保护发明的权利要求并且试图找出,通过元件实现的特征是否会带来功能上的贡献。[66] 在将来,如果一个元件虽然是实施发明不可或缺的基本前提,但是不会对受保护发明的实现做出专门的贡献,那么间接侵权就不能得到满足。[67]

虽然联邦最高法院在该问题的判断上确立了些许标准,但是并没有一个明显的界限。其根本原因是,对于元件是否涉及专利的关键因素的判断是一个价值判断的问题,需要在个案中根据每个专利中具体的技术方案和元件可能做出贡献的权利要求的特征来回答。[68]

---

[64] Dombrowski, GRUR-Prax, 2012, 534; offen: Hoppe-Jänisch, Mitt. 2013, 57.

[65] Hahn, GRUR-Prax 2013, 261, 263.

[66] Hahn, GRUR-Prax 2013, 261, 263.

[67] Hahn, GRUR-Prax 2013, 261, 263.

[68] Hahn, GRUR-Prax 2013, 261, 263.

第八章　专利侵权损害赔偿数额的计算规则——共同成本份额案

第一节　“共同成本份额案”判决原文

运用法条:《德国外观设计与模型保护法》第14a条第1款第2句

一、判决要旨

1. 如果损害赔偿应当根据《德国外观设计与模型保护法》第14条第1款第2句的规定以返还侵权所得收益的形式支付,那么只有当共同成本在某些例外情形下可以直接计算到受权利保护的产品之上时才允许将共同成本从侵权所得收益中扣除。

2. 在确定侵权所得收益的数额时,不允许侵权人主张侵权所得是基于其自己特别[有效][①]的营销能力。

联邦最高法院于2000年11月2日对共同成本份额一案(案号I ZR 246/98,前审法院杜塞尔多夫州高等法院)作出的判决。

---

① 本书笔者补注。

二、案件事实

原告和被告甲是首饰行业的企业。原告是一个夹持环(镶钻铂金指环,MR 264 AG A.)外观设计专利的所有人。在诉讼双方参加的前一个诉讼程序中已经有法律约束力地确定了,被告甲和被告乙及其董事长有义务支付原告损害赔偿金,损害产生于被告以三种不同的样式商业化地生产、提供和销售涉诉外观设计的复制品。在本程序中双方当事人争议的焦点在于损害赔偿金的数额。

在1989年9月12日的函件中,被告人记录了生产和销售三种复制品所得的收益和利润。根据这份清单,总利润达到11694.35德国马克。

原告起诉要求被告偿还根据其会计报告计算出的120703.92德国马克的侵权所得利益。被告甲有证据证明数额存在争议的109009.57德国马克共同成本应当在盈利调查时出于法律的原因不予以考虑。此外,夹持环的生产和销售对被告的共同成本没有任何影响。损害赔偿请求也可以采用请求支付适当许可费用的形式,考虑到此处的特殊情况将该费用确定为82157.70德国马克,这相当于被告销售收入的30%。

两被告对控诉提出反对观点。他们认为,侵权所得利益不应超过会计账目所示的11694.35德国马克,因为共同成本应全额扣除。适当的许可费用应为实际所获利润的30%,也就是3508.30德国马克。

州法院参照专利许可的基本原则判决两被告连同利息共同支付38306.43德国马克,并驳回了其他的诉讼请求。双方当事人分别就该判决提起上诉。当时为了防止如今已被撤销的前审判决的强制执行,被告已向原告支付了39880.13德国马克。

原告在上诉程序中请求改判州法院的判决,并判决两被告作为共同债务人向其支付连同利息在内一共120703.92德国马克。

被告请求驳回原告的上诉请求并且部分改判前审被撤销的判决,以使得(赔偿)数额连同利息不超过3508.30德国马克。此外,被告还根据《德国民事诉讼法》第717条第2款请求判决原告扣除(被告)实际应当支付的赔偿额,返还其当时为了防止被撤销的州法院判决的强制执行而支付的 39880.13 德国马克。

上诉法院驳回了原告的上诉并且基于被告的上诉部分修改了州法院的判决，并将其重新表述为，判决两被告作为共同债务人支付原告连同利息在内的 35199.82 德国马克，驳回其余的诉讼请求。被告其他的上诉和支付请求被上诉法院驳回。

原告通过上告继续主张其被驳回的诉讼请求。被告提出了附带上告，并继续主张先前提出的上诉请求。双方当事人分别申请驳回对方的上告。

三、判决理由

原告的上告和被告的附带上告导致上诉判决被撤销并且案件被退回上诉法院重新审理。

Ⅰ. 上诉法院认为，被告有义务向原告支付 35199.82 德国马克的侵权所得利益。

通过出售作为原告受保护的外观设计复制品的夹持环，被告甲获得了 50285.46 德国马克的利润。利润的计算依据 1989 年 9 月 12 日的会计报告中记录的销售收入和成本。据此摘录出下述数字：

	指环Ⅰa	指环Ⅰb	指环Ⅰd
销售收入（不含现金折扣）	12230.00 德国马克	57950.00 德国马克	203679.00 德国马克
原材料成本	5208.00 德国马克	22896.00 德国马克	79768.00 德国马克
工资成本	1474.76 德国马克	7988.16 德国马克	29558.10 德国马克
共同成本	4799.20 德国马克	23298.24 德国马克	80912.13 德国马克

上述数据表格的“共同成本”一项无论如何需要更正。表格所展示的共同成本不能作为利润计算的基础，因为被告没有客观地给出相应的成本因素。在收益计算时应当将共同成本作为基础，该共同成本应根据首饰行业中与被告甲规模类似的企业（年收益在 500 万到 1000 万德国马克）的共同成本的平均值计算得出。按照法庭聘请专家的专业意见，作为平均值的共同成本的数额应当是销售收入的 37%（原材料共同成本：3.5%；加工共同成本：22.5%；管理共同成本：3%；销售共同成本：8%）。

但是在争议案件中却被设定，共同成本只应占销售收入的28%：加工共同成本只占销售收入的17.5%（而不是22.5%），因为在生产侵权夹持环时没有产生研发和设计成本。另外，因为被告甲很少的广告成本，销售共同成本被认定为只占4%（而不是8%）。

除了上述的例外情形，在计算被告的成本时涉及的其他数额，相比较于从可比公司计算得出的共同成本的平均值没有减少的空间，因此7.5%的人力成本部分不能被扣除。不同于原告的观点，人力共同成本并没有被包含在被告关于工资成本的清单中，因为工资成本仅包括加工工资。

据此，作为共同成本（数额为销售收入的28%）对于指环Ⅰa来说是3424.40德国马克，对于指环Ⅰb来说是16226.00德国马克，对于指环Ⅰd来说是57030.12德国马克。尽管如原告主张的一样，这些共同成本在被告不生产并且不销售侵权的夹持环的情况下也会产生，但是其还是应当被视为会导致（被告）利润的减少。

对于据此确定的50285.45德国马克的利润，被告只将其70%（也就是35199.82德国马克）作为侵权所得利益返还，因为利润不是全部基于对与原告外观设计类似的夹持环的销售。更应当确认的是，侵权夹持环的销售也在一定程度上得益于被告在其商业领域内的一些（积极）因素。这包括被告甲对其商业关系的利用和对其价格明显更低的夹持环的销售经验的运用，这些都毫无疑问地对销售起到了促进作用。

在运用类似许可费计算的基本原则计算损失时，并不会得出更高的损害赔偿额。无法想象会有理性的许可合同双方约定将稍后实际获得利润的70%作为对原告外观设计使用的许可费用。因为这远远超过了5%的平均利润，根据法官咨询的专家给出的数据，这个5%的平均利润是1985年至1989年间珠宝行业所达到的。况且在计算合适的许可费用时还应当考虑到固定成本和共同成本，因为理性的许可合同双方不会忽略对这些因素的考量。

Ⅱ.这一判决没有获得上告法律审对其所有观点的认同。

1.原告的上告

a）通过在前审诉讼程序中产生的生效判决可以认定，被告因为侵犯原告的外观设计专利权有支付损害赔偿金的义务(《德国外观设计与模型保护法》第14a条第1款第1句)。这也赋予原告要求被告吐出通过盗版和销售盗版产品获得的利润作为损害赔偿金的权利(《德国外观设计与模型保护法》第14a条第1款第2句)。

(1)据以确定侵权所得利益的基本原则由允许(损害填平 Schadensausgleich)这种形式的损害赔偿的法律规定的含义和目的来决定。据此无法得出对上诉法院观点的认同,即在计算侵权所得利益时应当从获得的(销售)收入中抽出共同成本的部分,无需考虑该共同成本是否在不生产和销售被侵权的夹持环的情况下也会产生。

对返还侵权所得利益的请求权不是请求对实际发生的损害进行赔偿,而是以另外一种方式对权利所有人因侵权所遭受的财产损失的一个公平的补偿(比较 BGH, Urt. v. 2. 2. 1995 - I ZR 16/93, GRUR 1995, 349,352 = WRP 1995,393-Objektive Schadensberechnung)。知识产权本身的特点决定了,在个案中很难确定和证明由于侵权人对权利所有人被授予的专有权利的侵害,以及由此降低其对其权利进行价值转化的可能性从而导致权利所有人错过了哪些收益。但是,如果将侵权人基于对专有权利的无权使用而获得的收益留在他手上又是不公平的(比较 BGHZ 119,20,30-Tchibo/Rolex II)。因此《德国外观设计与模型保护法》第14a条第1款第2句就包含了返还侵权所得利益的请求权这一规定,据此侵权人最终被这样对待,就像他在没有被委托的情况下作为营业负责人(总经理,Geschäftsführer)对外观设计权利进行了使用(参见专利法领域的判决 BGH, Urt. v. 29. 5. 1962 - I ZR 132/60, GRUR 1962,509,511-Dia-Rähmchen II,对帝国法院司法解释的继承;Benkard/Rogge, Patentgesetz,9. Aufl., § 139 Rdn. 72)。因为工业设计权作为一项知识产权特别脆弱而需要受到特别的保护,所以即使在侵权人过失行为导致侵权的情形下,被侵权人也应当被作为《德国民法典》第687条第2款规定的误认的事务管理行为(或者译为"自委托的事务管理行为",angemaßten Geschäftsführung)中的营业主(Geschäftsherr)来对待(比较 Staudinger/Wittmann, BGB, 13. Bearb., § 687 Rdn. 21)。同时,出于利益平衡的考量,将假设权利所有人在没有侵权行为发生的情况下,通过对其受保护权利的实施也本应能达到与侵权人获得的相同的收益(参见 BGHZ 57,116,118 f. -Wandsteckdose II;60,168,173-Modeneuheit;68,90,94-Kunststoffhohlprofil;BGH GRUR 1995,349,351-Objektive Schadensberechnung)。将侵权所得利益返还也是为了惩罚侵害行为(比较 BGHZ 68,90,94-Kunststoffhohlprofil),并且还可以用这种方式预防对于特别需要保护的知识产权的侵害行为(参见 BGHZ 57,116,118-Wandsteckdose II)。

(2)考虑到法律规定的立法本意,应当区分侵权所得利益和公司的总收益,后者还必须包含用于维持公司生存的共同成本。根据返还侵权所得利益请求权的意图和目的,在计算侵权所得利益时从获得的收入中只扣除为了生产和销售侵权标的而产生的可变(意思是取决于产品经济效益的)成本在原则上是合法的,但是扣除的内容不包括固定成本,即那些与产品各自的经济效益无关的成本(如厂房租金,固定资产折旧;比较 Lehmann, BB 1988, 1680, 1683 ff.; Möhring/Nicolini, Urheberrechtsgesetz, §97 Anm. 11b; Teplitzky, Wettbewerbsrechtliche Ansprüche, 7. Aufl., Kap. 34 Rdn. 33; Körner in Festschrift für Steindorff, 1990, S. 877, 886 f.; a. A. OLG Köln GRUR 1983, 752, 753; Schricker/Wild, Urheberrecht, 2. Aufl., §97 UrhG Rdn. 67; Eichmann/v. Falckenstein, Geschmacksmustergesetz, 2. Aufl., §14a Rdn. 15)。假如允许侵权人无限制地从其收入中扣除共同成本,那么将普遍造成从侵权行为中汲取的收益不能被完全吐出。侵权人甚至将会获得用来抵消其固定成本的边际收益(Deckungsbeitrag)(更加详细的讨论参见 Lehmann, BB 1988, 1680, 1686 f.)。这与以返还侵权所得利益为形式的损害赔偿平衡的意图和目的相违背,同时也特别不符合下面的假设理论:即通过返还侵权所得利益将被侵权人置于如此的境地,就如他在没有侵权行为发生的情况下也会像侵权人一样获得同样多的收益。因为在本案中被侵权人如果用自己的公司来生产和销售(被侵权产品)本能够通过边际收益来抵消其自身的共同成本。

与上诉法院的观点不同,由于侵权产品的生产和销售之所以能发生也因为有共同成本的部分参与,从而可以得出共同成本也与侵权行为有关联,这一理由不能用来证明笼统地扣除共同成本份额的正当性。前述的关联性通常是不存在的(比较 Lehmann,BB 1988,1680,1684)。共同成本虽然是运营[Leistungserstellung,包括企业运行的各个步骤,比如获取原材料、产品的生产和售后服务等][2]侵权产品(在有些情况下也是生产侵权产品)的前提条件。但是共同成本不能直接计算到侵权产品的广义上的生产[成本][3]中,对于固定成本(Fixkosten)来说可以相应地推测其无论如何本来就会产生(比较 BGHZ 107,67,69)。如果(或者只要)固定成本和可变共同成本在某些例外情形下可以直接计算到侵权产品(的生产)当中,则在确定侵权所得利益时应当从收入中扣除,侵权人在此应当承担陈述和举证责任(比较 Lehmann,BB 1988,1680,1685)。

在处理侵权人与被侵权人关系时的指导思想是,侵权人必须被这样对待,就像他被任命为被侵权人公司的总经理通过合适的运营管理生产和销售侵权产品。允许侵权人从其成本中轻易扣除共同成本份额的假设是与前述指导思想相违背的。在上述假想的情况下,侵权人应当只能根据《德国民法典》第 687 条第 2 款第 2 句和第 684 条第 1 句的规定,以返还不当得利为由请求补偿(营业)开支(比较 MünchKomm/Seiler, BGB,3. Aufl., § 687 Rdn. 11,m. w. N.)。与对受保护权利的未经授权的使用没有直接关联的(甚至可能经济上不合理的或者受侵权公司其他产品的生产成本严重影响的)共同成本的份额并不会使被侵权人相应地得利。假如侵权公司只从事未经授权的经营活动的话其能否存活这一点,在计算(侵权公司)合适的运营管理营业开支补偿请求时是无关紧要的,相应地,一个只生产侵权产品的公司能否在市场上存活也不能用来衡量根据《德国外观设计与模型保护法》第 14a 条第 1 款第 2 句应当吐出的侵权所得利益。对于侵权人来说维持其企业的运营虽然是其从事侵权行为的必要条件,但是这样的运营对于被侵权人而言不会带来任何好处,因为正如《德国外观设计与模型保护法》第 14a 条第 1 款第 2 句

---

② 本书笔者补注。

③ 本书笔者补注。

中的法律思想所揭示的一样,被侵权人完全可以自己维持运营一个类似的企业,而该企业本应该像侵权人运营的企业一样为其带来生产和销售的成果。

在合议庭的"幻灯片小相框(Dia-Rähmchen)II"(GRUR 1962, 509,511)一案的判决中虽然与前述确立的基本原则有别,在计算侵权所得利益时没有限制地允许从收入中扣除共同成本,但是该判决不适用于《德国外观设计与模型保护法》第14a条第1款第2句规定的情形。

(3)在即将重新审理的上诉程序中应该审查共同成本在多大范围内可以被直接归结到被侵权首饰的生产上。陈述和举证责任在被告一方。

(4)上诉法院只将其认定的被告甲收益的70%作为侵权所得利益判给了原告,因为被告甲收益的30%归因于其自身的经营成果(使用其商业关系、运用其销售知识,还有通过使销售价格比原告低30%进行促销),原告在上告中成功地抗辩了该判决。上诉法院在该判决中忽视了根据法律规定侵权所得利益应当全额返还,因此侵权人所主张的其通过未经授权的使用被侵权人受保护的权利所获得的收益,是被侵权人靠自己之力本应当无法实现的这一观点不能被认可(关于这个问题也可参见BGHZ 38,200,205-Kindernähmaschinen;60,168,173-Modeneuheit;Eichmann/v. Falckenstein aaO §14a Rdn. 15;Nirk/Kurtze, Geschmacksmustergesetz,2. Aufl., §§14,14a Rdn. 67;Heermann,GRUR 1999,625,627)。如前所述,对于返还侵权所得利益这一形式的损害赔偿请求的认可正是基于这样的思考,即侵权人应当被这样对待,就像他在没有被委托的情况下作为营业负责人(总经理)对受保护权利进行了使用。但是,根据《德国外观设计与模型保护法》第14a条第1款第2句(通过盗版或者对盗版产品的传播)所得的侵权利益的返还只限于基于侵权行为(获得的利益)与前述思想是不矛盾的(关于该问题参见BGHZ 119,20,30 f. -Tchibo/Rolex II;BGH, Urt. v. 13. 7. 1973-I ZR 101/72, GRUR 1974, 53,54=WRP 1973,520-Nebelscheinwerfer;Eichmann/v. Falckenstein aaO §14a Rdn. 15;Nirk/Kurtze aaO §§14,14a Rdn. 70)。该法律规定不是为了将侵权人的销售业绩考虑在内,而是结合具体情形考察侵犯受保护的权利生产出来的产品是否并非对受保护标的的一对一的复制，或者这些产品有其他［受保护权利所不具有的］④与（侵权）所得收益重大相关的特殊特征。

b）上诉法院是否参考专利许可费用适当地衡量损害赔偿数额的高低这一问题，在本案的情形下已经不再是决定性的问题。在这个问题上应该指出的是，与上诉法院的意见相反，在评估合适的许可费用的高低时不能忽略的事实是，理性的专利许可协议合作伙伴在协商许可协议时会将固定成本考虑在内，因为只有当这些成本能被抵消时，一个公司才能长期存活下去。

2. 被告的附带上告

a）被告通过附带上告主要辩称，上诉法院在扣除侵权所得收益的共同成本份额时没有考虑到，被告甲在出售侵权夹持环时以低于原告30%的价格销售。相应地，被告甲的共同成本在比例上高于其他同行业同规模公司的平均份额。该抗辩不能获得支持，因为（如前所述）在计算侵权所得收益时，原则上就不应该从收益中扣除共同成本份额。

b）然而，附带上告正确地辩称，上诉法院在确定侵权所得收益时没有计算到，被告甲的收益由于销售价格中的现金折扣（Skontoabzug）而被缩减。

Ⅲ. 据此，应原告的上告和被告的附带上告的请求，撤销上诉判决，并发回上诉法院，包括就上告程序的费用问题，另行审理作出判决。

第二节　“共同成本份额案”案件评论

一、“共同成本份额案”的历史性意义

1. 基于知识产权侵权行为的三种赔偿数额计算方式

在德国，知识产权侵权的被侵权人有三种方式计算侵权人需要赔偿的数额：一是通过计算其因侵权行为而导致的具体的财产损失数额，来

---

④　本书笔者补注。

确定损害赔偿额;二是侵权行为可以被假想成许可行为,从而被侵权人可以向侵权人主张支付合理的许可费;三是要求侵权人交出侵权所得收益。国内学者倾向于将交出侵权所得收益的请求权翻译为“利润剥夺请求权”(Gewinnherausgabeanspruch)。

在“共同成本份额”案判决之前,第二种类比许可费的损害计算方法在实践中应用更广。[⑤] 与第一种计算具体损失的方式相比,第二种方法免去了被侵权人自己举证证明其具体损失数额的困难,因此更加受到欢迎。[⑥] 但是计算假想许可费用的方式并没有造成侵权人侵权风险的增加,因为无论其侵权与否,最严重的后果都是支付许可费用,而这个费用本来就是其期待可能会产生的。潜在的知识产权使用人要么选择先支付许可费用然后使用知识产权,要么选择先非法使用知识产权,被权利人发现之后再通过支付假想许可费用的方式进行赔偿,对于潜在知识产权使用人来说,二者的后果几乎没有差别,甚至后一种途径对潜在知识产权使用人来说更加有诱惑力。所以第二种类比许可费的损害计算方法不利于抑制侵权行为。[⑦]

起初,在德国知识产权法中关于利润剥夺的明文法律规定只表现在《德国著作权法》(1965 年版本)的第 97 条第 1 款第 2 句和《德国外观设计与模型保护法》[⑧](1876 年版本)的第 14a 条第 1 款第 2 句中。两部法律在此采用了同样的表达:被侵权人可以不要求损害赔偿,而是要求侵权人交出其通过复制或者复制品的传播而获得的利润以及公布关于该利润的账目。[⑨] 这两部法律都使用了被侵权人可以要求侵权人交出其

⑤ Haedicke,GRUR 2005,529.

⑥ Haedicke,GRUR 2005,529.

⑦ Haedicke,GRUR 2005,529.

⑧ 直译为“图样和模型保护法”,原文 Das Gesetz über den rechtlichen Schutz von Mustern und Modellen,简称 Geschmacksmustergesetz,出于与新法区别的需要,本章统一翻译为《德国外观设计与模型保护法》。2018 年该法的名称被修改为 Das Gesetz über den rechtlichen Schutz von Design,简称 Designgesetz,本章统一译为《德国设计保护法》。

⑨ 德文原文:An Stelle des Schadenersatzes kann der Verletzte die Herausgabe des Gewinns,den der Verletzer durch die Verletzung des Rechts erzielt hat,und Rechnungslegung über diesen Gewinn verlangen。

通过权利侵害而获得的利润以“替代损害赔偿”(an Stelle des Schadensersatzes)的表述。从“替代”的表述可以确定,此处提及的利润剥夺请求权不受传统损害赔偿数额确定规则的约束,并且特别是不表现为以被侵权人预期可能获得的收益(《德国民法典》第 252 条“entgangener Gewinn”)为基础的损害赔偿请求权。[⑩]

然而,在“共同成本份额”案之前,第三种计算方法在实践中并没有发挥重要的作用。[⑪] 究其原因在于,作为利润被吐出的数额在通常情况下相当低,很多情况下甚至导致侵权人的利润低至为零、[⑫]甚至为负数。[⑬] 因为在该案之前,根据德国联邦最高法院传统的司法解释,德国法院在计算损害赔偿额时一直允许无限制地扣除全部共同成本份额,[⑭]侵权人可以从其因为侵权而获得的收益中,扣除可以大额计算的共同成本。[⑮] 这样一来,侵权人当然倾向于将诸如运营管理成本、各种租金、广告支出以及其他营销支出大量地计算到成本中去,从而导致权利人到头来可能一无所获。

2.“共同成本份额案”确立的基本原则

德国联邦最高法院第一民事审判庭于 2000 年 11 月 2 日通过“共同成本份额案”,详细地阐述了外观设计专利的权利人根据《德国外观设计与模型保护法》(1876 年版本)第 14a 条第 1 款第 2 句主张损害赔偿时的法律基础和请求范围。[⑯] 到如今,德国的外观设计法已经经过多次修改,但是由该判决发展而来的基本原则仍然适用。

判决确定,如果共同成本的份额不能被计算到具体的侵权产品中,那么该份额就不能从需要吐出给被侵权人的收益中扣除,因此利润剥夺指向的数额是不可计算到具体产品中的共同成本份额和纯利润。

---

⑩ Tilmann, GRUR 2003, 647, 648.

⑪ 参见 Osten, Mitt 2000, 95 (98) 和 lt. Haft/Reimann, Mitt 2003, 437 (Fußn. 3), 95% 的案件都利用计算假想许可费用的方式计算赔偿额。

⑫ Osten, GRUR 1998, 284, 286.

⑬ von der Osten, GRUR 1998, 284, 285f.; Pross, in: Festschr. f. Tilmann, 2003, S. 881.

⑭ Tilmann, GRUR 2003, 647, 649.

⑮ BGH, GRUR 1962, 509, 511-Dia-Rähmchen II.

⑯ Tilmann, GRUR 2003, 647.

换句话说，不能计算到具体侵权产品中的共同成本份额必须被交给被侵权人，只有这样才能保证获得的收益被全部吐出。⑰

根据该判决，利润剥夺请求权的目的不是填补实际发生的损害，而是以另外一种方式对权利所有人因侵权所遭受的财产损失的一个公平的补偿，由此就提出了这一请求权的法律性质的问题。⑱ 判决确认，因为外观设计权作为一项知识产权特别脆弱需要受到特别的保护，所以即使在侵权人过失行为导致侵权的情形下，被侵权人也应当被作为《德国民法典》第 687 条第 2 款规定的误认的事务管理行为（angemaßten Geschäftsführung，也可译为“自委托的事务管理行为”）中的营业所有人（Geschäftsherr，也可译为被代理人、本人）来对待。⑲

根据上述思考，出于利益平衡的考量，将假设权利所有人在没有侵权行为发生的情况下，通过对其受保护权利的实施也本应能获得与侵权人相同的收益。⑳ 因此侵权人不能主张其通过未经授权地使用被侵权人受保护的权利所获得的收益是被侵权人靠自己之力本应当无法实现的。㉑ 因为这一主张与侵权人应当像他在没有被委托的情况下作为营业负责人（Geschäftsführer）对外观设计权利进行使用一样被对待这一思想相违背。㉒ 将侵权所得利益返还也是为了惩罚侵权人的侵害行为。㉓

“共同成本份额”案改变几十年来延续下来的知识产权侵权损害赔偿计算传统。㉔ 该案大大地限制了侵权人可以从侵权收益中扣除的成本范围。㉕

3. “共同成本份额案”的现实意义

特别需要注意的是，该判决虽然在外观设计侵权的案件中作出，但

---

⑰ Tilmann, GRUR 2003, 647, 650.

⑱ Tilmann, GRUR 2003, 647.

⑲ BGH, GRUR 2001, 329, 331.

⑳ BGH, GRUR 2001, 329, 331.

㉑ BGH, GRUR 2001, 329, 332.

㉒ BGH, GRUR 2001, 329, 332.

㉓ BGH, GRUR 2001, 329, 331.

㉔ Haedicke, GRUR 2005, 529.

㉕ Haedicke, GRUR 2005, 529.

其发展出来的原则不仅适用于外观设计法，而且还适用于著作权法以及包括专利法和实用新型法等在内的其他知识产权法。[26] 该案之后，德国的庭审法院很快便将该司法解释运用到专利法[27]和著作权法[28]的案件当中。德国联邦最高法院第一民事合议庭更将该判决确立的基本原则应用到商标法和竞争法上的反仿冒领域。[29]

“共同成本份额案”在以被侵权人的收益为基础的赔偿数额认定上具有很大的现实意义。[30] 该案的作出在当时直接导致了专利侵权诉讼案件如潮水般涌向法院，在这些诉讼中权利人的诉讼请求都是要求侵权人吐出侵权收益。[31] 权利人自然期待通过这种计算方式获得前所未有的更高额的赔偿。在此之后，在绝大多数的知识产权侵权诉讼中被侵权人都选择以对侵权人进行利润剥夺的方式来补偿其损失。[32] 从长期来看，利润剥夺将逐步取代假想许可费用，成为专利法乃至整个知识产权领域最重要的侵权损害赔偿计算方式。[33]

该判决还对如何通过计算本可期待获得的收益的损失（entgangener Gewinn）以及合适的许可费用来计算损害赔偿数额有着重大的影响。[34] 其最大的贡献在于明确了对知识产权侵权的利润剥夺的法律基础，而该基础并不是建立在被侵权人的受损害情形之上的。[35] 根据该判决，原先习惯性的表述“三种损害计算方式”应当被改为“知识产权被侵害之后的三种补偿请求权（Ausgleichsanspruch）”。[36]

---

[26] Wolf, in: Wandtke/Bullinger, Praxiskomm. z. UrheberR, 2002, § 97 UrhG Rdnr. 62; Fähndrich, VPP-Rundbrief 2003, S. 13ff.

[27] LG Düsseldorf, InstGE 1, 276-Klemmring; LG München I, InstGE 3, 48-Rasenwabe.

[28] OLG Düsseldorf, GRUR 2004, 53-Gewinnherausgabeanspruch.

[29] BGH, GRUR 2006, 419 - Noblesse (Kennzeichen), und GRUR 2007, 431, 433 - Steckverbindergehäuse (Wettbewerbsrecht).

[30] Haedicke, GRUR 2005, 529.

[31] Haedicke, GRUR 2005, 529, 530.

[32] Grabinski, GRUR 2009, 260, 262.

[33] Haedicke, GRUR 2005, 529, 530.

[34] Tilmann, GRUR 2003, 647.

[35] Tilmann, GRUR 2003, 647, 653.

[36] Tilmann, GRUR 2003, 647.

二、德国新的知识产权法中关于利润剥夺的法律规定

2008年之前的《德国专利法》只规定了计算被侵权人的具体损失这一种损害赔偿计算方法。2008年《德国专利法》修改之后,㊲利润剥夺和假想许可费的计算方式被正式地以法律规定的形式确定下来。其中,关于利润剥夺的法律规定被写入第139条第2款第2句:在估算损害赔偿时也可以将侵权人通过侵权获得的利润考虑在内。㊳

这一条文与最新版本的《德国设计保护法》(2018年版本)第42条第2款第2句和最新版本的《德国著作权法》(2017年版本)第97条第2款第2句采用了完全一致的表述方式。该法条的规定是德国法对欧洲议会和理事会2004年4月29日的"贯彻知识产权权利指导方针"(Richtlinie 2004/48/EG)内国化的结果。㊴ 所以在法律表述上条文也采纳了指导方针不是很清晰的表述方式,即在计算侵权损害赔偿数额时,侵权人通过侵权行为获得的收益也可以"被考虑在内"。这一表述容易被误解为利润剥夺是附属性的损害赔偿计算方式。但是从立法的背景材料可以推断出,该条的法律规定并没有对当下的法律实践做出任何改变,三种损害赔偿计算方式原则上仍然被独立使用、不能被互相混合使用,㊵被侵权人还可以像之前的司法实践一样,在三个不同的计算方式中自由选择。㊶

德国知识产权法中关于利润剥夺的法律条文内容的表达的修改并不影响对"共同成本份额案"确立的基本原则的继续使用。

三、侵权案件中利润的计算方法

1. 基本原则和理论背景

专利的被侵权人有权要求侵权人交出因其专利侵权行为而获得的收益。从这些收益中应当扣除因侵权行为而产生的成本。在计算时遵

㊲ 2008年9月1日生效。

㊳ 德文原文:Bei der Bemessung des Schadensersatzes kann auch der Gewinn, den der Verletzer durch die Verletzung des Rechts erzielt hat, berücksichtigt werden。

㊴ ABlEU Nr. L 195, S. 16.

㊵ RegE, BR-Dr 64/07, S. 76.

㊶ Kämper, GRUR Int 2008, 539, 542f.

循的原则或者说理论假设是，如果没有侵权人的专利侵权行为，那么被侵权人本应当能像侵权人一样以同样的方式获得该收益。[42]

关于可扣除成本的范围，"共同成本份额案"确立了在计算侵权所得收益时从获得的收入中只扣除为了生产和销售侵权标的而产生的可变（意思是取决于产品经济效益的）成本在原则上是合法的，但是扣除的内容不包括固定成本，即那些与产品各自的经济效益无关的成本（如厂房租金，固定资产折旧）。联邦最高法院的这一观点是对理论界学说观点的采纳。[43] 对后一项固定成本份额的扣除与以返还侵权所得利益为形式的损害赔偿平衡的意图和目的相违背。因为对于这些固定成本来说，可以推测即使没有侵权产品的生产，其无论如何本来就会产生。[44] 而被侵权人如果用自己的公司来生产和销售被侵权产品，本能够通过边际收益来抵消其自身的共同成本。[45]

如果固定成本和可变共同成本在某些例外情形下确实可以直接计算到侵权产品的生产当中，那么在确定侵权所得利益时应当从收入中扣除，但是在这种情况下侵权人应当对扣除的合法性承担陈述和举证责任。如果合法扣除成立，侵权人只可能根据《德国民法典》第 687 条第 2 款第 2 句和第 684 条第 1 句的规定以返还不当得利为由请求补偿其营业开支。[46]

2. 收益数额的确定

可以纳入收益范畴的首先包括侵权人借助侵权产品直接获得的营业收入。此外，在有些情况下因销售非侵权产品而获得的收益也可以予以考虑，前提条件是这些非侵权产品之所以能够售出乃是得益于对涉诉专利技术方案的违法使用。[47]

---

[42] Grabinski, GRUR 2009, 260, 262.

[43] Lehmann, BB 1988, 1680, 1683 ff.; Möhring/Nicolini, UrhG, 2. Aufl., § 97 Rn. 11b; Teplitzky, Wettbewerbsrechtliche Ansprüche, 7. Aufl., Kap. 34 Rn. 33; Körner, in: Festschr. f. Steindorff, 1990, S. 877, 886f..

[44] Tilmann, GRUR 2003, 647.

[45] Tilmann, GRUR 2003, 647.

[46] Tilmann, GRUR 2003, 647.

[47] BGH, GRUR 1962, 509, 512) - Dia - Rähmchen II; OLG Düsseldorf, InstGE 7, 195 - Schwerlastregal II.

德国的司法解释将该原则适用到那些不侵犯专利的所谓“外围设备”(Peripheriegeräten)上,这些设备之所以能够被售出是因为侵权人将该设备与侵犯专利的设备一起出售,而侵权人与购买者的客户关系、对侵权公司的整体价值评价、更低的价格等这些因素确定不是该外围设备能够被售出的原因。㊽

同样可以被纳入收益范畴的情况还有当侵权人只有对一个专利方法的侵权使用才能售出某个本身不侵权的产品时。换句话说,一个产品在使用过程中必须用到某个专利方法,那么该产品之所以能够被售出是因为该专利方法在产品的使用上发挥着关键性的作用,也就是说如果出售的产品不使用该专利方法便不能达到其预期的使用效果。在这种情况下需要考虑的与侵权有关的营业收入,就不只包括侵权人通过使用该专利方法而获得的收入,而且还包括出售利用该方法的产品而获得的收入。㊾

3. 可以扣除的成本

从收益中可以扣除的成本应当是侵权人在不侵权,也就是不生产或者销售专利侵权产品的情况下本不会产生的成本。除此之外,可扣除的成本还需要满足一个补充前提,即假设被侵权人自己生产或者销售侵权产品,这些成本应当也同样会产生。㊿ 这里的成本计算并不遵从普通的会计原则,而是关键要看成本与侵权行为之间具体的因果关联关系。(51)

可以从收益中扣除的成本是指那些可以直接计算到侵权产品的生产、采购和销售中的成本。(52) 具体而言包括为了生产和销售侵权标的而产生的可变成本,比如,生产成本(原材料和能源消耗成本、残次品和废品成本等)、(53)采购成本(批发采购价格等)、销售成本(包装和运输成本、

㊽ LG Düsseldorf, InstGE 6, 136-Magnetspule.

㊾ Grabinski, GRUR 2009, 260, 262.

㊿ Grabinski, GRUR 2009, 260, 263.

(51) Benkard/Rogge/Grabinski, PatG, 10. Aufl. (2006), § 139 Rn. 73; Meier-Beck, GRUR 2005, 617, 621; Melullis, GRUR Int 2008, 679, 683f.; Pross, in: Festschr. f. Tilmann, S. 881, 884f.

(52) Grabinski, GRUR 2009, 260, 262.

(53) LG Frankfurt a. M., InstGE 6, 141; LG Düsseldorf, Urt. v. 27. 5. 2008-Aktenzeichen 4a O 67/07, Umdr. S. 39f.

专门对专利侵权产品做的广告成本、以利润为基础的销售回扣等)、[54]专门为了上述生产、采购或者销售的需要而雇佣或者派遣的人力成本和以利润为基础的保险成本或者代理提成。[55]

可以扣除的还包括只是因为对侵权产品的使用而产生的固定成本,比如:专门为了生产侵权产品而租来的机器的租金支出、[56]专门为了生产或者包装侵权产品而租来的厂房的租金。[57]

4. 不可扣除的成本

不可扣除的是那些与侵权产品的生产和销售无关的因为维持运营而产生的成本。[58] 根据德国联邦最高法院第 1 民事合议庭的司法解释,其背后的法律思考是,假如允许侵权人无限制地从其收入中扣除共同成本,那么将普遍造成从侵权行为中汲取的收益不能被完全吐出。[59]侵权人甚至将会获得用来抵消其固定成本的边际收益,这与利润剥夺这一赔偿方式的意图和目的相违背。[60]

那些与侵权产品的生产和销售无关的在运营层面产生的固定成本(Fixkosten)与侵权行为之间没有关联性,因此在计算侵权收益时应当被作为“本来就会产生的成本”(Sowieso-Kosten)而不能从侵权收益中被扣除。如果没有侵权行为发生,被侵权人完全靠自己之力生产和销售被侵权产品,那么在计算其与该产品相关的利润时也无需扣除与该产品的生产和销售无关的固定成本,因为这些成本无论如何都会产生,不会因为被侵权产品的生产和销售而有所增加或者减少。既然在这种假想情况下计算被侵权人利润时不能扣除这些成本,那么在真实情况下计算侵权人的利润时当然也就不能扣除,这样才能保证侵权人获得的利益被全

---

[54] BGHZ 145, 366, 372 = GRUR 2001, 329 - Gemeinkostenanteil; BGH, GRUR 2007, 431, 433-Steckverbindergehäuse.

[55] OLG Düsseldorf, InstGE 7, 194-Schwerlastregal II.

[56] Haft/Reimann, Mitt 2003, 437, 440.

[57] BGH, GRUR 2007, 431, 433-Steckverbindergehäuse.

[58] BGHZ 145, 366, 372 = GRUR 2001, 329 - Gemeinkostenanteil; BGH, GRUR 2007, 431, 433-Steckverbindergehäuse.

[59] Grabinski, GRUR 2009, 260, 263.

[60] Grabinski, GRUR 2009, 260, 263.

部吐出。[61]

根据上面的推理,侵权公司总经理的工资如果不是根据营业额按比例确定,并且不能被直接归结计算到侵权产品当中的话,也是不能被扣除的。[62] 同样的道理,运营层面产生的行政管理成本(比如会计或者人力资源部门的成本)以及一般的营销成本(比如一般商业广告)也不能被扣除。[63] 但是如果被侵权产品是侵权公司唯一的或者主打产品,从而假如没有被侵权产品的生产和销售侵权公司将面临停产停业,那么在这种情况下上述的总经理工资、一般的行政管理成本等都将可以被作为成本从侵权收益中扣除,因为如果没有专利侵权行为的发生,这些成本本来也不会产生。[64]

困难的是,当人力成本或者生产设备的成本只是部分与被侵权产品的生产和销售相关时应该怎样处理。有学者认为,这里不能简单地以这类成本是公司运营所必要的为由"一揽子"地拒绝扣除,[65]而是应当审查如果没有侵权产品的生产和销售,这些成本是否依然会产生或者依然以如此高的数额产生。如果答案是肯定的,那么这些成本也可以被扣除。在具体判断时可以考虑被侵权产品的生产和销售的范围来具体确定相关成本的比例。但是实际上这种对比例计算方法的思考显得有些多余,因为如果能按照比例计算出多少百分比的成本是与被侵权产品的生产和销售相关的,那么根据"共同成本份额案"的司法解释确立的一般原则,这些成本本来就可以直接从侵权收益中被扣除。[66]

5. 可扣除成本与侵权行为之间的因果关系

侵权产品的购买者之所以购买该产品可能有很多种理由。除了被侵权的专利保护的发明的本身特性的原因之外,还可能有如下原因:组成该产品的其他专利技术、产品设计、商标、侵权公司的品牌影响力以及

---

[61] Grabinski, GRUR 2009, 260, 263.

[62] Grabinski, GRUR 2009, 260, 263.

[63] Grabinski, GRUR 2009, 260, 263.

[64] LG München, InstGE 3, 48.

[65] 对比 BGH, GRUR 2007, 431, 433f. unter II 2b bb-Steckverbindergehäuse。

[66] Grabinski, GRUR 2009, 260, 263.

营销策略。[67]

从原则上来看,侵权收益只能在以权利侵害为基础的范围内进行缩减和扣除。但是权利侵害和侵权所得之间的因果关系并不是相当因果关系(adäquate Kausalität),也就是说并不是基于侵权行为就可以按照经验或者法律规定推断出侵权所得的数额。[68] 侵权所得的判断是一个价值判断的问题,类似于《德国民法典》第254条规定的共同债务人损害赔偿比例之计算。[69] 在具体判断之前,法院应该根据双方当事人的陈述首先确定,除了专利侵权行为之外还有哪些因素是与利润的计算相关的。接下来再具体判断,哪些是以侵权行为为基础的收益,哪些相关因素可以在确定总利润时予以考虑。这时候的判断便是法官发挥其主观能动性进行个案判断的过程。[70]

与利润相关的因素中包括被侵权的专利技术与相关市场的现有技术之间的差距。受保护发明的标的是一个全新的产品、一个知名产品的全新特征还是只不过是对现有产品的一个细节上的改良,在判断时是不一样的。[71] 比如说,如果涉及的产品是一种含有受专利保护的强有效成分的药品,那么即便认为所有的侵权收益都以专利侵权为基础也是合情合理的。[72] 相反,如果专利只是对细节的改良,那么通常情况下便只能要求侵权人交出侵权收益的一部分。[73] 如果发明的产品在市场上存在等价的替代品,那么这一事实因素也可以用于对侵权所得进行缩减。[74]

6. 可扣除成本的特殊情形

如果侵权人在销售被侵权产品时特别用心,付出了特别大的销售努力,那么这些情形对于利润剥夺会有什么影响呢?

---

[67] Grabinski, GRUR 2009, 260, 264.

[68] Grabinski, GRUR 2009, 260, 264.

[69] BGH, GRUR 2007, 431, 434 - Steckverbindergehäuse; vgl. auch OLG Frankfurt a. M., GRUR-RR 2003, 274, 278-Vier-Streifen-Kennzeichnung.

[70] Grabinski, GRUR 2009, 260, 264.

[71] OLG Düsseldorf, InstGE 5, 251 (269)-Lifter.

[72] Grabinski, GRUR 2009, 260, 264.

[73] Grabinski, GRUR 2009, 260, 264.

[74] Grabinski, GRUR 2009, 260, 264.

前文所述的因素涉及的是被侵权产品本身的可以用价值衡量的特征，而关于销售努力的问题涉及的是侵权人作出的与侵权产品相关的贡献。[75] 德国联邦最高法院在“共同成本份额”案中明确拒绝了因为侵权人特别强的销售能力而减少其需要吐出的侵权收益，其理由是被侵权人在自己经营被侵权产品的情况下，是否能获得像侵权人一样高的收益这一点在本案无需考虑。这一决定的作出在本案中是正确的，因为该案涉及的是一个夹持环，被侵犯的权利是该环的外观设计专利，对于该产品的销售来说，产品的设计本身是最大的卖点。侵权人主张其利用了自己特殊的商业关系、运用了自己特有的销售技能以及降价销售从而导致被侵权产品的销量特别好，但是这些因素都是以被侵权产品本身的设计过硬从而广受消费者欢迎为基础的。所以该案中，最高法院否定了侵权人的特殊销售能力是正确的。[76]

这其实类似于药品被仿制的情形。不管仿制者的销售能力有多强，如果药品本身没有期待的疗效，无论如何也不会有很好的销量。所以在这种情况下可以忽略侵权人的销售能力。[77]

但是上述两种情况毕竟都是个案。如果被侵权专利涉及的发明仅仅是涉案产品的一个小细节，那么在很多情况下在涉案产品上运用被侵权专利对消费者的购买行为的影响十分有限。相反，其他的因素（如在该产品上使用知名商标[78]）反而会更大地影响销售结果，这种情况下不应该从一开始就一概地否定侵权人在销售上的特殊贡献。[79] 对于这类特殊情形，有学者认为，即便一般的销售成本不能直接归结到侵权产品的生产和销售上，也应当允许按一定的比例将其从侵权收益中扣除。[80]

---

[75] Grabinski, GRUR 2009, 260, 264.

[76] Grabinski, GRUR 2009, 260, 264.

[77] Grabinski, GRUR 2009, 260, 264.

[78] LG Düsseldorf, InstGE 8, 257 (272f.) -Tintentankpatrone.

[79] Schulte/Kühnen, PatG, 8. Aufl. (2008), § 139 Rdnr. 118.

[80] Grabinski, GRUR 2009, 260, 264.

第九章　标准必要专利侵权诉讼中的强制许可抗辩——橙皮书标准案

第一节　“橙皮书标准案”判决原文

运用法条:《欧共体条约》第 82 条;《德国反限制竞争法》第 20 条第 1 款;《德国民法典》第 242 条

一、判决要旨

1. 如果专利权人拒绝以不歧视和不限制的条件与专利侵权之诉的被告签订专利许可合同,那么专利侵权之诉的被告可以以滥用市场支配地位为由对专利权人提起的不作为(停止侵权)请求进行抗辩。

2. 只有在下述条件都满足的情况下才构成专利权人的滥用行为:专利侵权的被告已经向专利权人作出缔结专利许可合同的无条件要约,并且许诺受该要约的约束,以至于专利权人无法在不违反禁止歧视和禁止限制规则的前提下拒绝该要约。在被告已经使用了专利标的的情形下,其已经履行了将已经进行的对许可标的的使用写入即将签订的许可合同中这一义务。

3. 如果被告认为专利权人的许可条件要求过高从而有滥用之嫌,或者专利权人拒绝给出许可费用的数额,那么只要被告提出一个缔结专利许可合同的要约,在要约中许可费用的数额为专利权人在合理估价的情况下应当确定的数额,就可以认定该要约满足无条件要约的要求。

联邦最高法院于 2009 年 5 月 6 日对橙皮书标准一案(案号 KZR 39/06,前审法院卡尔斯鲁厄州高等法院)作出的判决。

二、案件事实

原告是效力及于德意志联邦共和国的专利号为 325330 的欧洲专利的专利权人,该专利注册于 1989 年 1 月 17 日并在上告程序中因期限超过而消灭。

诉讼中存在争议的第 1 项和第 2 项权利要求内容如下:

1. 一种可写入型光可读记录载体(1),包括用于记录可光学检测的记录标记的信息模式记录层(6),记录载体(1)具有伺服轨迹(4),该轨迹在用于信息记录的区域内呈现周期性的跟踪调制,该跟踪调制可从信息模式中被识别出来,其特征在于:跟踪调制频率根据含有定位码信号(12)的定位信息信号进行调制,定位码信号与定位同步信号(11)相间。

2. 根据权利要求 1 所述的光可读记录载体,其特征在于:定位码信号(12)为双相标记调制的信号,定位同步信号(11)具有与双相标记调制的信号不同的信号波形。①

第 4 被告的专利无效之诉被联邦最高法院通过 2007 年 4 月 3 日作出的判决(案卷号 X ZR 36/04)驳回。

第 4 被告在欧洲范围内销售可一次和多次写入的光学数据载体(CD-R 和 CD-RW),第 5 被告是其无限责任股东,第 5 被告的业务由第 6 被告经营。第 7 被告是第 4 被告 CD-R 产品的主要供货商,第 3

① 数字对应的内容参见图 9-1a、9-1b、9-1c、9-1d、9-2、9-3。图片来自涉诉专利文件,由本书笔者添加。

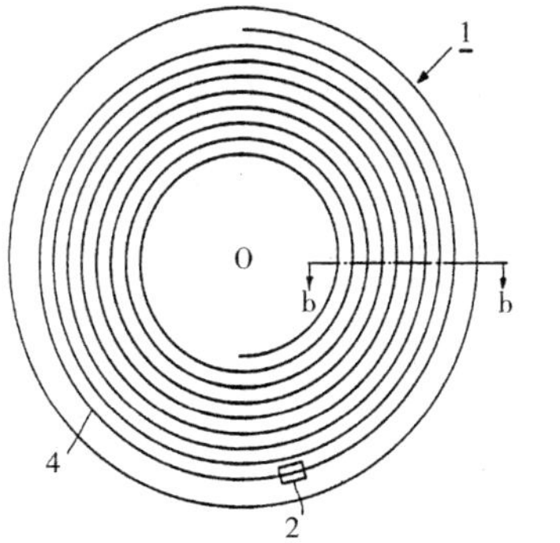

图 9-1a

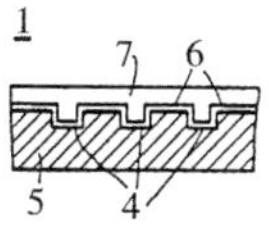

图 9-1b

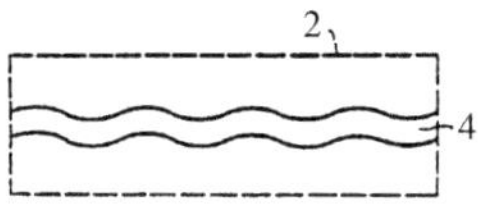

图 9-1c

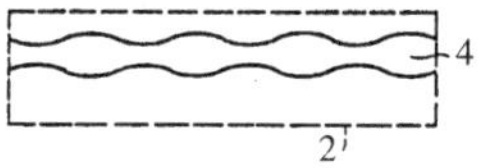

图 9-1d

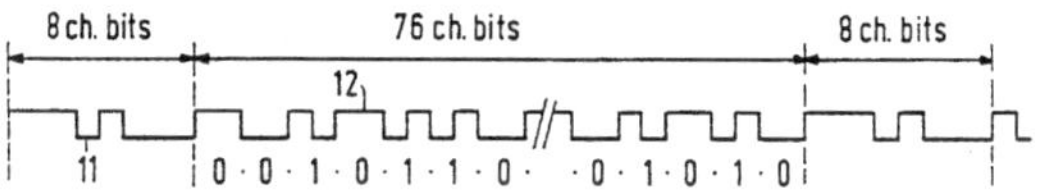

图 9-2

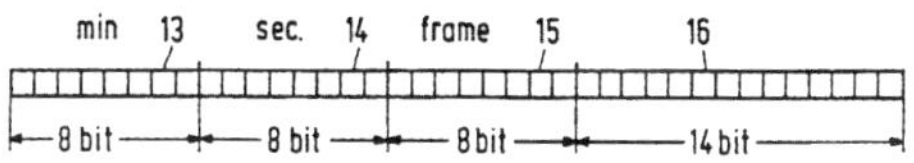

图 9-3

和第 6 被告是第 7 被告的无限责任股东之董事长，第 8 被告曾经是第 7 被告的前占有权利人的董事长。

州法院禁止第 3 至第 8 被告（以下称被告）生产、供应、使进入流通领域、使用或者以前述目的为由进口和持有未经原告同意而进入流通领域的 CD-R 和 CD-RW 产品。州法院还判决被告提供（其经营该产品的相关）信息和财务账单并交出其手上持有的 CD-R 和 CD-RW 供法院强制执行人销毁，同时还判决被告有义务承担损害赔偿责任。从本质上来看，被告在上诉程序中也未获得成功（OLG Karlsruhe，InstGE

8,14=GRUR-RR 2007,177-Orange Book-Standard)。

上诉法院在判决书中“需要说明的内容”一节写道:对第3、第7和第8被告的判决仅及于其从事的与CD-R相关的行为。被告提起的要求驳回起诉的上告请求获得合议庭批准。

针对该上告,原告没有继续提不作为请求,而是请求确认关于不作为请求的问题已经在审判程序中得以解决。

被告在上告程序中未获成功。

三、判决理由

被批准的上告程序(被告)未获胜诉。

Ⅰ.上诉法院正确地认为,第4和第7被告被指责从事的行为系以违反《德国专利法》第9条的方式使用涉诉专利产品的行为,因为由第4被告销售的、部分由第7被告获取的可刻录光盘(商业上常用的)系数据载体,实现了涉诉专利权利要求1和要求2字面表述的全部技术特征。

1.依据上诉法院的解释,被诉专利涉及一个可写入型光可读数据载体,特别是一个可刻录的光盘(CD)。该数据载体在生产时不写入任何有用信息,而是由最终用户自己利用合适的录制设备通过激光光束写入数据。为此,该记录载体被一个辐射敏感层覆盖,其反射特性可以通过强激光束的照射被点状改变。作为记录标记(凹槽)的信息在记录载体的由中心向外呈螺旋状延伸着的轨迹(伺服轨迹)上被写入,从而形成一系列的凹槽和凸脊,即反射性区域和非反射性区域。记录载体上的信息编码通过EFM调制(8-14调制,详见联邦最高法院判决,GRUR杂志2005年卷,第749页起,引文载于第750页——记录载体)由数据位跟踪变成渠道位跟踪。老式的数据载体之伺服轨迹呈现恒定频率的跟踪调制,从中获取一个时钟信号,该信号用于控制记录和读取的过程。该伺服轨迹被分成一些(用于记录信息的)信息记录区域,在两个信息记录区域之间插入同步区域。同步区域包含以相邻信息记录区域的地址为形式的定位信息。在扫描期间,同步区域中的定位信息使得能够从反射的辐射光束中获知是哪部分记录载体被扫描。

这使得光盘的特定部分可以被迅速而精确地定位。

这种公知的记录载体的缺点是信息记录区域不断地被同步区域中断。特别是当把 EFM 编码信息记录在记录载体上时,这是一个不利的因素。这一缺点应当被本发明中的数据载体弥补,其特征由上诉法院根据专利权利要求 2 列举如下:

可写入型光可读记录载体。

2. 记录载体具有一个用于记录可光学检测的记录标记的信息模式记录层。

存储载体具有伺服轨迹,该轨迹在用于信息记录的区域内呈现周期性的跟踪调制,该跟踪调制可从信息模式中被识别出来。

……

4. 跟踪调制频率根据定位信息信号进行调制。

定位信息信号包括相间的定位同步信号与定位码信号。

……

6. 定位码信号是双相标记调制的信号。

定位同步信号具有与双相标记调制的信号不同的信号波形。

该数据载体的优点是地址信息包含在跟踪调制中,这样就不需要一个同步区域,信息记录区域也就无需被同步区域所中断。

依据上诉法院的进一步解读,被侵权的商业上通用的可刻录光盘(CD-R)和可重写光盘(CD-RW)具有特征 3 显示的跟踪调制(轨迹摆动)。该轨迹摆动与定位信息信号在频率调制上保持一致(特征 4)。对此,轨迹摆动的频率有必要随着定位信息信号的现时液位的改变而变化。需要调制的信息由具有 76 个通道比特的定位码信号组成,该信号代表由 38 个码比特组成的定位信息码的双相标记调解。根据被调制的信号显示的逻辑值为 0 还是 1,涉诉专利中在调制定位信息信号时使用的频率偏移调变只会产生两种不同的频率(当通道比特为 1 时是 23.05 千赫兹,当通道比特为 0 时是 21.05 千赫兹)。一般专业人士看到涉诉专利之后,会将在调制定位信息信号时使用的频率偏移调变理解为涉诉专利意义上的频率调制,因为在专利文件的描述中呈现了这样一个频率偏移调变并且通过附图9展示出来。

上告意见没有成功地否定该判决。

a)上告意见中指责,上诉法院错误地认为,被告无论如何可以被认定构成间接的专利侵权,因为其销售的可刻录的光盘没有显示信息模式,因此也没有显示可区别于信息模式的周期性的跟踪调制,而是信息模式在可刻录光盘被刻录时才被提出。况且,涉诉产品没有使用特征4意义上的频率调制。上告意见中假设,如果把轨迹摆动的现时频率中的任意一处与(定位码意义上的)二进制地址信号的现时逻辑值联系起来,就可以从中得出涉诉专利文书与之前的注册号码为265695的欧洲专利之标的的客观区别。上诉法院忽视了该“排除式权利要求项”(Disclaimer)。

b)上诉法院对涉诉专利作出了正确的解释。其对于受保护技术理论的理解与联邦最高法院第10民事审判庭在专利无效程序中的理解保持一致(Urt. v. 3. 4. 2007 – X ZR 36/04, BeckRS 2007, Rdnrn. 21ff.),本审判庭也表示赞同。

上告意见错误地认为被告销售的可刻录光盘只有当光盘被其使用者刻录时才构成对特征3的实现。涉诉专利并非等到数据载体被刻录之后(才)对其进行保护,而是那些可刻录的数据载体,也就是那些被伺服轨迹覆盖的、信息模式可以通过一个合适的记录装置在这些伺服轨迹上呈现的数据载体(已经)受到保护。因此,区别于信息模式的周期性跟踪调制是指那些从其自身结构来看就区别于(稍后才产生的)信息模式的跟踪调制。专利的权利要求清楚地表达了这一内容。根据特征2,记录载体没有一个已经具备信息模式的记录层,而是有一个专为记录信息模式而设的记录层。根据特征3的表述,伺服轨迹在那些专为记录信息模式而设的区域相应地呈现跟踪调制。因此,跟踪调制必须区别于那些根据光盘刻录者使用的惯例在光盘刻录时在记录层被记录的信息模式。涉诉产品正符合这一情形,对此上诉法院作出了合法的正确的判断,上告意见对此也无异议。

上告意见对于在跟踪调制时使用了特征4意义上的频率调制的质

疑同样未获成功。需要调制的信息可以由具有76个通道比特的定位码信号组成，而且在调制该定位信息信号时使用的频率偏移调变是特征4意义上的频率调制，这些内容联邦最高法院与上诉法院早已在专利无效程序中从涉诉专利的描述中得出并在客观上达成一致意见（联邦最高法院，同上一引文出处，第26栏）。上告意见没有提出可以支持其观点的其他判决。作为其论据支撑的讨论“排除式权利要求项”含义的问题不能成立（无论是专利权利要求还是说明书都不能将频率偏移调变作为专利请求的标的排除出去）说明书中甚至对此明确提及。

Ⅱ.上诉法院基于原告应当有义务向被告4到被告7出具涉诉专利的许可这一抗辩事由，否决了被告针对原告的根据《德国专利法》第139条第1款的规定因侵害涉诉专利而生的不作为请求。上告意见反对该观点，但在最终结果中未获成功。

1.上诉法院认为，原告没有违反《德国反限制竞争法》第20条第1款规定的禁止歧视规则。被告虽然是该条款的适用对象，因为根据其自己的说法，每一个商业上通用的可刻录和可重写光盘的生产商必须遵守适用于该数据载体的、根据被称为《橙皮书》的文件中列明的规格而确定的标准，所以不可避免地也会用到涉诉专利。因此，授予涉诉专利的许可客观上形成了一个独立的市场，在该市场上原告是唯一的供应商。专利许可的授予也营造了一个同类企业在通常情况下可以进入的商业交易环境，因为原告已经授予了多个许可，但是原告并没有以不同于对待同类企业的方式不平等地对待被告。被告不能举出存在或者曾经存在某个被许可人与原告订立许可合同，规定支付的许可费用为被告认为合理的净销售价格的3%的例子。尽管被告大篇幅地陈述：原告没有充分地监督由其订立的许可合同之遵守状况，没有执行其请求权——讨要回扣并且容忍少报有许可义务的产品或者供货总量的行为，因此约定的每个已经出售的光盘毛坯之最低许可费用最终并不会被支付。然而从被告的陈述中不能得出，一个依据其他条件订立的许可合同通过事实上和合意上的操作，会产生只有3%的净销售额将会被缴付给原告的结果。

2. 上告意见对该判决的批判不需要多加讨论,因为被告已经因其他原因不能证成原告有义务授予涉诉专利的专利许可。

a) 从原则上来看,使用了某个专利的被告固然能够针对专利权人的不作为请求提出抗辩,因为原告通过拒绝与其缔结专利许可合同阻止了其对专利的使用,这在一个同类企业通常情况下可进入的商业交易环境中是不合理的,或者相对于其他企业来看对其构成了歧视,由此滥用市场支配地位。

aa) 在其"标准密封桶"判决(《联邦最高普通法院判例集》,第 160 卷,所引文起始于第 67 页,引用处在第 81 页及其下)中审判庭没有回答的问题是:一个基于《德国反限制竞争法》第 33 条第 1 款结合《罗马条约》第 82 条或者《德国反限制竞争法》第 19 条、第 20 条的请求权能否形成对基于《德国专利法》第 139 条第 1 款规定的不作为请求权的抗辩。这个问题在各级法院的判决和学术界是有争议的。

如果允许"卡特尔法上的强制许可抗辩"(赞成者包括杜塞多夫州法院,见 WuW/E DE-R 2120, 2121; Heinemann, ZWeR 2005, 198 [200f.]; Kühnen, in: Festschr. f. Tilmann, S. 513 [523]; Schulte/Kühnen, PatG, 8. Aufl., § 24 Rdnrn. 66f.; Meinberg, Zwangslizenzen im Patent-und Urheberrecht als Instrument der kartellrechtlichen Missbrauchsaufsicht im deutschen und europäischen Recht, 2006, S. 196; Benkard/Scharen, PatG, 10. Aufl., § 9 Rdnr. 73; Wirtz/Holzhäuser, WRP 2004, 683, 693f.),那么应当是在基于如下的衡量之上:虽然专利许可寻求人未经专利权人同意而使用其专利系违法行为,但是专利权人却不能对其主张不作为,因为其在不作为请求时要求的内容同时也是其(以授予专利许可的形式)应当给予的内容(dolo petit, qui petit quod statim redditurus est),因此违反了诚实信用原则(《德国民法典》第 242 条)。

依照反对观点(杜塞多夫州高等法院 InstGE 2, 168 Rdnr. 27;德累斯顿州高等法院 GRUR, 2003, 601, 603; Jaecks/Dörmer, in: Festschr. f. Säcker, S. 97 [106ff.]; Maaßen, Normung, Standardisierung und Immaterialgüterrechte, 2006, S. 257f.; Graf von Merveldt, WuW 2004, 19;

Rombach, in: Festschr. f. Günter Hirsch, S. 311 [321f.])强制许可抗辩不应当在侵权程序中被采用,因为《德国民法典》第229条规定的自力救济的前提条件不存在并且专利许可的授予(与《德国专利法》第24条规定的情形无异)只对将来有效,只要专利许可寻求人没有通过诉讼或者反诉的途径贯彻其专利许可请求,那么他就有义务不作为[停止侵权]②。况且,对于强制许可的授予,《与贸易有关的知识产权协议》(TRIPS协议)第31条要求必须通过国家行为的方式。

bb)从原则上来看,上述第一种观点应当被肯定。

如果一个具有市场支配地位的企业通过拒绝签订专利许可合同来歧视一个在同类企业通常情况下可以进入的商业交易环境中寻求专利许可的企业,或者不合理地限制寻求专利许可的企业,那么其实施专利法上的不作为请求权的行为也构成滥用市场支配地位。因为该具有市场支配地位的企业限制了其他企业的市场进入,而其有义务通过签订专利许可合同打开市场。因此,实施不作为请求权和拒绝签订可以让不作为请求权消灭的专利许可合同二者皆被禁止。但是卡特尔法上禁止的行为不能被国家的法院来规制。

即使从TRIPS协议第31条中也不能得出其他相左的结论。因为该条文原则上允许承认不经专利权人允许而使用专利客体的权利,只要满足此类使用的许可在个案中根据具体的案情进行了论证。另一个前提条件是许可寻求人在使用专利之前努力争取以合理的一般交易条件得到专利权人的使用许可无果(TRIPS协议第31条b),但是,只要使用行为是为了制止一个在司法或者行政程序中确认的不正当竞争行为而被允许,那么根据TRIPS协议第31条k上述前提条件对协议国没有约束力。此外,当涉诉专利的侵权人在使用之前寻求以非歧视的条件获得一个专利许可无果时,上述前提也视为满足。至于TRIPS协议是否要求协议国通过国家行为承认根据卡特尔法而生的使用权,就此问题对上告意见的答复援引了乌姆巴赫(Rombach in: Festschr. f. Günter Hirsch, S. 311 [322])的观点,并试图从TRIPS协议第31条a和

② 本书笔者补注。

i 中引申得出结论。对该问题可以无需定论,因为法庭在专利侵权程序中作出的考量无论如何已经可以澄清上述问题,因为在侵权程序中会有约束力地判断发明的使用者是否并且在多大程度上享有获得专利使用许可的请求权。

b)尽管被告对涉诉专利享有获得专利使用许可的请求权,但是因自己的专利权受到侵害而提出不作为请求权的专利持有人只有在满足以下两个条件时才涉及滥用市场支配地位和违反诚信原则:一个条件是,许可寻求人已经向专利权人作出了缔结专利许可合同的无条件要约,以至于专利权人无法在不对许可寻求人进行不合理的限制或者不违反禁止歧视规则的前提下拒绝该要约,并且许可寻求人许诺受该要约的约束。另一个条件是,许可寻求人如果在专利权人接受要约之前已经使用了专利,有义务将已经进行的对许可标的的使用写入即将签订的许可合同。这尤其意味着许可寻求人必须支付或者保证支付合同中写明的专利许可费。

aa)许可寻求人必须已经作出了一个可承诺的要约,其中附加的合同条件专利权人应当无法拒绝,否则就构成对许可寻求人区别于同类企业的没有客观理由的不平等对待或者构成对其不合理的限制,在这一点上很明显达成了普遍的共识。因为有市场支配地位的专利权人没有义务自己主动提供使用其发明的许可,所以只有当其拒绝一个不具有限制性或者歧视性条件的订立合同的要约时才构成滥用市场支配地位。如果一个企业不准备与其订立符合上述条件的许可合同,那么对该企业使用其专利的行为,专利权人不需要容忍。

在该争议案件中无需更详尽地阐释一个这样的许可要约具体需要满足哪些条件。许可寻求人就一般合同条件作出要约之后,专利权人要想拒绝接受个别的合同条款就必须提出一个替代条款,而这个条款要符合其在卡特尔法上应尽的义务。

从前述论述中同样可以得出,如果许可寻求人只是作出一个有条件的专利许可要约,那么无需考虑专利权人滥用市场支配地位的问题,特别是假如许可寻求人作出的要约建立在如下条件之上,即许可寻求人本身否定侵权事实,只有当侵权诉讼管辖法院肯定了其通过被诉实施例侵犯涉诉专利权(这一事实)时要约才成立。这样的要约专利权人无需理会,也无法形成对其不作为请求权的抗辩。

bb)单纯一个可对其进行承诺的无条件缔结合同的要约还不足以形成“强制许可抗辩”来对抗专利权人的不作为请求权。任一专利许可的让与原则上只对将来发生效力(Rombach, in: Festschr. f. Günter Hirsch, S. 311 [322])。只有当被授予许可之后,被许可人才有权使用许可合同的标的,同时对每一个对专利事实上的使用行为(只要没有事先约定不与使用挂钩的对待给付)专利权人都有合同上的对待给付请求权,一般来看(也正如本案中的情形)是以一次性的或者与销售额挂钩的专利费的形式。许可寻求人要想事先使用即将被授予的专利许可中的涉诉专利,不能只事先行使其合同上的权利,而且必须事先履行其合同上的义务。许可寻求人要想用对待给付抗辩(dolo-petit-Einwand 诚实信用原则抗辩)对抗专利权人的不作为请求,那么他不仅要已经向专利权人作出了一个其不可拒绝的要约,而且要如此从事,就像专利权人已经接受了他的要约一样。在这种情况下,其不仅有权使用专利的标的,而且有义务定期清算其使用情况并向专利权人支付按照其清算结果得出的专利费用。反之,如果专利权人向对方行使由专利而生的请求权,该对方虽然主张自己作为被许可人的专利使用权,但是却并没有作出过对待给付,而这些给付本应当是被许可人根据非歧视和非限制的专利许可合同有义务作出的,那么专利权人既不构成权利的滥用,也不违反诚信原则。

同样被考虑的还有联邦最高法院曾被建议采纳的一个观点,即不可基于现存的著作权许可请求权,来对著作权上的不作为请求权行使禁止使用该权利的抗辩。因为联邦最高法院特别作了这样论证,即这种情况会导致产生一个法定许可,该法定许可会将著作权人置于一个比强制许可更为不利的境地,因为在此情形下其只能在作品获得成功使用之后才能行使其报酬请求权,而在强制许可的情形下其可以将许可的授予和支付所欠报酬二者挂钩(BGHZ 148, 221 [231 f.] = GRUR

2002,248 = NJW 2002, 896 - SPIEGEL - CD - ROM, vgl. auch Jaecks/Dörmer, in: Festschr. f. Säcker, S. 97 [108f.])。

不能以下述理由质疑许可寻求人"合同忠实"行为的必要性,即因为正是专利权人拒绝签订许可合同而导致专利许可的对价不能给付,所以专利权人应当对此独自承担责任(参见 Kühnen in: Festschr. f. Tilmann, S. 513 [523],该引文的作者还要求使用者不仅要有支付对价的意愿还要有支付能力)。同样,就像不能因为当侵权主张不能被确认时诉讼将被全面驳回这一结果,就拒绝许可寻求人在一开始对侵权主张提出抗辩一样;也不能因为当侵权主张被确认并且法庭否定市场支配地位或者滥用的存在时不作为请求权将被肯定这一结果,就拒绝专利权人在一开始就主张源于专利的不作为请求权。如果这样,专利权人基于自我确信的理由拒绝签订提供给他的许可合同这一事实,就不足以用来证明许可寻求人被授予了相比较于专利被许可人的特权,该特权是指:考虑到合同上的互惠原则,在结果上免除许可寻求人合同上的履行和对待履行义务。就像专利权人应当像他已经授予了被希望授予的许可被对待一样,许可寻求人也应当像他已经被授予了专利许可一样如此行为。

这意味着,一方面许可寻求人必须要按照非歧视性合同的条件计算其使用行为的范围,另一方面其必须履行以计算结果为基础的支付义务。对此,许可寻求人当然无需向专利权人实际支付,而是可以根据《德国民法典》第 372 条第 1 句对许可费进行提存并对此放弃返还请求权。专利权人对签订许可合同的拒绝行为——要么因为专利权人没有做好准备接受支付(《德国民法典》第 293 条),要么因为其虽然有接受支付的意愿,但是还没有做好以授予许可的形式做出对待给付的准备(《德国民法典》第 298 条)——赋予了(许可寻求人)相应地引用债权人迟延条款的合法性。依据具体情况将会顾及许可寻求人的利益,在因不侵权而被驳回起诉的情况下,保证其返还已支付许可费用的请求权。

c)许可费用及许可寻求人应履行的义务的多少以一份卡特尔法上无争议的合同中约定的条件得出的数额为限。

该数额对于许可寻求人来说不容易确定，但是却不会对其带来不当的负担，因为对于许可请求的前提是否满足，本来原则上就是由许可寻求人承担解释和证明的责任。

如果许可寻求人认为专利权人要求的许可费用被滥用性地过分高估，或者专利权人拒绝标明许可费用，比如因为专利权人自认为其有权在任何情况下拒绝许可涉案专利，那么专利寻求人有权不根据双方约定的特定许可费用标准，而是根据如果专利权人在合理估价的情况下应当确定的许可费用提出订立许可合同的要约。否则，如果许可寻求人提存的许可费数额高于其自己认为合理的数额，[③]那么在判决时就无法避免被质疑，为什么其向专利权人提出的许可要约中的数额比提存的数额要低。然而（许可寻求人）“为了安全起见”提出了过高许可费的要约，可能被专利权人通过接受该要约来实现高价收取许可费的目的。这不仅不公平，而且将如何确认许可费的具体数额是不限制或者不歧视的这一任务交给专利侵权程序来解决，也加重了该程序的负担，而这一负担本来在可以避免的范围内。由专利权人确定的专利许可费数额不合适这一抗辩事由，在原则上由许可寻求人负解释和举证责任，即便允许许可寻求人行使该抗辩事由，许可寻求人本来就会做好准备提存一个比较高的并且从其角度来看卡特尔法上合适的数额。另外，专利权人在确定许可费用方面仍然是完全自由的，只有当其不遵守卡特尔法上为其设置的法定限制并且不合适地限制被许可人或者相对于其他被许可人对其进行歧视时，专利权人确定的许可费才是不合适的。

依据《德国著作权及相关权利代理法》第 11 条第 2 款，应付债务的数额尚未确定（在本案中指数额取决于《德国民法典》第 315 条规定的给付约定）与提存许可费用不冲突。如果已经提存了一个无论如何都足够的数额，而且“强制许可抗辩”的其他构成要件也存在，那么法院便足以得出专利权人有义务接受许可合同要约并且根据合适的估价确

③　比如许可寻求人出于安全起见，按照专利权人希望的数额提存专利许可费，这一数额通常高于许可寻求人自己期待支付的数额。

定专利许可费用的结论。

d)据此,上诉法院已经正确地驳回了被告关于原告通过拒绝签订许可费用为3%的许可合同构成滥用市场支配地位的抗辩。因为,抛开被告的合同要约中的其他内容也写得不够详细不谈,上诉法院不能确认被告已经计算了哪怕是根据他自己的观点所应支付的许可费用或者已经就此数额进行了提存。

Ⅲ.同样,对被告公开账目和确认其损害赔偿义务的判决也依此成立。

1.对此上诉法院解释道:单是因为即便被告请求原告授予许可的请求成立,其同样也有义务承担损害赔偿义务这一点,被告就无法以权利滥用来成功抗辩原告对被告损害赔偿义务的请求。该要求授予专利许可的请求权也不会改变被告在未经许可的情况下使用原告的受保护的权利并因此行为违法这一事实。因为被告没有请求免费许可,而是以支付净销售额的3%作为许可费请求授予许可,所以假如原告与被告缔结了相应的许可合同,原告至少本可主张上述的赔偿数额。因为对被告生产和销售可刻录光盘没有争议,这点也可在被告答辩书中确认,所以事实上至少已经对原告造成了损失。这足以用来认可原告的确认之诉的请求。

2.该理由在其他论点上是否经得起推敲无需考虑。因为依据Ⅱ.2.部分的解释,原告可以实施的不作为请求权得到认可,据此上诉法院正确地肯定了被告的有责行为,因此根据《德国专利法》第139条第2款,因为被告违反了《德国专利法》第9条的规定使用原告受专利保护的发明,所以有义务赔偿原告的损失。

Ⅳ.该解释也相应地适用于上诉法院依据《德国专利法》第140a条第1款的规定,同样给予肯定的销毁违法生产的数据载体的请求权。

第二节 “橙皮书标准案”案件评论

一、“橙皮书标准案”案情简介

该案的原告飞利浦公司拥有可刻录光盘和可重写光盘相关标准的

专利技术，并已经就该专利技术对外进行许可。被告是该专利技术的使用人，在双方关于专利许可费用的谈判过程中，被告主张专利许可费应当在1%~5%，因此向原告提出了以3%进行专利许可的请求。但是原告因其没有以3%给予许可的先例而拒绝了被告的许可请求。谈判破裂后，飞利浦公司指控被告未经其许可使用其相关专利技术构成专利侵权，因此对其主张不作为请求权，而被告则主张飞利浦公司的行为已构成滥用市场支配地位，即使自己的使用行为构成专利侵权也可以进行强制许可抗辩，对抗其不作为请求权。

"橙皮书标准案"是标准必要专利（Standardessentieller Patente，SEP）领域最重要的判决之一。④ 早在"橙皮书标准案"之前，德国的审级法院关于标准必要专利案件中强制许可抗辩的前提条件问题就已经作出过判决。⑤ "橙皮书标准案"将该判决以最高院司法解释的形式确定，并获得了广泛认可。⑥ 在此之后，该案一直是标准必要专利权利人对抗未经许可的专利侵权行为的黄金标准，为德国法院处理标准必要专利纠纷做出了很大的贡献。⑦

二、"橙皮书标准案"的本质问题剖析

1. 专利法与卡特尔法的博弈

该案的判决体现了专利法与卡特尔法的博弈。专利权是一项绝对权利，其专属性经常会使权利人形成市场垄断地位，这一结果是专利法已经预见和希望得到的，不能当然地被卡特尔法推翻。适用卡特尔法对专利权进行限制的前提条件要求很高，只有当市场上的从业者如果不使用某一受专利保护的技术就将被迫从市场上退出时，才允许卡特尔法通过行为控制来干预专利权人的行为。这种情况下专利权人将受到卡特尔法的限制，特别是在授予专利许可时禁止进行歧视待遇、不允

---

④ Hilty/Slowinski，GRUR Int. 2015，781，784.

⑤ LG Düsseldorf，InstGE 7，70 = BeckRS 2011，06018-Videosignal-Codierung I.

⑥ Hötte，Die kartellrechtliche Zwangslizenz im Patentrecht，Diss. Münster，2011；ders.，MMR 2009，686；Uhrich，IIC 2010，337.

⑦ Mes，in：Festschr. f. Hoffmann-Becking，2013，S. 821；Kellenter，in：Festschr. f. Mes，2009，S. 199.

许在没有充足事实理由的情况下,向某家企业要求比其他企业更高的许可费。在该案中卡特尔法对专利法的限制,体现在限制专利权人不作为请求权的行使,从而使涉嫌专利侵权的侵权人有权就相关专利要求授予许可。

2. 专利与标准的博弈

在创新领域,专利和工业标准都发挥着重要的作用。然而当专利和标准以标准必要专利的方式相遇时却带来了难题。

专利和标准的价值取向不同,前者指向绝对使用,后者致力于让尽可能多的用户受益。⑧ 对于一个标准必要专利而言,专利权人有了掌控该标准的权利可以决定市场准入。这样带来的风险便是用户可能因为该掌控行为而不能从标准中受益。⑨

要解决这一问题需要权衡各方权利,一方面是专利权人的利益,另一方面是竞争者在相关市场上的利益,最后还有公共利益也就是消费者的利益。如果一个标准不是自然而然产生的,而是人为制定的,那么标准制定组织(Standard Setting Organisations,SSOs)的利益也可能需要考虑。⑩

一般来看,专利权人有不作为请求权,从而保护其专利不被竞争者使用。如果专利权人选择将其专利许可给竞争者使用,那么不作为请求权保证了专利权人自由选择合作伙伴的权利。⑪ 在这一系列法律关系中,对专利权人的利益之保护占绝对重要的地位,保护专利权人的绝对权利也是基于公共利益的需要,专利权人的权利能得到切实的保护才能促进科技创新。⑫

通常情况下专利的独家使用之特性不会成为问题,但是这一结论的前提是该项技术的使用者在市场上能找到替代技术。⑬ 因为在没有

---

⑧ Hilty/Slowinski,GRUR Int. 2015,781,783.

⑨ Hilty/Slowinski,GRUR Int. 2015,781,782.

⑩ Hilty/Slowinski,GRUR Int. 2015,781,783.

⑪ Hilty/Slowinski,GRUR Int. 2015,781,783.

⑫ Hilty/Slowinski,GRUR Int. 2015,781,783.

⑬ Hilty/Slowinski,GRUR Int. 2015,781,783.

替代技术的情况下,即使许可费用远远高于该技术的实际价值,使用人也不得不支付许可费用从而寻求专利许可,否则将面临退出市场的处境。[14] 对于这些专利的权利人而言,其滥用权利的风险很大。[15]

3. 标准必要专利及其分类

在考虑卡特尔法上的强制专利许可抗辩问题时要区分三种不同的专利类型:[16]

(1)没有作出公平合理和非歧视许可声明(FRAND-Erklärung, FRAND = Fair, Reasonable and Non Discriminatory terms, 以下简称"FRAND 许可声明")且未授予许可的专利

这些专利的专利权人没有或者不想将专利许可给第三方使用,也没有通过标准制定组织发布 FRAND 许可声明。[17]

对于这类专利而言,即便是市场支配地位已经存在,专利权人也只有在特殊情况下才有义务授予专利许可。这些条件包括:a. 该专利是许可寻求人想要营业所不可避免要用到的;b. 许可寻求人意图生产一种新的产品或者提供一种新的服务,对此专利权人没有打算并且消费者对此有潜在的需求;c. 没有充足的理由拒绝授予许可;d. 专利权人拒绝许可会导致相关市场竞争的排除。[18]

这类专利是不是标准必要专利对于结果的判断无关紧要,[19]不作为本文讨论的重点。

(2)没有作出 FRAND 许可声明但是已经授予许可的专利

这些专利的专利权人至少已经授予了一个许可或者已经建立了一个许可程序。这些专利的应用领域通常涵盖"事实上形成的标准"(de facto-Standard)。[20]事实上的标准并不是通过标准制定组织的标准制定

---

[14] 比较 Carlton/Shampine, Journal of Competition Law and Economics 2013, 7; Ullrich, Patente, GRUR 2007, 817, 822。

[15] Hilty/Slowinski, GRUR Int. 2015, 781, 784.

[16] Kühnen, HdB d. Patentverletzung, 10. Aufl. 2018, Kap. E Rn. 198ff.

[17] Kellenter/Verhauwen, GRUR 2018, 761.

[18] EuGH, GRUR 2004, 524-IMS/Health.

[19] Kellenter/Verhauwen, GRUR 2018, 761, 762.

[20] Kellenter/Verhauwen, GRUR 2018, 761.

流程而产生，而是源于一项技术在市场上事实的贯彻。如果一项产品或者一种方法被市场参加者认为是最好的甚至是无可替代的，并且市场参加者渐渐地几乎全部使用之，那么该事实上的标准就已形成。[21]因为是大部分的市场参加者自愿接受该技术从而促成该技术在市场上的实施，所以这些专利基本上都有一个已经建立起来的许可程序。[22]

“橙皮书标准案”中涉及的专利正是这种类型。在该案中并不存在标准必要专利权人向标准化组织作出FRAND许可声明的情况。法院无需查证专利权人是否是标准化组织的成员或者是否作出过FRAND许可声明。[23]

（3）作出了FRAND许可声明的标准必要专利

该类专利属于典型意义上的标准必要专利。由标准制定组织制定的标准是参与标准制定者合意的产物。标准产生的流程大概是：标准制定组织鼓励其会员企业注册可能成为标准的专利，一旦协会知道有专利成了标准，那么协会就会要求专利所有人通过标准制定组织作出FRAND许可声明，承诺向每一个许可寻求人以公平合理和非歧视的条件授予专利许可。[24] 声明作出后，如果一家企业在尊重该声明所列条件的情况下寻求专利许可，那么专利权人就应当对其授予许可。[25]

当然，标准制定组织不能强迫专利权人将其专利纳入某一工业标准之列，专利权人应当是自愿的。而专利权人之所以愿意这样做，大多是因为其能够通过收取许可费获得可观的经济收益。从标准使用人的角度来看，使自己的产品更有兼容性是其寻求专利许可的动力来源。兼容性的产品在很多情况下会特别畅销，甚至被认为质量可靠。[26] 所

㉑ Hilty/Slowinski, GRUR Int. 2015, 781, 783.

㉒ Kellenter/Verhauwen, GRUR 2018, 761, 762.

㉓ 赵启杉：《竞争法与专利法的交错：德国涉及标准必要专利侵权案件禁令救济》，载《竞争政策研究》2015年第2期，第83~96页。

㉔ Kellenter/Verhauwen, GRUR 2018, 761.

㉕ Hilty/Slowinski, GRUR Int. 2015, 781, 783.

㉖ Hilty/Slowinski, GRUR Int. 2015, 781, 783.

以在通常情况下，如果一项专利能被认定为工业标准，专利权人能够获取非常可观的经济收益，而作为能得到该项收益的对价，专利权人需要作出 FRAND 许可声明。[27]

稍后提到的欧洲法院判决的“华为诉中兴案”中涉及的专利正是这第三种专利。

对不同类型标准必要专利的区分直接决定了法院在判决时适用标准的不同。

三、“橙皮书标准案”的判决要点

1．“橙皮书标准案”确立的基本原则

德国联邦最高法院在该案中确立了两项基本原则：首先，其肯定了标准必要专利的专利权人在通常情况下具备针对专利侵权行为的不作为请求权。其次，只有在出现卡特尔法上的滥用行为时才需要考虑该不作为请求权的界限问题。

虽然标准必要专利的技术使用者有权请求专利权人对其授予专利许可，但是只有当专利权人要求的许可条件（通常情况下指许可费的数额）超过卡特尔法上容许的界限时，专利权人的行为才构成对其市场支配地位的滥用。[28] 在不超越界限的前提下，专利权人可以对未经许可的使用行为自由行使其不作为请求权，以保证其合同自由。[29]

卡特尔法上的强制专利许可抗辩是一项实体法上的抗辩，无论不作为请求权是通过法庭程序还是非法庭程序主张，都可以用来直接对其进行抗辩。[30] 从专利使用人的角度来看，其要阻却专利权人行使不作为请求权必须同时满足三个条件：第一，涉案专利已经成为进入相关市场必不可少的前提条件；第二，专利权人拒绝许可缺乏合理性和公正性；第三，专利使用人已经按照法院的要求证明了其希望获得专利许可

---

[27] Hilty/Slowinski，GRUR Int. 2015，781，783.

[28] Hilty/Slowinski，GRUR Int. 2015，781，784.

[29] Müller，GRUR 2012，686，690.

[30] Kellenter/Verhauwen，GRUR 2018，761，762.

的诚意。[31] 从程序法上来看，要获得卡特尔法上的强制专利许可抗辩的成功，前述条件必须在最后一次庭审之前都得到满足。[32]

对于如何证明专利使用人的诚意问题，联邦最高法院明确了具体的标准：专利使用者必须首先向专利权人提出一个无条件的专利许可要约。具体而言，被告提出的要约必须：(1)包含标的物、授权范围、签约双方、使用费等所有合同必备要素；(2)许可费的价格必须很高，高到如果专利权人再要求更多的许可费就将违反卡特尔法；(3)专利使用人提出的要约不能以专利有效为条件，不能以能够证明专利使用人实际存在专利侵权为条件。[33]

如果专利使用人认为专利权人的许可条件要求过高而有滥用之嫌，或者专利权人拒绝给出许可费用的数额，那么只要被告提出一个缔结专利许可合同的要约，在要约中许可费用的数额为专利权人在合理估价的情况下应当确定的数额，就可以认定该要约满足了无条件要约的要求。

除此之外，专利使用人还要许诺受该要约的约束。在专利使用人已经使用了专利标的之情形下，其还有义务将已经进行的对许可标的的使用写入其提议的许可合同中。

如果双方在合适的时间之内未能达成许可协议，那么许可寻求人就可以先行使用专利技术，但是必须履行两项义务：首先，其必须将关于其在多大范围内使用专利技术的财务账目存档，以便专利权人查证其使用专利及获取收益的情况；其次，其必须向专利权人支付足额的许可费或者将该费用提存到托管账户，许可费数额应当达到一定的标准，以至于专利权人如果拒绝该数额就构成竞争法上的滥用。

在"橙皮书标准案"中德国联邦最高法院要求专利寻求人应当第

---

[31] 参见赵启杉：《竞争法与专利法的交错：德国涉及标准必要专利侵权案件禁令救济》，载《竞争政策研究》2015年第2期，第83~96页。

[32] Kellenter/Verhauwen, GRUR 2018, 761, 762.

[33] 参见赵启杉：《竞争法与专利法的交错：德国涉及标准必要专利侵权案件禁令救济》，载《竞争政策研究》2015年第2期，第83~96页。

一个作出缔结专利许可合同的要约，[34]具有市场支配地位的专利权人没有义务自行作出允许使用其发明的要约。[35] 该判决的创新之处还在于，其规定了专利使用人不仅有义务提交订立专利许可合同的无条件要约，而且额外地要求其履行即将签订的合同中应尽的义务。[36] 特别是有义务交代其专利使用的范围以及支付或者提存许可费用。

2.“橙皮书标准案”中的利益权衡

许可授予请求权案件的争议焦点几乎无一例外都是许可费用的数额多少算合适。在“橙皮书标准案”中德国联邦最高法院通过其设定的程序规则试图对这一问题作出解答。

最开始，许可寻求人有义务提出一份专利权人无法在不违反卡特尔法的前提下拒绝的无条件要约。因为在这个阶段法院只需要审查专利权人是否必须接受专利使用人提出的具体要约，而不需要一般性地决定具体许可费用多少算是合适，[37]所以许可寻求人面临着其提出的许可费用的数额不被法院接受，从而被判决专利侵权并且被要求停止侵权的风险。[38]

为了使专利使用人从这个困境中解脱出来，德国联邦最高法院把专利权人也纳入程序中，让专利权人来决定合适许可费的数额，同时专利使用人可以根据《德国民法典》第 315 条第 3 款的规定让法院来审查专利权人确定的许可费数额是否合适。[39] 如果专利权人确定的数额超过了卡特尔法上滥用的标准，法院将判决其不合法。通过这一制度设计可以在某种程度上减轻专利使用人的负担。

由法院来审查在于，确定的许可费用是否合适给专利使用人带来的程序法上的优势在于，因为确定许可费用数额的一方需要承担证明

[34] Kellenter/Verhauwen，GRUR 2018，761，762.

[35] Kellenter/Verhauwen，GRUR 2018，761，762.

[36] Jestaedt，GRUR 2009，801，803.

[37] Jestaedt，GRUR 2009，801，803.

[38] Jestaedt，GRUR 2009，801，803.

[39] Jestaedt，GRUR 2009，801，803.

该数额合适的责任,[40]所以专利权人有义务举证证明其确定许可费的理由。可以用作证据的有其计算方法和可参考的其他许可合同。如果法院最后认为专利权人确定的许可费用数额过高,那么法院会自己确定其认为合适的许可费用数额。

所以法院的审查过程有两个步骤:在第一个步骤中,法院审查由专利权人确定的许可费数额是否合适;如果其认为不合适,那么作为第二个步骤,由法院自己确定合适的数额。在第二个步骤上,法院根据《德国民事诉讼法》第 287 条的规定行使其自由裁量权作出决定。[41]

联邦最高法院还在其判决中赋予了专利使用人根据《德国民法典》第 372 条提存许可费的权利。这一权利在专利权人拒绝接受支付时对专利使用人特别有利。[42] 通过提存,专利使用人得以履行其在即将签约的许可合同中的义务。另外,如果最后法院认为专利权人要求的许可费数额过高,专利使用人可以依据不当得利的规定要求专利权人或者提存机关退还过高的提存数额。[43] 但是在法院的决定作出之前,专利使用人必须事先交足许可费用,这样才能保证其许可授予请求权的前提得以满足。[44] 所以,无论专利权人认定的合适的许可费用额度为多少,专利使用人都要事先交足。

有学者认为,通过“橙皮书标准案”的判决,德国联邦最高法院在专利权人和许可寻求人之间找到了利益的平衡点。[45] 一方面,专利权人可以期待许可寻求人支付许可费用,而不是只声称有许可的意图而以诉讼程序为手段拖延支付许可费用。[46] 借此,那些只打算通过法庭程序拖延履行其法律上应尽义务的专利使用人,与那些真的打算订立

---

[40] BGHZ 41,271 (279) = GRUR 1964,515 - Werkmilchabzug; BGH, NJW 1992,171 (174); OLG Düsseldorf, NJW-RR 1997,1004.

[41] Jestaedt, GRUR 2009,801,803.

[42] Jestaedt, GRUR 2009,801,804.

[43] Jestaedt, GRUR 2009,801,804.

[44] Jestaedt, GRUR 2009,801,803.

[45] Jestaedt, GRUR 2009,801,805.

[46] Jestaedt, GRUR 2009,801,805.

许可合同并支付许可费用的专利使用人被明显地区别开来。[47] 另一方面，法院在为许可寻求人指明了如何在要求法院审查专利权人提出的许可数额是否过高的同时，避免被要求停止使用专利和被强制执行的风险。[48]

3. 对"橙皮书标准案"的批评意见

联邦最高法院的这一司法解释也遇到了诸多批评意见。[49]

联邦最高法院在判决中没有明确为什么许可寻求人要支付或者提存相当于 FRAND 框架下最高限额的许可费。有学者认为该许可费应该处于竞争法上容忍的最高数额和保守估计的发明的实际经济价值之间。[50] 该数额的确定本身就是高度复杂的，不同市场的动态条件和其他合同上的限制条件都会左右该数额。从实践的角度来看，这个数额只能高于而不能低于专利权人滥用市场地位情况下要求的许可费数额。许可寻求人为了保证其提出要约的有效性不得不支付或者提存最高限额的许可费，[51]但是这一限额在实际上会作为双方谈判合理许可费用的基础，而一旦许可寻求人自己提出了这一限额，在与专利权人谈判时就很难摆脱这一数额的束缚，从而导致自己处于不利地位。[52] 所以，有学者认为联邦最高法院的判决实际上将成本风险全部转嫁到了许可寻求人身上，这是不公平的。[53]

另外，"橙皮书标准案"中涉及的专利属于没有作出 FRAND 许可声明但是已经授予许可的专利，然而该案的司法解释也一直被用于涉及作出了 FRAND 许可声明的标准必要专利的案件。[54] 对于该实践操

---

[47] Jestaedt, GRUR 2009, 801, 803.

[48] Jestaedt, GRUR 2009, 801, 805.

[49] Ullrich, IIC 2010, 337; Maume/Tapia, GRUR Int. 2010, 923; Walz, GRUR Int. 2013, 718; Körber, NZKart 2013, 87; Picht, GRUR Int. 2014, 1.

[50] Maume/Tapia, GRUR Int. 2010, 923, 928.

[51] Hilty/Slowinski, GRUR Int. 2015, 781, 784.

[52] Hilty/Slowinski, GRUR Int. 2015, 781, 784.

[53] Hilty/Slowinski, GRUR Int. 2015, 781, 784.

[54] 赵启杉：《竞争法与专利法的交错：德国涉及标准必要专利侵权案件禁令救济》，载《竞争政策研究》2015 年第 2 期，第 83~96 页。

作的合理性问题,学术界也是众说纷纭。[55]

四、欧洲层面对强制许可抗辩问题的发展

1. 欧盟委员会的意见

从"橙皮书标准案"以来德国发生过上百个标准必要专利侵权的案件,其中只有屈指可数的两三个案件成功运用了强制许可抗辩。[56]由此可见,"橙皮书标准案"的判决对标准必要专利的权利人更有利,判决确定的标准使强制许可抗辩的使用在事实上变得更困难。这可能正是欧盟委员会对德国联邦法院的判决持不同意见的原因。[57]

欧盟委员会于2012年12月21日在对三星公司就如何在标准必要专利案件中正确使用不作为请求权的问题作出的答复中,给出了与德国联邦最高法院不同的观点。欧盟委员会认为"橙皮书标准案"中发展出来的原则不应当被运用到涉及作出了FRAND许可声明的标准必要专利之案件上。[58] 因为这类案件涉及在工业标准中嵌入受专利保护的技术,所以特别容易产生滥用行为和形成市场支配地位。这一特殊的事实情况带来的后果,应当是专利权人有义务以合适的条件授予许可。所以许可寻求人为订立专利许可合同做好了准备这一点,足以用来抗辩权利人的不作为请求权。[59]

欧盟委员会的这一答复同样遭受了批评。单靠一纸做好了订立许可合同准备的声明,不需要作出任何实质上的发出具体要约的举动就可以用来对抗专利权的行使,会带来许可寻求人无限期拖延许可协议谈判时间的风险,并且会导致专利权人无法收回在此期间产生的专利许可费用。[60] 同时上述行为带来的市场秩序混乱,对那些真正打算订

---

[55] Kellenter/Verhauwen, GRUR 2018, 761; Hilty/Slowinski, GRUR Int. 2015, 781, 785; Block, GRUR 2017, 121.

[56] OLG Karlsruhe, GRUR 2012, 736-GPRS-Zwangslizenz Ⅱ, m. Anm. Herrlinger, sowie LG Mannheim, Beschl. v. 27. 5. 2011-7 O 65/10, unveröff.

[57] de Bronett, WuW 2009, 899; vgl. auch Maume/Tapia, GRUR Int 2010, 923; Wirtz, WRP 2011, 1392.

[58] Kellenter/Verhauwen, GRUR 2018, 761, 763.

[59] Hilty/Slowinski, GRUR Int. 2015, 781, 785.

[60] Hilty/Slowinski, GRUR Int. 2015, 781, 785.

立许可合约并且已经事实上先行支付了许可费的许可寻求人来说,也是不公平的。[61]

2. 欧洲法院的观点

德国联邦最高法院和欧盟委员会在这个问题上的不一致,最终导致了杜塞尔多夫州高等法院以"华为诉中兴案"为契机将此问题提交欧洲法院裁决。[62] "华为诉中兴"案的原告华为公司是涉案专利的所有权人,该专利被欧洲电信标准协会选为涉及 LTE 标准的必要专利,作为该标准化组织的成员,华为公司承诺在遵守公平合理无歧视条件的情况下,愿意授权任何第三人使用其专利。原告、被告双方就签署专利许可合同事宜进行了磋商。在双方并未就许可合同达成一致意见的情况下,被告中兴公司销售了使用涉诉专利的产品,但并未向原告华为公司支付许可费用,也没有提交详尽的专利使用情况报告。华为公司以中兴公司专利侵权为由,向德国杜塞尔多夫地方法院提起诉讼。

欧洲法院于 2015 年 7 月 16 日对该案作出裁决。欧洲法院指出,"橙皮书标准案"的判决涉及的是事实上形成的标准必要专利,因此并没有一份事先给出的 FRAND 许可声明,而"华为诉中兴案"中涉及的是作出了 FRAND 许可声明的标准必要专利。通过 FRAND 许可声明,标准必要专利的持有人唤起了第三方合法的期待利益,即专利权人会以公平合理和非歧视的条件在事实上向其授予专利许可。[63] 根据普遍的观点,FRAND 许可声明仅仅是对许可寻求人作出的与专利权人签订专利许可合同的要约邀请,同时也是其履行了《欧盟运作条约》第 102 条意义上的卡特尔法上的义务的声明,由此不能产生合同法上的请求权,该声明更不意味着对不作为请求权的放弃。[64]

---

[61] Hilty/Slowinski, GRUR Int. 2015, 781, 785.

[62] LG Düsseldorf, GRUR Int. 2013, 547-LTE-Standard.

[63] Kellenter/Verhauwen, GRUR 2018, 761, 763.

[64] 参见 LG Düsseldorf, GRUR - RS 2012, 09682 - Zugriffsschwellenwert; GRUR - RS 2016, 08288-Handover; BGH, GRUR 2009, 1052-Seeing is Believing; EuGH, GRUR 2015, 764 Rn. 53-Huawei/ZTE; Kellenter, FS 80 Jahre Patentgerichtsbarkeit in Düsseldorf, 2016, 255, 258; McGuire, GRUR 2018, 128 (134)。

欧洲法院在该案中,对作出了FRAND许可声明的专利权人构成《欧盟运作条约》第102条意义上的滥用市场支配地位的前提条件进行了修改,给出了专利权人和许可寻求人在订立许可合同过程中各自的标准做法。

对于专利权人来说:

·只要许可寻求人有能力依据公平合理和不歧视的条件订立许可合同,那么专利权人在行使其不作为请求权之前,必须主动从事特定的行为并且满足特定的要求。

·专利权人的上述主动行为特别重要,因为许可寻求人不能确定其使用的技术方案是否涉及一个有效的标准必要专利。因为有太多所谓的标准必要专利,所以许可寻求人不可能在使用之前全部进行审查。

·因此,专利权人必须首先告知许可寻求人其行为构成专利侵权。

·除此之外,专利权人还必须向许可寻求人提交一份以公平合理和不歧视的条件起草的书面的许可要约。

同时,许可寻求人也要履行如下义务:

·许可寻求人应当谨慎细致和认真严肃地对专利权人的要约作出回应。一个纯粹商业策略上的、迟疑的或者并非真心真意的对要约的答复(Gegenangebot或译为"反要约")并不能用来抗辩专利权人根据《欧盟运作条约》第102条行使的不作为请求权。

·双方交换要约和反要约的合理期限以专利权人在相关行业评估其专利的价值所需要的时间为参考。

欧洲法院提出的行为步骤要求的最终目的是为许可寻求人和专利权人提供一个行为模板,以便双方自愿达成许可协议。因此如果一方当事人没有及时或者完全地履行规定的步骤要求并不当然意味着该方就会败诉,也不意味着对方就可以当然免除其对等履行义务。[65] 因此,只要一方的要约没有明显违反FRAND的基本原则,对方就应当对此进行答复。而且以上程序的遵守也不取决于权利人是否已经作出了FRAND许可声明,因为即便合同法上的请求权不存在,许可寻求人也

---

[65] Kellenter/Verhauwen,GRUR 2018,761,771.

可以基于《欧盟运作条约》第 102 条的规定请求授予 FRAND 许可。[66]

如果双方无法达成合意而寻求通过法庭诉讼的途径解决，而且在最后一次庭审时标准必要专利的所有人和侵权人的最终要约还是互相对立，这时才需要综合考虑所有证据来判断标准必要专利的所有人是否真的向侵权人作出了一份公平合理和非歧视的要约。[67]

3. “华为诉中兴案”对“橙皮书标准案”的发展

从上述标准做法来看欧洲法院对专利权人提出了比德国联邦最高法院更加严格的要求。[68] 对此学术界和审级法院都解读为“华为诉中兴案”比“橙皮书标准案”的判决更加有利于专利使用人。[69] 甚至还有意见认为欧洲法院的判决否定了“橙皮书标准案”的判决。主流观点认为，在欧洲法院的“华为诉中兴案”判决作出之后，“橙皮书标准案”不能继续适用于与标准必要专利相关的案件。但也有学者认为，“橙皮书标准案”中确立的原则在特定的标准必要专利案件中依然可以直接适用。[70]

再来分析两个案件的差别：“橙皮书标准案”涉及的是一个没有 FRAND 许可声明而事实上形成的标准，该标准有已经建立起来的许可流程。[71] 专利权人对此技术发展出了一个标准化的专利许可流程并在网络上公布，每个寻求专利许可的公司都可以自行浏览专利许可的条件并申请许可。在该具体的案件中，德国联邦最高法院判决专利权人没有义务主动作出专利许可的要约是完全正确的。[72] 因为该案的被告可以在网站上浏览到专利许可的条件，所以作为众多的许可寻求人之一其主动向专利权人作出专利许可的要约只不过是走个流程而已。如果被告认为专利权人的许可条件违反了卡特尔法，那么其应该向专利

[66] Hilty/Slowinski, GRUR Int. 2015, 781, 785.

[67] Kellenter/Verhauwen, GRUR 2018, 761, 771.

[68] Hilty/Slowinski, GRUR Int. 2015, 781, 785.

[69] Block, GRUR 2017, 121.

[70] Kellenter/Verhauwen, GRUR 2018, 761.

[71] Kellenter/Verhauwen, GRUR 2018, 761.

[72] Kellenter/Verhauwen, GRUR 2018, 761, 762.

权人作出一个反要约。

而欧洲法院在“华为诉中兴案”中作出的判决基于的案件有FRAND许可声明，没有一个已经建立起来的许可流程。[73] 该类案件的特殊之处在于，该案的专利权人对标准制定组织作出了承诺，因此有义务以公平合理和非歧视的条件对所有许可寻求人授予专利许可。[74]

因此有学者认为，即便是将“华为诉中兴案”的判决主旨应用到“橙皮书标准案”上，也不会得出不同的结论。[75] 因为“橙皮书标准案”的专利权人已经建立了一个成熟的专利许可流程，所以在此基础上再要求专利权人向每个专利使用人专门作出专利许可的要约纯粹是“形式主义”（Förmelei）。[76]

所以，迄今为止，“橙皮书标准案”的判决对没有作出FRAND许可声明但是已经作出了专利许可的案件，特别是对那些事实上形成的工业标准案件仍然适用。[77] 在这类案件中，如果已经有一个标准版本的专利许可合同存在，那么就没有必要再反过来重新走一遍欧洲法院要求的专利许可流程，因为这里特别是对许可寻求人来说不存在一个信息不对称的问题。[78] 相反，这里更应该期待许可寻求人在使用专利之前主动向专利权人寻求许可。如果许可寻求人认为已经存在的标准版本的专利许可合同不符合卡特尔法，那么他应当向专利权人作出一个他认为符合卡特尔法的要约。[79]

总结而言：“橙皮书标准案”中确立的标准对于涉及已经建立了专利许可流程并且已经授予许可的专利案件既没有丧失适用性也没有丧

---

[73] Kellenter/Verhauwen, GRUR 2018, 761.

[74] Kellenter/Verhauwen, GRUR 2018, 761, 763.

[75] Kellenter/Verhauwen, GRUR 2018, 761, 763.

[76] 批评意见如 de Bronett, WuW 2009, 899; Heimann, LMK 2009, 286659; Höppner, ZWeR 2010, 395; Maume/Tapia, GRUR Int 2010, 923; Reimann/Hahn, FS von Meibom, 2010, 373; Ulrich, IIC 2010, 337; Wirtz, WRP 2011, 1392, 1404。

[77] Kellenter/Verhauwen, GRUR 2018, 761, 763.

[78] Kellenter/Verhauwen, GRUR 2018, 761, 763.

[79] Kellenter/Verhauwen, GRUR 2018, 761, 763.

失实效性。[80] 因为根据欧洲法院在"华为诉中兴案"中的判决，对于那些已经建立了标准化的专利许可流程的案件来说，应当默认专利使用人显而易见应当知道这一流程的存在，所以专利权人没有义务遵循其要首先作出许可要约的要求。[81] "华为诉中兴案"的判决仅限于已经作出 FRAND 许可声明但是没有标准许可合同的标准必要专利之情形。因为该司法解释的目的本来就是消除标准必要专利所有人和专利侵权人之间的信息不对称，所以专利权人要主动地向侵权人作出 FRAND 的要约，只有这一点是与"橙皮书标准案"的不同之处。[82]

---

[80] Kellenter/Verhauwen, GRUR 2018, 761, 763.

[81] Generalanwalt Wathelet, Schlussanträge v. 20. 11. 2014 - C - 170/13, BeckRS 2014, 82403 Rn. 84, 103-Huawei/ZTE; EuGH, GRUR 2015, 764 Rn. 64-Huawei/ZTE.

[82] Kellenter/Verhauwen, GRUR 2018, 761, 771.

第十章　基于公共利益的专利强制许可——拉替拉韦案

第一节　“拉替拉韦案”判决原文

运用法条：《德国专利法》第24条、第85条第1款

一、判决要旨

1. 许可寻求人是否在合理的时间段内以合理的、惯常的商业条件试图向专利权人寻求使用其发明的许可但是未获成功，这一点要结合个案的具体情形判断。

2. 在授予关于药物有效成分的强制许可案件中，即便只有很小的病患群体受到波及也可以肯定公共利益的存在。特别是当该涉及的药物如果不再可用该群体将面临特别高的危险性时。

3. 在根据《德国专利法》第85条第1款进行必要的利益衡量时，应当考虑许可寻求人迟疑（申请临时禁令）的行为。但是不能在不存在其他情形的情况下单凭这一行为就判定（使用涉案专利的）公共利益不存在。

4. 在根据《德国专利法》第85条第1款颁布临时禁令时，不需要再额外要求《德国民事诉讼法》第

935 条或者第 940 条规定的前提条件得到满足。

联邦最高法院于 2017 年 7 月 11 日对拉替拉韦一案(案件号 X ZB 2/17,前审法院联邦专利法院)作出的判决。

二、案件事实

自 2008 年以来,原告在德国销售名为“Isentress”的药物,其中含有的有效成分拉替拉韦(Raltegravir)用于治疗人类免疫缺陷病毒(HIV)感染。

被告是于 2002 年 8 月 8 日申请注册的效力及于德意志联邦共和国的涉及一种抗病毒药物的欧洲专利 1422218(涉诉专利)的持有人。授予专利的通知于 2012 年 3 月 21 日公布。欧洲专利局在专利异议程序之后以修改后的版本维持了该专利。异议人的上诉仍在进行中。

被告于 2014 年 7 月 3 日书面告知原告旗下的一家公司,Isentress 这一药物落入日本专利 5207392 的保护范围,该专利属于涉诉专利家族。之后双方进行了在全球范围内授予专利许可的谈判,无果。

被告于 2015 年 8 月 17 日以原告侵犯涉诉专利为由,向杜塞尔多夫州法院提起针对原告的不作为请求之诉(案件号 4c O 48/15)。在欧洲专利局就上诉作出裁决之前,州法院中止了该争议的裁判。被告对该中止行为提起的要求立即裁决的上诉无果。

原告甲于 2016 年 1 月 5 日对被告提起诉讼,要求被告就涉诉专利对其授予强制许可。原告乙和丙稍后加入了诉讼程序。对此诉讼的一审结果尚未作出。

原告于 2016 年 6 月 7 日提出诉讼请求,要求通过临时禁令①的方式临时允许其使用受保护的发明。

专利法院在考虑了聘请的专家作出的评估意见之后驳回了原告的并没有限制在特定的药品形态[比如以散装颗粒,还是胶囊或者瓶装液体的形式]②上的主要诉求。对于其附属诉求,专利法院暂时允许其

① 原文 einstweilige Verfügung,“临时禁令”是对此词的常规译法,此处更适合译为“临时强制令”,意为临时强制专利权人允许专利寻求人使用其许可。

② 本书笔者补注。

继续销售用于治疗HIV感染和艾滋病(AIDS)的Isentress药物,该药物以四种药品形态已经在市场上流通,该四种形态在上文提到的被撤销的判决中被明确描述。对此被告提起上诉,反驳原告[关于临时禁令强制措施][3]的诉讼请求。

三、判决理由

被允许提起的上诉未获成功。

Ⅰ.专利法院主要以如下理由作出了判决:

代表原告的集团公司在合理的时间段内以合理的、惯常的商业条件试图寻求获得涉案发明的使用许可。原告作出的报价仅仅表明了一次性支付(许可费)的意愿,而且许可费的数额在被告看来过低,但是这不能表明原告的(寻求许可的)尝试是没有诚意的。尽管在强制许可程序中对于涉诉专利的法律状态暂时不予考虑。但是在获取一项法律行为意义上的专利许可(rechtsgeschäftliche Lizenz)的谈判中,允许许可寻求人在考虑专利将来的法律状态的情况下调整自己(对专利费数额)的期待值。

原告可信地论证了,授予强制许可是基于公共利益的要求。相较其他两种现存的来自整合酶抑制剂组群的活性成分(elvitegravir和dolutegravir)来说,拉替拉韦(Raltegravir)是否从任何方面来看都被认为更有益可以不予置评。在HIV和艾滋病的日常治疗实践中,对使用哪种活性成分没有特殊的偏好。相反,公布的指导方针中提出的个体化治疗的理念被实施,据此对每个患者都应根据其个人自身情况使用来自多个组群的活性成分组合。因此,虽然并不是每个HIV或艾滋病患者都依赖于可以随时接受使用拉替拉韦的治疗,但是有那么一组患者,他们需要拉替拉韦来维持治疗的安全和质量。

这尤其适用于婴儿、十二岁以下的儿童和孕妇,也适用于因感染风险而需要预防性治疗的病人,以及已经接受过Isentress治疗且转用另一种药物时可能产生明显的副作用和药物相互作用(Wechselwirkung)的患者,特别是对于已经接受了多年治疗的患者,他们经过多次疗法的

③ 本书笔者补注。

更换之后,只可能被从2007年开始使用的拉替拉韦这一唯一可用的整合酶抑制剂挽救。像这种紧急情况下,法院更应该着眼于所涉及的公共利益。因此,原告是否本应当耐心地长时间等待而不是申请临时禁制令在此处是无关紧要的。

Ⅱ.该判决经受住了上诉程序的审查。

1.原告在合理的时间段内以合理的、惯常的商业条件试图寻求获得涉案发明的使用许可,专利法院认为原告对此的论证可信是正确的。

a)原告在强制许可程序中表达了愿意支付合理的许可费的观点,专利法院并没有只依赖该事实作出判断,这也是正确的。

aa)根据联邦最高法院对有效期至1998年10月31日的《德国专利法》版本第24条第1款作出的司法解释,当时所要求的专利许可寻求人要有支付合理报酬的意愿是一个程序性的前提,这一前提可以在诉讼程序过程当中被弥补。

要想满足上述前提,许可寻求人只需要原则上表示其为支付合理的许可费用做好了准备,并不要求其提出稍后在法院看来是合适的、具体或者大概的数额(BGH, Urteil vom 5. Dezember 1995 - X ZR 26/92, BGHZ 131, 247, 250 = GRUR 1996, 190, 191 f. -Interferon-gamma)。

bb)另一方面,根据对本案起决定性作用的自1998年11月1日起生效的《德国专利法》版本的第24条第1款第1项,需要满足的条件是:许可寻求人在合理的时间段内以合理的、惯常的商业条件试图向专利所有权人寻求使用其发明的许可,并且未获成功。

然而这一前提条件不需要在提起强制许可诉讼之时获得满足。根据一般的基本原则,在庭审口头审理结束之前满足该前提就已经足够。但是根据(寻求许可的)努力必须已经持续合理的时间段这一要求可以得出,如果许可寻求人在庭审期间即在最后时刻才作出准备支付合理许可费的表示是不够的。相反,他应当在一个合理的时间段内以在具体情形下合理的方式尝试与专利所有人就授予专利许可达成一致。具体在哪个时间段、以何种方式需要个案分析。

b)专利法院正确地得出结论:结合本案的特殊情况,代表原告的公司在诉讼前的行为(尚且能够)构成对《德国专利法》第24条第1款第1项中提出的要求的满足。

由原告提出的两次报价在被告的预期报酬之上都规定了一个后期才需要支付的、较大数额的一次性付款,这一规定无论如何都无法让人期待在(涉案专利)异议程序判决结果被明确作出之前双方能达成一致意见。然而,专利法院没有将原告的行为视为纯粹的假装谈判(Scheinverhandeln)的行为是正确的。双方对应缴许可费总体数额的不同期待在争议案件中不能被视为不适当,因为涉诉专利是否会被认定为合法有效的问题,即使在异议处理机关的决定作出之后也无法十分确定地被判断。

被告的报价中规定了被许可人应当撤回对涉诉专利的所有异议。因此,拟议的许可协议也应该同时用以解决与涉诉专利的法律效力有关的争议。鉴于这种情况,原告将其对异议程序或之后可能发生的无效程序的结果之预期纳入其对价格的考量当中并非不合理。虽然其成功的机会可能在一定程度上会由于异议处理部门(最终)决定对涉诉专利部分的维持而减少。但是,这一决定并不排除[作为下一审级的]④技术上诉委员会有可能对其作出有利判决的可能性。原告的期待并非毫无根据,这一点也在后来的诉讼进程中得到了(同样被撤销的)英格兰和威尔士高等法院判决的确认,该判决驳回了一项基于涉诉专利而提起的侵权诉讼,因为该专利缺乏可专利性并且对发明内容披露不足(Arnold J,[2016] EWHC 2889(Pat),Rn. 355)。

鉴于这种情况,原告没有就被告建立在涉诉专利长期有效基础上的价格预期作出进一步的让步,也没有就继续攻击受保护专利的法律状态的可能性问题接受建议的条件订立许可合同。双方当事人本可以通过以下方式解决利益分歧:即假定专利的法律状态长期有效,在此基础上计算,约定出一个许可费,同时给原告保留继续攻击专利法律状态的可能性。然而,接受这样一个利益架构的倾向从被告的报价中也无法推断出来。

---

④ 本书笔者补注。

c)原告在主要程序⑤中提出了诉讼请求,据此请求,许可费的数额应该限制在一个特定的一次性支付数额之内,或者是一个明显低于被告期望值的许可费率之内。该诉讼请求的作出与对涉诉专利授予强制许可并不冲突。

aa)然而,与原告的观点相反,并不能因为原告可以在主要程序的法庭辩论阶段结束之前随时修改其诉讼请求,就认为前述案件事实无关紧要。

当可以预见到授予强制许可的起诉将不会获得胜诉时,原则上无需考虑根据《德国专利法》第85条第1款采取临时禁令措施。诉讼成功的概率可能会因为诉讼请求的修改而改善,这一点原则上不能成为颁布临时禁令的理由。

bb)被告正确地认为,当授予强制许可的诉讼的原告表明其只有在法庭确定的许可费不超过某个特定的最高数额时才寻求授予专利许可,同时法院又认为该最高数额不够高时,那么强制许可诉讼的原告必须被判决败诉。

根据《德国专利法》第24条第6款第4句,专利权人有权向强制许可的被许可人请求支付根据案件具体情况来看是合理的并且考虑了强制许可经济价值的报酬。法庭在授予强制许可时应当对报酬的数额进行确定。在确定时应当以结合每个案件的具体情况可能在每个许可合同中约定达成的许可费为导向。需要考虑的是,对于专利权人来说,对专利提起异议或者无效的风险在强制许可被授予之后仍然存在。因此,专利许可费不能根据与合同约定许可费时适用的相同标准来计算,在后者的情形下被许可人(在许可约定之后)有义务不再攻击被许可的专利,因此必须能够预见到,支付许可费用的义务会一直持续到受保护权利的期限届满为止。假如许可寻求人保留了通过成功地攻击专利的法律状态从而免除自己在之后时间段的支付义务这一可能性,那么(在合同约定许可费时)原则上他将面临支付更高的许可费用。所

⑤ “主要程序”相对于本案的“临时禁令程序”而言是指原告向联邦专利法院提起的授予强制许可的诉讼程序。

以,在通常情况下(强制许可)许可费用的数额判定标准与判定一个合同约定的法律状态稳定的专利之许可费用的标准一样。

cc)然而,根据最初的诉讼请求和出具临时禁令程序中的请求来看,原告的请求在这个方面无需多加考虑。

原告在起诉书中提出的许可费的数额符合法庭的判断。原告在起诉理由中提到,被告的使用利益(Verwertungsinteresse,即将专利进行价值转换的利益)完全可以通过由法院确定适当的许可费来满足。在庭审口头审理过程中,原告对其颁布临时禁令的请求作出了更进一步的陈述,声明迄今为止的许可报价并不构成强制许可的许可费之上限,原告愿意以合理的、惯常的商业条件接受许可。

从这些声明中可以清楚地看到,对于授予强制许可的渴望不仅仅局限于许可费用不超过一定限度的情形。

原告这些声明的严肃性(有诚意性)并不会因为其在口头审理程序中向专利法院提出的宣告而受到质疑。根据该宣告,如果专利法院已经意图在本程序中对许可费用的数额作出决定,那么原告将修改诉讼请求并以该确定的许可费数额为限提起主诉求。这一宣告并不意味着如果其期待的主诉求无果,原告就不愿意支付更高的报酬。

dd)原告在主要程序中宣告修改的诉讼请求并不会导致作出不一样的判决。

这些诉讼请求的措辞确实很容易让人质疑:原告在专利法院确定的许可费用超过其诉讼请求中提出的数额的情况下,是否依然渴望获得强制许可。然而,在这种情况下,专利法院应该主动向原告寻求澄清这一问题。

原告在本合议庭的口头审理阶段确实澄清了这一问题,其表述到,其全部的诉讼请求无论如何并不是只围绕着强制许可只能在一个特定的数额范围内被授予这一目标。专利法院也不会因此就被阻碍判决以其认为合适的许可费强制授予许可,即使该费用超过了原告提出的最高数额。原告在相应的情况下也没有被阻碍通过其他法律救济途径试图确定一个更低的许可费用。

2. 专利法院正确地认为并且论证了，在争议案件中授予强制许可是基于公共利益的需要。

a）公共利益是否要求授予强制许可取决于每个案件的具体情况。

第24条第1款第2项中使用的法律术语“公共利益”一词不能以万能的方式被任意解读（umschreiben）。相反，对于是否存在授予强制许可的公共利益的问题，必须通过权衡个案中涉及的所有具体情况和涉及的利益来回答。应该指出的是，法律授予了专利权人一个绝对的权利，对于该权利的行使原则上允许其独自决定。因此，只有在特殊情况下，因为公众的利益要求许可寻求人对专利进行实施，从而对于专利权人的绝对权利和利益的无限制认可需要让位时，公共利益的理由才可以被使用（BGH，Urteil vom 5. Dezember 1995-X ZR 26/92，BGHZ 131，247，251 ff. =GRUR 1996，190，192-Interferon-gamma）。

运用上述原则，当一种药物被证实具有治疗严重疾病的治疗特性，该特性为在市场上可以获得的药物所不具有或者不能以同样的程度具有，或者当在使用该药物的过程中可以避免出现不希望发生的副作用，而在运用其他疗法时却必须面对这些副作用时，要求授予强制许可的公共利益可以被肯定（BGHZ 131，247，256 f. =GRUR 1996，190，193-Interferon-gamma）。相反，如果公共利益可以被其他本质上等同的替代药物所满足，那么原则上不能授予强制许可（BGHZ 131，247，254=GRUR 1996，190，193-Interferon-gamma）。

b）在这一背景下，专利法院正确地肯定了继续保持用于治疗婴儿和12岁以下儿童的拉替拉韦药物的可用性这一公共利益。

aa）专利法院查明，拉替拉韦是德国唯一一种用于（治疗）三个月至四周岁的婴儿的整合酶抑制剂，该抑制剂用于两种核苷逆转录酶抑制剂的联合治疗。

作为拉替拉韦的替代方案，对于该患者群体来说最多可考虑使用非核苷逆转录酶抑制剂奈韦拉平（Nevirapin）。但是该药物在肝毒性方面并不被认为是完全无害的，而且在美国卫生部（Department of Health and Human Services，卫生和人类服务部）的指导方针中并没有作为首选治疗方法被推荐。对于两岁以上的儿童也可以考虑其他替代品,如洛匹那韦(Lopinavir)这样的蛋白酶抑制剂。但是,为此需要辅助使用助推器(Booster),这会增加药物相互作用的风险。

对婴儿和儿童进行替代方案的治疗方法尝试会有特别(大)的风险,由于其免疫系统尚不成熟,同时淋巴系统正处于生长阶段,病毒量通常会迅速增加,所以死亡风险相对较高并且用于治疗方案改变的时间也很少。

bb)上诉意见并没有对上述(专利法院)查明内容的全面性和正确性提出具体的证据进行质疑。

与上诉意见的观点相反,专利法院上述的评估意见并不会因为欧洲治疗儿科艾滋病网络(PENTA)2015年的指导原则中没有普遍地推荐拉替拉韦,而是仅仅在极个别的情况下将其作为首选药物就受到质疑。

专利法院考虑到了这个观点。尽管如此,法院还是得出结论,认为在拉替拉韦药物对上面提及的病患群体的可用性之上存在公共利益的需要,该结论既没有矛盾之处也不能基于其他理由被推翻。

在PENTA的推荐中,对拉替拉韦的相对保守的评估是因为尚没有足够的数据基础。在阐述个例中可以应用该有效成分的理由时,PENTA更多地是考虑到其他活性成分的毒性。专利法院对这一观点也极为重视。此外,专利法院特别看重适用于德国的推荐建议和使用许可,这也是正确的,因为渴望得到的强制许可只适用于与德国相关的治疗使用行为。

cc)不能因为涉及的病患群体较小并且当下只有其中很小的一部分患者在接受拉替拉韦的治疗,就否定在拉替拉韦的可用性之上的公共利益。

即便只有很小的病患群体受到波及也可以肯定公共利益的存在,特别是当该涉及的药物如果不再可用时该群体将面临特别大的危险性时。专利法院在本案中正确地肯定了上述前提对婴儿和12岁以下的儿童来说是满足的。

另一个问题是，鉴于病患群体的规模较小，可否对强制许可在内容上进行相应的限制，对此专利法院无需作答，因为在其他病患群体之上也存在公共利益，只不过该群体定义的标准是抽象的，因此（这个群体的界限）不能被十分明确地划定出来。

c）专利法院还正确地肯定了在拉替拉韦用于治疗孕妇的可用性之上也存在公共利益。

aa）根据专利法院的法庭调查，目前拉替拉韦作为对孕妇来说优先选择的治疗方案被推荐。

拉替拉韦的优点在于可以迅速地降低病毒量，从而降低将 HIV 传染给胎儿的风险。可以考虑作为替代药物的有效成分都没有被明确地推荐用于孕期使用。如果使用这些替代药物，考虑到副作用的危险性较大，特别是对于孕妇这一群体来说她们将面临特别大的风险。以 Efavirenz 为例，该有效成分还会导致不孕不育。

bb）与上诉意见的观点相反，（专利法院）查明（的上述事实）不会基于法庭聘请的专家的陈述而被质疑，（专家陈述到）根据现行的德国指导方针，作为拉替拉韦的替代药物可以考虑蛋白酶抑制剂或非核苷逆转录酶抑制剂，而且在 2014 年的最后一版德奥指导方针中因为当时的数据基数太小而没有毫无保留地推荐拉替拉韦。

尽管如此，（对本案专业领域的）评价一直支持专利法院观点的法庭聘请的专家将拉替拉韦描述为对于孕妇首选的治疗手段。上诉人提出异议，声称专家没有揭示其作出的结论依据了哪些可靠信息，该异议并不能构成对其正确性的具体怀疑。

与上诉人的观点相反，专利法院并没有默认其他的有效成分在孕妇身上会产生更严重的副作用。而是因为这些成分总体来说有更大的副作用危险性，从而认为其对于孕妇来说风险特别大。对于该结论正确性的质疑并没有具体的迹象作为支撑。

d）上述观点同样适用于存在急性感染风险的情况下，比如当医务人员不小心被［带有 HIV 的］⑥注射器穿刺时。

---

⑥ 本书笔者补注。

aa)根据专利法院的法庭调查,当下拉替拉韦在德国作为用于联合治疗该病患群体的唯一的有效成分被推荐。相比之下,美国国际抗病毒学会推荐的 Dolutegravir 并没有临床耐受性研究作为支撑。

bb)该调查结果并不会因为疾病控制中心最新的指导方针(TWeV35)推荐使用 Dolutegravir 并且还提到了 Darunavir 和 Ritonavir 用于联合治疗而遭到质疑。

在该推荐意见中讲到,要想推荐能够特别有效地进行暴露后预防的某一种特定药物尚且缺乏足够的科学知识。因此,指导方针中推荐的内容是基于迄今为止治疗 HIV 感染患者的实践经验(TWeV35 S. 30)。

这一点与专利法院提到的美国指导方针中的推荐并没有临床研究作为支撑这一调查结果相吻合,并没有否定而是肯定了该调查结果的正确性。

cc)法庭聘请的专家在专业杂志上(HIV& More 4/2016, S. 26, TWeV36)推荐用 Dolutegravir 或者 Darunagravir 进行治疗这一事实并不能导致作出不一致的判决。

正如上诉意见中引用的同一本出版物中(HIV& More 4/2016, S. 12, RW6)指出的一样,该推荐是针对某种特殊情况作出的,即针对那些作为传染风险源头的指示病例的病人(Indexpatient),他们携带耐多药人类免疫缺陷病毒并且接受了拉替拉韦的治疗。法庭聘请的专家在论证其治疗建议时考虑到,推荐的有效成分组合应当尽可能在使用拉替拉韦发生耐药基因突变的情况下也保持有效。专家在这种情况下并不推荐拉替拉韦看上去是合乎逻辑的,但是无法构成对其提出的"该活性成分在没有(耐药基因突变)并发症发生的情况特别适合使用"这一看法的质疑。

e)专利法院还正确地肯定了,对于那些当拉替拉韦不再可用时被迫更换治疗方法的患者来说,也存在公共利益。

aa)根据专利法院的事实调查,治疗方法的更换总免不了产生副作用或者药物相互作用甚至治疗失败的风险。此外还存在如下的危险性:即当(治疗方法更换)失败时,重新回到使用拉替拉韦治疗由于医学上的原因不再可能，同时其他替代方案也只有有限的可用性。

bb）基于该事实专利法院作出结论，对于已经在接受拉替拉韦治疗的患者来说，在拉替拉韦的继续可用性上有公共利益存在。

对于在哪些具体的情况下有多大的可能性会产生严重的副作用或者甚至治疗失败，这些问题专利法院并没有进行事实调查，但是这并不能用来反对上述观点。单单因为通过法律上强制的[7]治疗方法的改变会将每一个患者置于相应的风险之中这一点，就可以认定专利法院正确地肯定了公共利益的存在。这个风险可能不会太高，尽管如此，它也不能被认为是微不足道的。

一方面很重要的一点是，原告销售的药品在被授予专利之前已经获得审批多年，并且根据诉讼双方一致的陈述已经在很大的范围内被使用。另一方面，治疗失败的后果可能是非常严重的。基于这种现实情况，已经在成功地接受拉替拉韦治疗的患者继续获得这种治疗的利益需求特别强烈。对于这些患者来说，这并不是获得一种或多或少有可能带来更好的疗效的新的治疗替代方案的问题，而是不得不改变一个可能已经成功治疗了多年的治疗方案，从而不得不面对由此带来的所有风险的问题。

在这一背景之下无需再考虑，专利法院提出的从使用拉替拉韦改变到使用 Dolutegravir 或者 Elvitegravir 时产生的特别问题，或者由副作用引起的依从性问题（Adhärenzprobleme）是否构成公共利益。即使这些（公共利益）都被否定，单单从治疗方案改变会带来的一般风险中就能得出对于拉替拉韦可用性存在重大的公共利益。

f）这同样适用于已经接受治疗多年的患者，他们在经过多次治疗方案的改变之后由于耐药基因突变只能通过用拉替拉韦治疗来挽救生命。

根据专利法院的调查认定，对这类患者来说目前虽然至少可以考虑再次换用 Dolutegravir。但是这一患者群体在治疗方案更换的时候会面临特别高的风险。因此，使这一群体可以用拉替拉韦继续进行治

⑦ “法律上强制”是指假如法院判决不支持强制许可，患者将被迫选择其他药物。

疗就有特别大的公共利益。

g)在此基础之上,专利法院正确地得出结论,公共利益要求在其判定的范围内授予强制许可。

根据专利法院的调查结果虽然可以预料到,对于一些患者群体,虽然继续使用拉替拉韦对他们来说特别重要,但是在很多个别的案例中总能找到成功率比较高的替代性的治疗方法。然而,与此相对的[在利益衡量的另一面的]⑧,却是所有受波及群体面对的严重副作用或者药物相互作用甚至是治疗失败的重大风险。所有属于上述提到群体的患者都同样受到该风险的波及,因为无论如何能够在一定程度上预见到,该风险会在某些个体身上成为现实。那些受到波及的人在目前的知识水平之下依赖于终身治疗,并且治疗失败会导致直至死亡的严重后果[这对于他们来说本来就已经是很大的负担]⑨,前述这种[死亡的风险在哪个个体身上会成为现实的]⑩不确定性对于他们来说意味着比前述更大的负担。

这种风险看起来是不可接受的,尤其是因为拉替拉韦在专利被授予之前已经获得审批多年,并且已经被广泛地使用。不仅是对于那些已经使用拉替拉韦成功获得治疗的患者,而且对于那些将拉替拉韦作为其首选治疗方案的患者来说,关键问题并不是设法获得一个效果无法获得确凿评估的新的治疗替代方案,而是让一个多年以来稳定并且成功使用的治疗方案继续存在下去。

根据所有上述论证,对于继续使用拉替拉韦的公共利益如此之重,以至于被告单方决定在专利法院判定的范围内(独占)使用受保护发明这一利益只能居于次要的地位。尽管(在独占使用时)被告会抓住没有了原告这一竞争对手的机会,利用同样落入专利范围的药物增加销售额,然而考虑到对不确定数量的患者构成的严重风险,这一(不支持其独占使用的)结果并没有不符合比例原则,况且被告已经做好

---

⑧ 本书笔者补注。

⑨ 本书笔者补注。

⑩ 本书笔者补注。

了做出许可的准备，而且其合法的经济利益也可以通过要求合理的许可费来适当地解决。

h）专利法院没有将授权许可限定在特定的患者群体上，这也是正确的。

正如专利法院没有忽略的一样，不能排除有些患者可以在拉替拉韦之外选择合适的替代治疗方案。然而，根据专利法院的调查结果，对于已经接受拉替拉韦治疗的患者来说，无法根据抽象的标准提前预测，被考虑使用的替代药物在个案中是否会真实发生潜在的病毒学上失败的风险或者副作用和药物相互作用。

在这一背景下，被告在庭审口头辩论中提出的将销售许可限制在治疗孕妇、婴儿和12岁以下的儿童，以及强制性的需要Isentress以使得病毒量达到每毫升（血液）中RNA复制低于50个的患者，或者那些所有的替代治疗方案都是禁忌的患者的观点无需考虑。基于公共利益的考虑可以要求拉替拉韦继续存在的患者群体的范围，是否可以通过上述抽象的标准被完全定义无需考虑。即便这样的标准是可以被制定出来的，像是一个特定的病毒量不能通过其他途径达到，或者所有的替代治疗方案都是禁忌的，这样的标准无论如何不适合用来进行可行的划界，因为这些标准在怀疑被感染的病人身上和在其他个别病例的情形下应用时都需要一个专门的、针对个体的医疗诊断。这将会造成两方面的结果，一方面，原告是否有权销售Isentress的争议将会被推迟到将来的涉及不确定数量的个案病例的侵权诉讼当中。另一方面，如果主治医生在制订治疗方案建议时必须担心，在其误诊的情况下可能因为协助专利侵权而被起诉，那么这将意味着不确定数量的患者会面临额外的风险。

3. 专利法院正确地认为，公共利益要求立即授予许可这一观点具有可信性。

a）根据上述的理由可以得出公共利益要求授予一个强制许可，还可以得出在涉诉案件中授予许可的要求是紧急的。

拉替拉韦已经在市场上存在了很多年并且已经被广泛使用，而且治疗方案的改变会给不确定数量的患者带来严重的风险,这些情形对上述结论的作出起着核心的作用。这种情况一方面使原告在主要诉讼程序中有很大的可能成功获得申请的强制许可。另一方面,在进行后果权衡的基础上授予原告临时禁令看上去也很迫切。

假如授予临时禁令的请求被驳回,但是主要诉讼中的请求却在稍后被判决肯定,那么不确定数量的患者将会面临治疗方法改变或者尝试一种具有所有前文所述风险的替代性初始治疗方案,并且很有可能产生严重的后果。假如允许原告临时使用专利,但是主要诉讼中的请求在稍后判决中却没有被支持,那么被告可能会面临经济损失。根据本案的特殊情形,这一(经济损失的)后果应当被认为明显更加不严重,因为被告的合法经济利益可以通过一个合适的专利许可费用获得足够的满足。

b)专利法院正确地认为,原告申请授予强制许可所依据的事实在申请做出之前相当一段时间就已经出现这一情形(在判决结果上)不具有决定性的意义。

aa)不过,对于是否需要通过临时禁令来给予临时救济这一问题的判断,原告的行为意义重大。

这不仅适用于根据诸如《德国反不正当竞争法》第 12 条第 2 款的特殊规定原则上不需要给出禁令理由的情形,而且适用于《德国民事诉讼法》第 935 条和第 940 条规定的所有适用情形(比较 Mayer in BeckOK ZPO, 24. Edition, § 935 Rn. 16; Drescher in MünchKomm-ZPO, 5. Auflage, § 935 Rn. 18; Vollkommer in Zöller, ZPO, 31. Auflage, § 940 Rn. 4; Feddersen in Teplitzky, Wettbewerbsrechtliche Ansprüche und Verfahren, 11. Auflage, Kap. 54 Rn. 24; Singer in Ahrens, Wettbewerbsverfahrensrecht, 8. Auflage, Kap. 45 Rn. 58; KG, MDR 2009, 888; OLG Hamm, NJW-RR 2016, 1112, Rn. 33; OLG Nürnberg, NJW-RR 2014, 1452, Rn. 35; OLG Stuttgart, NJW-RR 2016, 932, Rn. 74; offen gelassen in BGH, Beschluss vom 7. Dezember 2006 – IX ZR 253/03, Rn. 4)。这一结论背后的法律思考是,对申请(强制许可)的提出或(诉讼)程序的启动

犹豫不决可能表明,(强制许可)申请人对需要被授予临时救济措施的利益不足,以致无法使临时禁令的授予合法化。

bb)但是,正如专利法院正确地表述的,根据《德国专利法》第85条做出决定时不能无限制地使用这些原则。

根据《德国民事诉讼法》第935条和第940条,如果不予授予临时禁令时一方当事人的权利将不能实现或非常难以实现,或者一方当事人需要面临对其不合理的不利情形时,才准许授予临时禁令。可是,根据《德国专利法》第85条第1款,如果公共利益迫切需要立即授予(专利)许可,那么便可以授予临时禁令(或"临时强制令",见文首脚注)。许可寻求人自身的行为在涉及公共利益是否足够大这一问题时,比涉及其自身的利益是否受到威胁这一问题时起到的作用明显更小。即便如此,在进行《德国专利法》第85条第1款必要的利益衡量时不能笼统地把许可寻求人的犹豫不决的行为排除在考虑范围之外。但是就此也不能在不存在其他情形的情况下干脆默认这一行为就表示公共利益不存在,而能使争议案件作出相左判决的上述所谓其他情形既没有被提出也不能被很明显地看出来。

cc)与上诉意见相反,根据《德国专利法》第85条第1款授予强制许可时,不需要再额外满足《德国民事诉讼法》第935条或者第940条规定的前提条件。

根据《德国专利法》第99条第1款,民事诉讼法中的规定原则上相应地适用于在专利法院进行的诉讼程序。但是,在涉及授予临时禁令的前提这一问题上,《德国专利法》第85条第1款包含了一个特殊规定,而从其意义和目的来看,该特殊规定可以被视为是完整的[可以单独适用][11]。

(1)正如专利法院没有误判的一样,使用某项发明的临时授权会导致对专利权人法律地位的敏感干涉,因此只有当全面地利益权衡得出结论,即权利人不受干扰地行使其绝对权利的利益,考虑到第三方在个别情况下明显更重要的利益应该退居其次时才能进行该临时授权。

---

⑪ 本书笔者补注。

然而,作为比较的标准,《德国专利法》第 85 条第 1 款(与《德国民事诉讼法》第 935 条和第 940 条不同)没有把许可寻求人的利益,而是把公共利益作为标准。与上诉意见相反,授予强制许可的前提条件要求并没有因此而减弱,而是被修改为只在例外的情况下才考虑作出对许可寻求人有利的决定。

(2)将《德国民事诉讼法》第 935 条和第 940 条重叠适用将会违背《德国专利法》第 24 条和第 85 条的目的。

无论是根据《德国专利法》第 24 条还是第 85 条,起决定性作用的都是公共利益是否要求授权使用专利。虽然说该公共利益的实现(不同于《德国专利法》第 13 条规定的德国联邦政府出具命令的情形)是借助许可寻求人之手。然而,授予强制许可和授予临时使用权不是为了实现其个人利益,而是为了贯彻公共利益。顺理成章的是,无论是《德国专利法》第 24 条还是第 85 条都没有规定许可寻求人对于许可的授予或者临时使用必须存在个人利益。虽然不可否认的是,通常情况下不会有专利寻求人出于无私的理由行使这些权利。但是如果这种情况确实出现了,那么因为欠缺个人利益而驳回许可授权请求则是违背上述规定的目的的。因此,探讨许可寻求人是否(对许可授予)有个人利益的问题在原则上是没有意义的。

dd)与上诉的观点不同,原告的行为不会导致因为滥用行为而被驳回其诉讼请求。

虽然有迹象显示,原告有合理的机会明显更早地提起授予专利许可的诉讼和申请授予临时禁令。但是,从案卷中可以看到的一审程序的进程中无法明显看出,原告延迟提出申请严重损害了被告答辩的可能性或者专利法院判决的可能性。

尽管专利法院的主审法官驳回了被告的推迟两个半月之前已经确定的口头审理的日期的申请。但是,考虑到禁令程序原则上的紧急性,上述两个半月的期限足够用于被告恰如其分地准备答辩,何况被告很久之前就已经知道主要诉求中的(获得专利许可的)需求并且在其他领域与此相关的问题也同样存在。此外,专利法院(无视《德国民事诉讼法》第294条第2款的规定）为了准备该口头审理还征求了书面的专家意见，在口头审理过程中听取了法庭聘请专家的意见并且给予双方当事人提问的机会。基于此背景，在原告更早提起强制许可申请的情况下被告会有更多的答辩可能性这一观点是比较牵强的。

c）与上诉意见相反，被告因为侵权争议在欧洲专利局的上诉决定作出之前被暂停审理而不能执行其不作为请求，这一点与授予临时禁令不冲突。

Ⅲ.关于诉讼费的判决依据《德国专利法》第122条第4款和第121条第2款以及《德国民事诉讼法》第97条第1款。

第二节　“拉替拉韦案”案件评论

一、《德国专利法》第24条意义上的专利强制许可制度

1.专利法上的强制许可

德国专利法上强制许可的典型情形是：虽然专利权人与某一许可寻求人就许可使用其受专利保护的发明未能达成一致意见，但是公共利益需要该发明被使用，许可寻求人自身也有使用该专利的强烈意愿，从而以诉讼的形式请求德国联邦专利法院通过判决以合适的、商业上惯常的条件对其授予一个非独家使用该受专利保护发明的权限。[12]

强制许可可以针对多种形式的专利授予，无论是普通的德国和欧洲发明专利还是保护期被延长的药品发明专利，[13]或者是实用新型专

⑫　BeckOK PatR/Wilhelmi PatG §24 Rn.4.

⑬　对于药品专利来说，为了保护其技术成果往往在研发阶段就需要进行专利注册，但是因为欧盟的药品审批制度十分耗时，所以从专利授予到药品实际在市场上推广销售有很大的时间间隔，从而导致药品专利并不能真正享受20年的专利保护期限。为了不打消药品企业的创新积极性，欧盟法引入了“补充保护证书（Ergänzendes Schutzzertifikat，英文 Supplementary Protection Certificates，SPC）制度”。据此，在专利保护期限经过之后，已经获得药品生产许可的专利权人还可以借助该证书对其专利技术享受最长五年的专利保护。处于延长保护期内的药品专利也可以被授予强制许可。

利,[14]但是不适用于工业设计专利。专利权人已经向第三方授予了无论什么形式许可的专利也可以继续被授予强制许可。[15]

德国专利法上的强制许可制度规定在《德国专利法》第24条,根据该条第1款的规定,专利法院授予强制许可的前提有两个:一是许可寻求人在合理的时间段内以合理的、商业上惯常的条件试图向专利权人寻求使用其发明的许可但是未获成功;二是公共利益要求授予该强制许可。

其中,第一个前提条件并不是强制许可授予的实质性要求,而仅仅是强制许可诉讼得以进行的程序性要件。[16] 与之相对,作为第二个前提的公共利益在整个条文架构中起着主导性的作用。但是需要明确的是,此处的强制许可不同于国家强制措施意义上的国家强制许可,并不是依靠公法上的行政行为来限制专利权,而是以私主体针对专利权人的私法上的请求权为基础。[17] 其授予的途径不是向行政机关申请,而是向司法机关申请,通过德国联邦专利法院的判决或者其上诉法院德国联邦最高法院的判决授予强制许可。[18]

在授予强制许可的情形下,法院需要依据双方当事人提交的证据材料、考虑每个案件的特殊情况[19]判断具体的许可费用数额,[20]在数额确定时一方面要保证专利权人获得合适的补偿,另一方面也要使许可寻求人能够继续维持其正常运营。[21]

强制许可的法律规定是德国专利法律系统中的例外情形,其剥夺了专利权人对其权利实施的自由决定权,是对宪法授予的专利权人财产权的限制,目的在于避免专利的绝对权利属性给公众带来的不利后果,是立法过程中进行充分利益衡量而得出的结果。关于强制许可的

---

⑭ BeckOK PatR/Wilhelmi PatG §24 Rn. 9.
⑮ BeckOK PatR/Wilhelmi PatG §24 Rn. 9.
⑯ BeckOK PatR/Wilhelmi PatG §24 Rn. 18.
⑰ BeckOK PatR/Wilhelmi PatG §24 Rn. 5.
⑱ BeckOK PatR/Pitz PatG §139 Rn. 197.
⑲ Holtorf/Traumann, GRUR-Prax 2018, 297.
⑳ Holtorf/Traumann, GRUR-Prax 2018, 297.
㉑ Holtorf/Traumann, GRUR-Prax 2018, 297.

法律规定也是TRIPS协议的要求。㉒

2. 与竞争法上的强制许可抗辩的区别

专利法上的强制许可制度要与竞争法上的强制许可抗辩严格区别开来。

后者的典型案例是德国联邦最高法院的"橙皮书标准案"以及欧洲法院的"华为诉中兴案"。㉓ 该情形下的许可寻求人对于从专利权人处获得专利许可有很大的期待利益：以"橙皮书标准案"为例，专利权人发展出了一套专利许可流程，任何许可寻求人都可以在网络上浏览许可条件，按照流程申请许可。"华为诉中兴案"中的期待利益更明显，该案的专利权人通过标准制定组织发表声明，许诺以公平合理和非歧视的条件与任何许可寻求人签订许可合同。因此，在这些案件中，要么基于专利权人自己作出的声明，要么基于对专利权人滥用市场支配地位行为的限制，许可寻求人事实上有一个在先存在的权利，要求专利权人对其授予许可。㉔

与此相反，《德国专利法》第24条意义上的专利强制许可的许可寻求人没有权利要求对其授予许可，而是只有当公共利益站在许可寻求人一边时，其才有机会获得许可。㉕ 对专利权人来说，这里涉及对专利权进行限制的例外情形。

这里需要强调的是专利权人在强制许可情形下的"非自愿性"。因为对专利权人来说其被强迫授予第三方专利许可之后不一定能获取比不许可更大的经济利益，甚至面临帮助许可寻求人发展成强有力的竞争对手、从而被排挤出市场的危险。相比而言，在标准必要专利的情形，专利权人自愿将其专利作为标准使用是因为其因此能获得巨大的经济收益，所以专利权人在某种程度上自愿放弃了对其专利的独家使用。㉖

㉒ BeckOK PatR/Wilhelmi PatG §24 Rn. 5.

㉓ 参见前一篇"橙皮书标准案"的评论。

㉔ Slowinski, IIC 2018, 125, 129.

㉕ Slowinski, IIC 2018, 125, 129.

㉖ Slowinski, IIC 2018, 125, 129.

因此，虽然都采用了"强制许可"的表达，"拉替拉韦案"发展出来的原则并不适用于标准必要专利的强制许可抗辩的情形。[27] 反之，正如德国联邦专利法院在"拉替拉韦案"的判决中明确强调的，欧洲法院在"华为诉中兴案"从发展出来的卡特尔法上的强制许可抗辩程序中，许可人和被许可人应当遵循的要约和承诺程序步骤也不适用于专利法上的强制许可的情形。[28]

二、"拉替拉韦案"的基本案情

1. 案情简介

因为本案涉及多重诉讼，所以有必要对案件的详细发展情况进行梳理，以方便对判决的理解。

强制许可的申请人（原告）是一家美国公司的欧洲子公司。该公司自 2008 年以来以 Isentress 这一注册商标为名销售有效成分为拉替拉韦的药物，该药物作为抗病毒药被用来治疗人类免疫缺陷病毒（HIV）感染。

强制许可的被请求人（被告）是涉诉欧洲专利的所有权人，但是被告本身并不在欧洲实施其专利。2014 年 6 月被告告知原告在日本的姐妹公司，其 Isentress 产品落入属于涉诉专利家族的一项日本专利的保护范围，被告有意向就涉诉专利家族授予专利许可。之后双方就全球范围内的许可问题进行了长达几个月的谈判，最终未能达成一致意见。代表原告谈判的集团公司不接受被告的要求，而是以涉诉专利的有效性堪忧为由，提出为全球范围内的许可支付一次性的许可费用，而且费用的数额并不高。

2015 年 8 月被告以原告侵犯涉诉专利为由将其告至杜塞尔多夫州高等法院，请求其停止侵权。对此原告于 2016 年年初提起就涉诉专利授予强制许可的请求。其间，2016 年 6 月，原告还申请法院以临时禁令的方式允许其临时使用涉案发明继续销售 Isentress 药物。

2016 年 8 月 31 日德国联邦专利法院就临时禁令问题作出判决，临

---

[27] Slowinski，IIC 2018，125，129.

[28] Holtorf/Traumann，GRUR-Prax 2017，105.

时允许原告在现有的产品品种范围内继续销售 Isentress 药物，并判决就许可费的数额计算问题将在强制许可的主要程序中讨论。被告就德国联邦专利法院关于临时禁令的判决提起上诉，上诉法院即德国联邦最高法院于 2017 年 7 月 11 日作出判决，认可了德国联邦专利法院关于临时禁令的判决，驳回被告的上诉请求。虽然该判决是最终判决，但是案件的发展并没有结束。

因为涉诉专利处于异议程序当中，杜塞尔多夫州高等法院于 2016 年 10 月作出裁定，暂时中止了侵权争议案件的审理。2017 年 10 月 11 日，涉诉专利异议程序结束，欧洲专利局上诉委员会作出判决撤销了涉诉专利。涉诉专利被撤销之后原告主张既然涉诉专利自始无效，那么与此相关的授予强制许可这一主程序纠纷得以解决。被告则认为纠纷只是部分解决，关于确定许可费用数额和请求原告公开账目的问题尚待法院判决。

德国联邦专利法院于 2017 年 11 月 21 日就强制许可期间的专利使用费数额作出判决，认为既然原告选择了申请强制许可并且也获得了该许可，那么原告就要履行强制许可制度规定的支付许可费的义务。这与涉案专利是否有效无关，因为如果没有强制许可制度授权其继续使用该专利，其在此期间的使用行为甚至具有刑法可罚性。考虑到个案的具体情况，专利许可费被确定为 Isentress 药物净销售价格的 4%。原告需要支付从 2016 年 9 月 12 日至 2017 年 10 月 11 日临时禁令期间使用涉案发明的许可费。

本评论主要讨论德国联邦最高法院于 2017 年 7 月 11 日就强制许可的临时禁令问题作出的终审判决。

2. 本案的意义

里程碑式的、破纪录的、开创性的抑或是历史性的，用任何一个词来形容“拉替拉韦案”的判决都不过分。[29] 该案是德国专利法历史上首次成功授予专利强制许可，也是德国联邦最高法院首次认可德国联邦专利法院的临时强制许可禁令的案例。自从强制许可写入《德国专利

---

[29] Slowinski, IIC 2018, 125, 129.

法》以来,德国联邦专利法院只在 1991 年的“Polyferon 案”中授予了强制许可,[30]但是德国联邦最高法院最终还是于 1995 年撤销了该案的判决,认为公共利益的需要还没有大到可以授予强制许可的程度。[31]

因此在“拉替拉韦”案的判决作出之前,强制许可这一法律机制的潜力被低估,强制许可的规定只能说是一个摆设,在司法解释和学说中偶尔被提及,并没有被实际使用。[32] 其起到的更多是震慑性的作用,像是悬在许可交易双方头顶的一把“达摩克利斯之剑”,督促双方达成专利许可协议。[33]

从该案开始,在强制许可的问题上实践和学术开始接轨。[34] 学术界对于《德国专利法》第 24 条的评论在经过二十多年的平静期之后终于也进行内容上的更新。[35]

“拉替拉韦案”以及其他附属案件不仅法律意义重大,而且在经济和社会领域也有很大的影响。[36] 从经济意义上来看,涉嫌侵权的 Isentress 是“大片”级别的药物,2016 年在全世界的营业额为 13.8 亿美元。[37] 从社会意义上来看,该药物的存在对艾滋病的某些病患群体来说是不可或缺的,它对公共健康有着如此重大的意义,以至于对专利权人财产权的保护在该案中必须作出让步。[38] 从这个案件中也可以看出,有些时候对专利权进行限制相较于无限制地对其进行保护会给公众带来更大的好处。[39]

㉚ GRUR 1994,98-Zwangslizenz.

㉛ GRUR 1996,190-Polyferon.

㉜ Holtorf/Traumann,GRUR-Prax 2018,295.

㉝ Holtorf/Traumann,GRUR-Prax 2018,295.

㉞ Stierle,GRUR 2017,373,383.

㉟ Stierle,GRUR 2017,373,384.

㊱ Holtorf/Traumann,GRUR-Prax 2018,296.

㊲ Holtorf/Traumann,GRUR-Prax 2018,296.

㊳ Holtorf/Traumann,GRUR-Prax 2018,296.

㊴ Slowinski,IIC 2018,125,129.

三、专利强制许可授予的前提条件

1.申请授予许可的尝试

强制许可授予的前提之一是许可寻求人在合理的时间段内以合理的、惯常的商业条件试图向专利权人寻求使用其发明的许可但是未获成功。如前文所述，该前提并不是强制许可授予的实质性要求，而仅仅是强制许可请求最终被法院认可的程序性要件。[40] 因此，根据德国联邦最高法院的观点，在提起强制许可诉讼之后、判决作出之前(具体来说是指最后一次庭审辩论结束之前)，该前提要求的内容还可以被补充实现。[41] 如果双方能在最后一次庭审辩论结束之前达成许可协议，那么程序就可以被认为已经结束，强制许可诉讼无需再继续进行。[42]

但是按照联邦最高法院的观点，这并不是说许可寻求人可以在之前不进行任何达成许可协议的尝试，只在程序的最后时刻作出支付合适许可费用的要约，而是说原则上要在提起强制许可申请之前的一个合理的时间段内，以在具体案件中合适的方式试图与专利权人就授予专利许可达成一致意见。[43]

然而，联邦最高法院在对于这一前提的要求上使用的表达非常之灵活，因此给该要件的审查判断留下了很大的解释空间。[44] 在该案中，德国联邦最高法院认可了德国联邦专利法院的判决，两个法院都认为强制许可申请人在合理的时间段内以合理的、惯常的商业条件试图向专利权人寻求使用其发明的许可。

看上去第一个要件很容易满足，但是事实上未必如此。[45] 很明显，并不是每一个要约的作出都会导致要件的满足，因为那些明显没诚

㊵ BeckOK PatR/Wilhelmi PatG §24 Rn. 18.

㊶ BeckOK PatR/Wilhelmi PatG §24 Rn. 18.

㊷ BeckOK PatR/Wilhelmi PatG §24 Rn. 18.

㊸ GRUR 2017,1017,1018.

㊹ Holtorf/Traumann,GRUR-Prax 2018,296.

㊺ Slowinski,IIC 2018,125,127.

意的、只是用来满足申请强制许可构成要件的要约需要被排除。[46] 在本案中专利寻求人作出了对全球范围内的许可一次性支付1000万美元许可费的要约。在德国联邦专利法院看来,该要约提出的许可费是很低的,但是联邦最高法院最终还是认可了该要约足够用于满足第一个构成要件。主要原因是涉案专利的有效性的不确定性。

联邦最高法院强调,许可双方可以通过自愿订立的许可协议约定被许可人不会启动或者继续使许可所涉专利无效的尝试,这样专利权人处于相对安全的地位,因此可以约定相对低的许可费用。反之,在不存在这种确定性的案件中,也就是说如果被许可人有使涉案专利无效的企图,那么专利权人期待的许可费会更高。具体到该案中,在强制许可申请当时,欧洲专利局已经在异议程序中将涉诉专利的保护范围进行了限缩,而且英格兰和威尔士高等法院已经因为同一项专利技术缺乏可专利性且对发明内容披露不足而在本国宣告该专利无效。既然允许专利寻求人基于涉案专利异议程序或者无效程序的走向来适当地调整自己对许可费的期待值,那么对一个专利的有效性存疑会导致许可费用的降低就是显而易见的。所以德国联邦最高法院得出结论,许可寻求人提出的低许可费要约满足了强制许可第一个构成要件的要求。

与卡特尔法上的强制许可抗辩不同,在该要件是否满足的判断上不要求专利寻求人提前采取行动实际支付许可费用,只要表明其支付意愿足以。[47] 但是如果强制许可的申请人表明,其只有在法院确定的许可费不超过某个特定的最高数额时才寻求授予专利许可,但是从法院的角度来看又认为该最高数额不够高,那么强制许可诉讼的申请人必须被判决败诉。与此不同,如果专利寻求人申请法院确认强制许可费的数额,并且同时宣告也可以在不考虑法院就此数额的判决的基础上以合适的、商业惯常的条件接受许可,并且支付由法院确定的合理的许可费,那么可以认为该要件获得满足。如果许可寻求人能够证明其

---

[46] Slowinski, IIC 2018, 125, 127.

[47] BeckOK PatR/Wilhelmi PatG § 24 Rn. 21.

经济实力,那么其甚至不需要提交能支付许可费的保证金。[48]

2. 公共利益

公共利益是《德国专利法》第 24 条第 1 款的核心构成要件。通常情况下,上述第一个要件比较容易满足,因为大部分的争议双方都会试图协商达成许可协议,相比之下第二个要件更难得到满足。[49]

"公共利益"这一法律术语不能以万能的方式被任意解读,而是要在具体个案中考虑所有相关的情形和涉及的利益来决定。法律授予了专利权人一项绝对的权利,对于该权利的行使在原则上允许其独自决定。因此,只有在特殊情况下公众的利益要求许可寻求人对专利进行实施,从而在对专利权人绝对权利和利益的无限制认可需要让位时,公共利益的理由才可以被使用。[50] 如果有其他的替代可能性,那么公共利益的要件就无法得到满足。

在该案中,德国联邦专利法院和德国联邦最高法院都认为,对于一些病患群体来说,基于各种原因,他们对于 Isentress 药物的依存度特别高,这些群体面对很大的严重副作用或者药物相互作用甚至是治疗失败的风险。无论如何能够在一定程度上预见到,上述风险会在某些个体身上成为现实。所有艾滋病的病患群体在目前的知识水平之下都依赖于终身治疗,并且治疗失败会导致直至死亡的严重后果,这对于他们来说本来就已经是很大的负担。而前述的副作用、相互作用甚至是治疗失败带来的死亡风险会在哪个病患个体身上成为现实的不确定性,对于他们来说意味着比前述更大的负担。

德国联邦最高法院在"拉替拉韦案"中认定了对公共利益的认可也可以在一个相对较小的病患群体之上产生。对 Isentress 有依赖性的群体包括婴儿、十二岁以下的儿童和孕妇,因感染风险而需要预防性治疗的病人,以及已经接受过 Isentress 治疗且转用另一种药物时可能产生明显的副作用和药物相互作用的患者,特别是对于已经接受多年治

---

[48] BeckOK PatR/Wilhelmi PatG § 24 Rn. 22.

[49] Slowinski, IIC 2018, 125, 127.

[50] GRUR 2017, 1017, 1019; ebenso bereits BGH GRUR 1996, 190, 192-Polyferon.

疗的患者，他们经过多次疗法的更换之后，只可能被拉替拉韦这一唯一可用的整合酶抑制剂挽救。对这些病患群体来说没有其他的替代解决方案。[51]

对于继续使用拉替拉韦的公共利益如此之重，以至于专利权人单方决定独占使用受保护发明这一利益只能居于次要的地位。尽管在独占使用时专利权人会抓住没有许可寻求人这一竞争对手的机会，利用与许可寻求人同样的药物增加销售额。然而考虑到对不确定数量的患者构成的严重风险，不支持专利权人的独占使用并没有不符合比例原则，况且专利权人本身就已经做好了作出许可的准备，而且其合法的经济利益也可以通过要求合理的许可费来适当地解决。

另外，虽然强制许可是公共利益和专利权人的绝对权利之间的博弈，但是如果许可寻求人对许可的授予也有自己的私人利益，并不能说就需要从根本上排除强制许可的可能性。[52] 基于这些各方面因素的综合考量，公共利益要求 Isentress 在市场上继续存在。

德国联邦专利法院和德国联邦最高法院同时指出，对于“公共利益”这一法律概念来说并没有普世可用的具体判断标准。而且公共利益的判决是一个不断变化的过程，不同的时代对公共利益的判断和认知也不同，[53]而该案是迄今为止第一个有肯定性结果的案件，所以只能通过这一案件对公共利益的认定有一个感性的认识。要想对公共利益的判断有一个全面的了解还需要更多的案件在近期发生。

从该判决中可以抽象出来两个公共利益获胜的例子：第一个是当一种药物用来治疗某种严重的疾病，而在市场上可以获得的药物无法实现或者无法以同样的效果实现这一功能时；第二个是当使用一种药物可以避免产生不希望的副作用，而使用市场上可以获得的其他治疗手段必须容忍这些副作用时。[54]

---

[51] Slowinski, IIC 2018, 125, 128.

[52] BeckOK PatR/Wilhelmi PatG § 24 Rn. 25.

[53] BeckOK PatR/Wilhelmi PatG § 24 Rn. 26.

[54] GRUR 2017, 1017, 1019.

四、"拉替拉韦案"的实践影响

该案以实例的形式很好地展现了强制许可这一法律机制的界限和可能性。[55] 总体来说，该案的判决是受欢迎的。[56] 该判决在利益衡量上公平合理，本案确立的一些基本原则因为在表述上的开放性也为以后在类似案件中的个案分析和适用提供了充足的解释和裁量空间。[57]

该案使强制许可这一话题特别是在药品行业的重要性得以凸显。有学者指出，以印度为代表的发展中国家经常使用强制许可这一法律机制来获得对一些药物特别是一些常用药物专利的使用权，从而为本国居民带来福利。[58] 如今作为发达国家的德国也首次运用这一法律机制来挽救生命，这一现象是应该受到欢迎的。[59] 在将来会出现越来越多的被诉专利侵权一方申请强制许可其使用涉诉专利的案件。[60] 有学者预期在基因技术领域也将会有强制许可的产生。[61]

该案有助于提高强制许可的现实意义，[62]更加强烈地影响许可寻求人和专利权人许可谈判策略的制定。[63] 在强制许可的情形下，法院会要求当事人出示公司账目以确定许可费的数额，[64]这是绝大多数公司都希望避免的，因此可以期待的是，强制许可机制的现实运用在将来可能会更有效地督促许可双方自愿订立许可协议。[65]

此外，有学者认为，鉴于专利法上强制许可的前提条件要求十分严格，竞争法上的强制许可在专利领域的使用会愈加频繁，在很多情况下将取代专利法上的强制许可而发挥作用。[66]

---

55 Holtorf/Traumann, GRUR-Prax 2018, 297.
56 Holtorf/Traumann, GRUR-Prax 2018, 297.
57 Holtorf/Traumann, GRUR-Prax 2018, 297.
58 Slowinski, IIC 2018, 125, 129.
59 Slowinski, IIC 2018, 125, 129.
60 Holtorf/Traumann, GRUR-Prax 2018, 297.
61 BeckOK PatR/Wilhelmi PatG § 24 Rn. 7.
62 Holtorf/Traumann, GRUR-Prax 2018, 297.
63 Holtorf/Traumann, GRUR-Prax 2018, 297.
64 BeckOK PatR/Wilhelmi PatG § 24 Rn. 7.
65 BeckOK PatR/Wilhelmi PatG § 24 Rn. 7.
66 BeckOK PatR/Wilhelmi PatG § 24 Rn. 8.

图书在版编目(CIP)数据

德国联邦最高法院典型判例研究. 专利法篇 / 赵晓鹏著. -- 北京 : 法律出版社, 2019
(德国联邦法院典型判例研究丛书 / 方小敏, 邵建东主编)
ISBN 978-7-5197-3513-5

Ⅰ. ①德… Ⅱ. ①赵… Ⅲ. ①专利法–判例–研究–德国 Ⅳ. ①D951.6

中国版本图书馆 CIP 数据核字(2019)第 101618 号

德国联邦最高法院典型判例研究·专利法篇
DEGUO LIANBANG ZUIGAO FAYUAN DIANXING PANLI YANJIU·ZHUANLIFA PIAN

赵晓鹏 著

责任编辑 孙东育 王 珊
装帧设计 马 帅

出版 法律出版社
总发行 中国法律图书有限公司
经销 新华书店
印刷 固安华明印业有限公司
责任校对 郭艳萍
责任印制 陶 松

编辑统筹 学术·对外出版分社
开本 710 毫米×1000 毫米 1/16
印张 17.5
字数 230 千
版本 2019 年 7 月第 1 版
印次 2019 年 7 月第 1 次印刷

法律出版社 / 北京市丰台区莲花池西里 7 号(100073)
网址 / www.lawpress.com.cn
投稿邮箱 / info@lawpress.com.cn
举报维权邮箱 / jbwq@lawpress.com.cn
销售热线 / 400-660-8393
咨询电话 / 010-63939796

中国法律图书有限公司 / 北京市丰台区莲花池西里 7 号(100073)
全国各地中法图分、子公司销售电话:
统一销售客服 / 400-660-8393/6393
第一法律书店 / 010-83938432/8433 西安分公司 / 029-85330678 重庆分公司 / 023-67453036
上海分公司 / 021-62071639/1636 深圳分公司 / 0755-83072995

书号:ISBN 978-7-5197-3513-5 **定价**:69.00 元